ATLAS STRATÉGIQUE

Géopolitique des rapports de forces dans le monde

"La politique d'un État est dans sa géographie"

NAPOLÉON

Gérard Chaliand
Jean-Pierre Rageau

ATLAS STRATÉGIQUE
Géopolitique des rapports de forces dans le monde

Cartographie : Catherine Petit

2e édition revue, mise à jour et augmentée

FAYARD

Cet Atlas est dédié
au géopoliticien britannique Halford J. Mackinder (1861-1947)
au théoricien de la puissance maritime, l'américain Alfred T. Mahan (1840-1914)
au pionnier de la géopolitique, l'allemand Friedrich Ratzel (1844-1904)
et au géographe français Pierre Vidal de la Blache (1845-1918)

© Librairie Arthème Fayard, 1983
ISBN 2-213-01204-0
35-24-6981-93

PRÉSENTATION

Cet atlas constitue une innovation. Il n'existe, en effet, d'atlas stratégique ni en français ni en anglais ni en allemand ni, à notre connaissance, dans aucune autre langue. Car il ne s'agit pas d'une mise en cartes de batailles passées ou à venir ni d'une exposition graphique de panoplies militaires adverses. La stratégie, comme le politique, intègre la guerre mais ne s'y limite pas. Ce qui est ici représenté est bien une géopolitique des rapports de forces dans le monde contemporain. Pour refléter d'aussi près que possible des réalités multiformes, complexes et parfois impossibles à représenter (comment par exemple mesurer la détermination, ce facteur capital dans les situations conflictuelles ? peut-on prévoir la surprise ?), nous avons cherché à être aussi globaux que possible.

D'emblée, notre vision dans la projection de la planète rompt avec la représentation de Mercator, ce monde horizontal et comme pré-galiléen où les terres sont quasiment plus massives que les océans. La vision moderne se doit de figurer plus fidèlement un globe où les pôles, axes du monde, sont, au moins aujourd'hui pour l'Arctique, une zone décisive qui n'apparaît pas sur les cartes habituelles. Nous avons donc privilégié une multiplicité de représentations, et celles-ci ont été uniquement choisies en fonction de notre démonstration, afin de montrer toutes les facettes du monde.

Ainsi, sur le plan géographique, notre atlas accorde-t-il une place considérable aux océans, masse majeure de la planète, où se joue cette puissance maritime dont la maîtrise a assuré l'hégémonie anglo-saxonne depuis près de deux siècles : océan Arctique dont les surfaces gelées permettent cependant le passage de sous-marins nucléaires, Pacifique dont les points d'appuis sont quasiment tous contrôlés par les Anglo-saxons et les Français, Atlantique nord et sud, océan Indien, zone aujourd'hui délicate où plus qu'ailleurs les rivalités se manifestent.

Nous avons voulu aussi, en dehors des visions et des représentations usuelles des Européens ou des Américains, montrer le monde tel que le perçoivent les Chinois, les Soviétiques ou les Arabo-musulmans. Montrer les grandes aires culturelles et religieuses, matrices de visions du monde, et ajouter ainsi à notre approche stratégique l'histoire dans sa longue durée : celle qui façonne les comportements collectifs, qui peut déterminer vis-à-vis de l'extérieur des choix belliqueux ou provoquer, à l'intérieur d'une société, des déséquilibres particuliers.

Jamais, par exemple, on n'avait tenté de dresser une carte des inimitiés traditionnelles majeures, qui à une période historique donnée ont déterminé des conflits. Comment, par exemple, évoquer la Pologne sans mentionner son double rejet des Russes et des Germaniques ?

Notre atlas, cependant, est essentiellement centré sur le monde bipolarisé — militairement au moins — né de la Seconde Guerre mondiale. Il montre la situation stratégique mondiale d'aujourd'hui tout en indiquant les changements intervenus depuis les débuts de la guerre froide tant sur le plan des crises que des conflits classiques ou des guérillas.

Cet atlas stratégique prend également en compte une dimension non exprimée dans les ouvrages habituels : les perceptions de la sécurité des Etats : non seulement celles, majeures, des États-Unis ou de l'U.R.S.S., mais celles, moins connues, de puissances régionales telles l'Arabie Saoudite, l'Inde, l'Afrique du Sud, le Brésil, le Japon, Israël, etc... Sait-on assez, par exemple, que la perception de la sécurité d'un État comme l'Arabie Saoudite est à la fois fonction de son opposition à l'Union soviétique et à Israël, mais aussi à la présence soviétique en Afghanistan, en Ethiopie — obstacle au contrôle arabe de la Mer rouge — et en République démocratique du Yémen sur son flanc sud, de son refus d'une hégémonie régionale de l'Iran chiïte, enfin de sa propre faiblesse militaire et démographique — la moitié de sa population active étant étrangère ?

Nous nous sommes efforcés de présenter un monde multiple avec des perceptions très différentes (1). Naturellement, notre ouvrage comporte une série de cartes plus classiques concernant les ressources agricoles, industrielles, minières et énergétiques ainsi que les données démographiques et des éléments permettant de situer la nature des relations Nord/Sud. Chaque fois que cela nous a paru utile, nous avons donné les projections statistiques jusqu'à la fin du siècle. Enfin, notre atlas comporte une section proprement militaire en partie axée sur les questions nucléaires. Bref, notre conception de la stratégie s'efforce de cerner l'ensemble des données humaines, matérielles et culturelles qui composent un rapport de forces global.

Tel quel, notre atlas ne prétend pas être exempt d'insuffisances, mais nous avons par contre la certitude d'apporter une vision originale éclairant les réalités politiques du monde d'aujourd'hui.

Nous tenons à remercier le général Pierre Gallois qui a revu nos cartes militaires et généreusement offert deux de celles qu'il a lui-même établies ; Catherine Petit, notre cartographe, pour son travail, et Claude Durand qui a été d'emblée convaincu de la nouveauté de notre entreprise et en a assumé les risques.

G. CHALIAND   J.-P. RAGEAU

---

(1) Peut-être aidés en cela par notre commune formation, celle dispensée à l'École Nationale des Langues Orientales, un des rares établissements où l'on pouvait, dans les années cinquante, acquérir une vision qui ne fût pas occidentocentrique.

SOMMAIRE

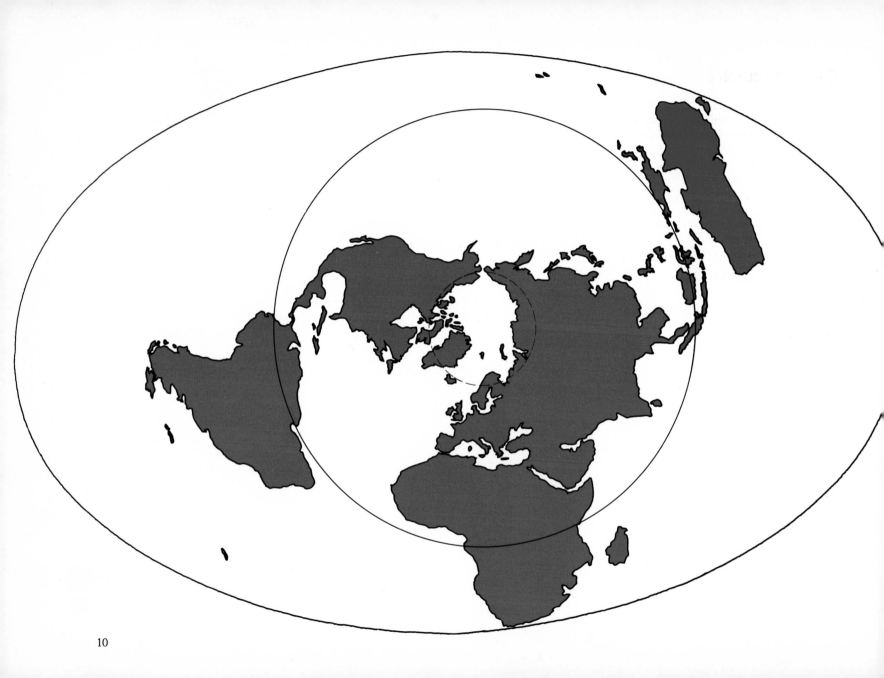

Carte circulaire

La terre est une sphère. Toute représentation sur une surface bi-dimensionnelle s'obtient par une projection. La carte de gauche, par exemple, est une projection polaire. Par commodité, la majeure partie des mappemondes et atlas utilisent des projections planes qui font oublier le caractère sphérique du globe. Cette convention, dès qu'on dépasse l'espace régional, fausse la perception stratégique. La projection circulaire, à droite, est modifiée — donc déformée — mais permet d'illustrer notre propos.

11

Un monde militairement bipolaire

La Chine, militairement hostile
à l'URSS, ne peut être
comptée parmi les alliés de l'Occident.

Pour le cas des États africains liés à la
France par des accords d'assistance
militaire voir chapitre Afrique.

USA

Alliés des USA

Chine

URSS et ses alliés

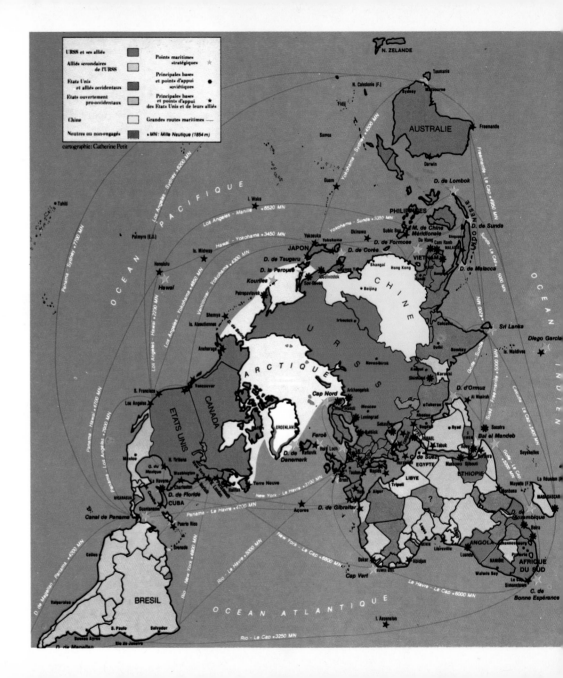

VISIONS DU MONDE

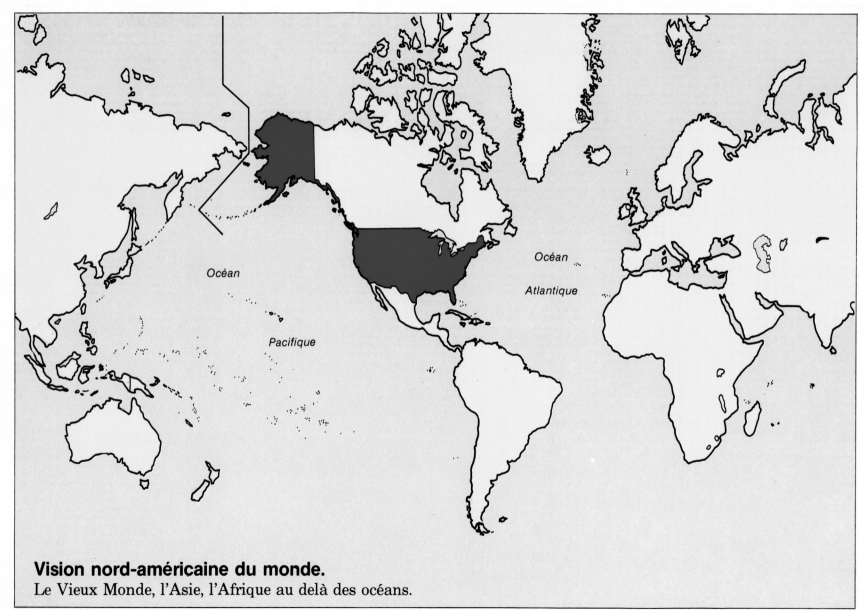

Vision nord-américaine du monde.
Le Vieux Monde, l'Asie, l'Afrique au delà des océans.

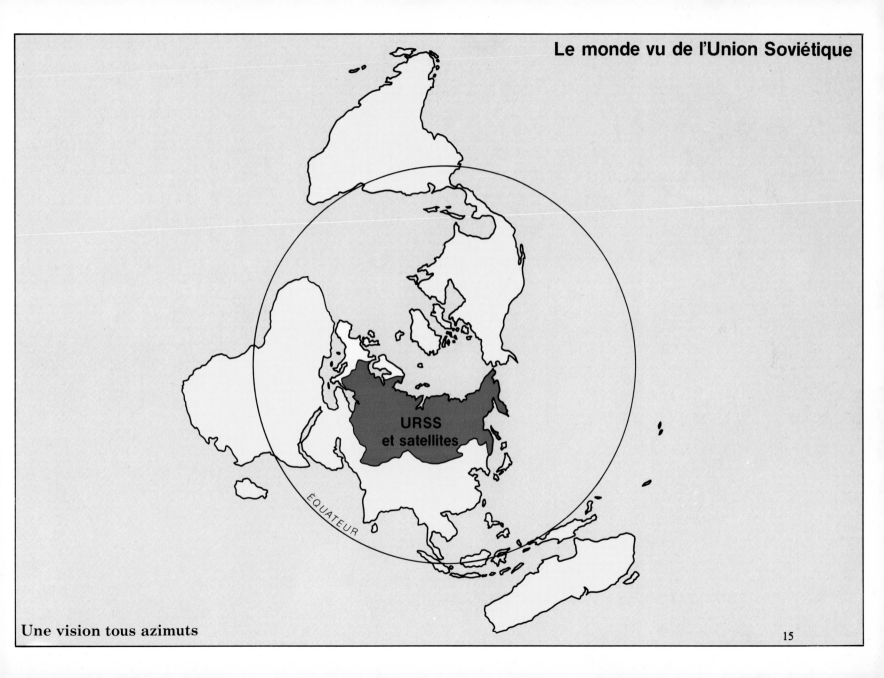

URSS
et satellites

ÉQUATEUR

Une vision tous azimuts

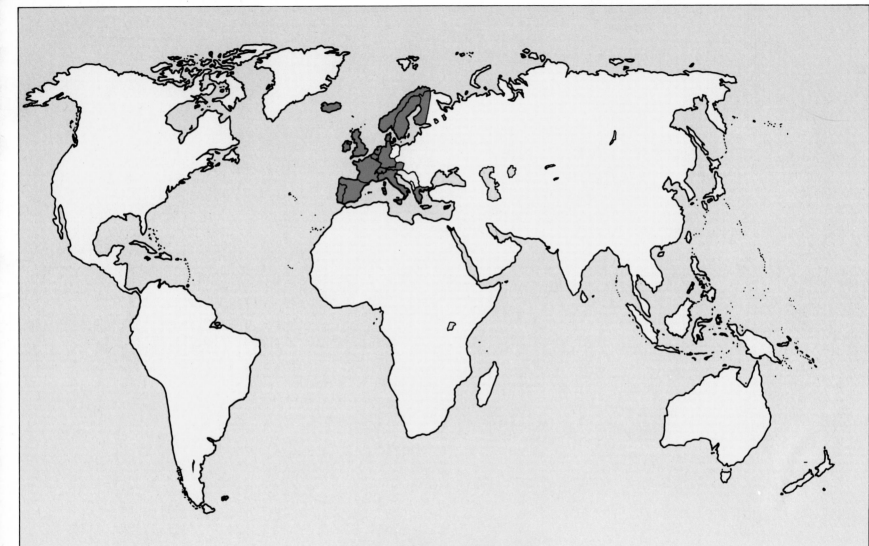

Le monde vu d'Europe
Une vision familière

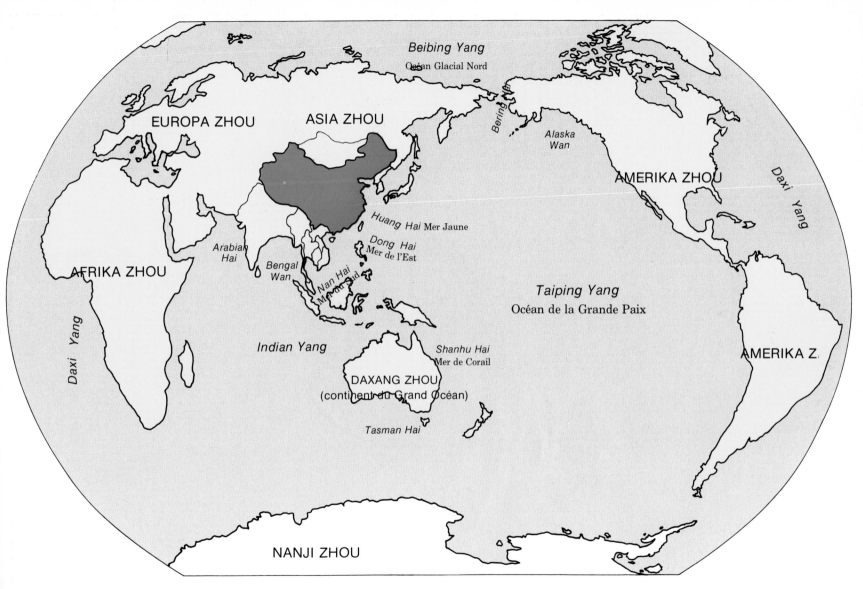

Le monde vu de la Chine

D'après Atlas contemporain de Rép. Populaire de Chine

17

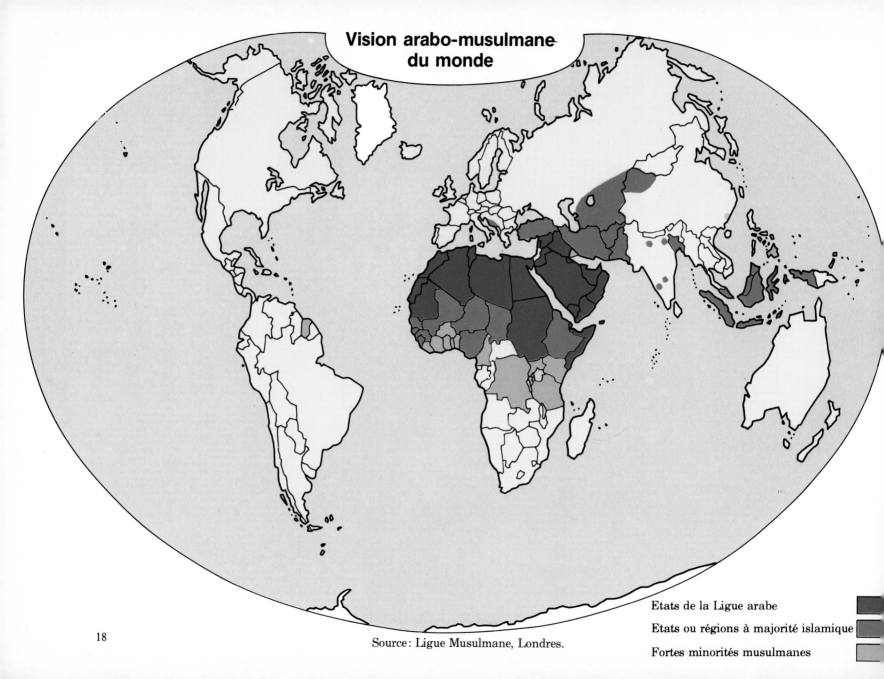

Vision arabo-musulmane du monde

Etats de la Ligue arabe

Etats ou régions à majorité islamique

Fortes minorités musulmanes

18

Source : Ligue Musulmane, Londres.

LES GÉOPOLITICIENS

Les géopoliticiens

Le géographe allemand Friedrich Ratzel, auteur de "Politische Geographie" (1897), élabore, notamment concernant l'*espace,* certains concepts fondamentaux dont les géopoliticiens s'inspirent. C'est le Britannique H. Mackinder qui émet l'idée (1904) selon laquelle le pivot du monde, par sa masse terrestre, est constitué par la partie continentale de l'Eurasie. Selon Mackinder (cartes 1 et 2), qui revient à plusieurs reprises sur sa délimitation géographique du pivot (en 1919 et en 1943), la puissance qui contrôle cette masse terrestre — hier potentiellement l'Allemagne, aujourd'hui l'Union soviétique —, menace les puissances maritimes — hier la Grande-Bretagne, aujourd'hui les Etats-Unis — qui contrôlent l'île mondiale *(World Island),* c'est-à-dire notre planète.

Les facteurs qu'intègre progressivement Mackinder, au fil de son évolution, sont les communications (y compris l'aviation), la démographie et l'industrialisation. En 1943, il rejette sa théorie de 1919 selon laquelle l'Etat qui contrôle le pivot dominera l'île mondiale.

L'Américain Mahan, géopoliticien avant l'heure, avance, dès 1900 *(The Problem of Asia and its effect upon International Politics),* l'idée selon laquelle l'hégémonie mondiale des puissances maritimes peut être maintenue par le contrôle d'une série de points d'appui autour du continent eurasiatique. Cette vue préfigurait le concept de *World Island* de Mackinder tout en débouchant sur des conclusions stratégiques inverses : les puissances maritimes dominent en les verrouillant les puissances terrestres. La théorie de l'endiguement, née de la guerre froide, trouve là son noyau.

Les conceptions géopolitiques sont systématisées par le Suédois Rudolf Kjellen et reprises surtout par les géopoliticiens allemands, notamment par Karl Haushofer (1869-1946). La géopolitique allemande se développe selon trois axes : le concept d'espace *(Raum)* dégagé par Ratzel : nécessité pour une grande puissance de disposer d'espace ; le concept d'île mondiale énoncé par Mackinder, impliquant la puissance maritime ; et la combinaison Nord/Sud des continents prônée par Haushofer (carte 4).

Cette dernière conception se retrouve aujourd'hui par exemple dans la politique eurafricaine de l'Europe occidentale.

L'Américain N.J. Spykman (carte 3) s'inspire de Mackinder en adaptant ses concepts aux circonstances des années trente. Il arguë que seule une alliance anglo-américaine (puissances maritimes) et russe (puissance terrestre) peut empêcher l'Allemagne de contrôler les régions côtières eurasiatiques et d'atteindre ainsi à la domination mondiale. Il rejette cependant les conclusions stratégiques de Mackinder concernant l'importance du contrôle du pivot du monde en privilégiant celui de l'anneau maritime *(Rimland).*

Bien que parfois excessivement systématique, la conception géopoliticienne est stimulante à condition de ne pas donner dans le déterminisme géographique et de prendre en compte l'ensemble des données d'un rapport de forces. Nous esquissons, à notre tour, une approche de ce type (carte 5) plus conforme aux données actuelles.

Le monde selon Mackinder (1904)

Le contrôle de la zone pivot *(Heartland)*, masse continentale eurasienne, constitue une menace potentielle pour les puissances maritimes.

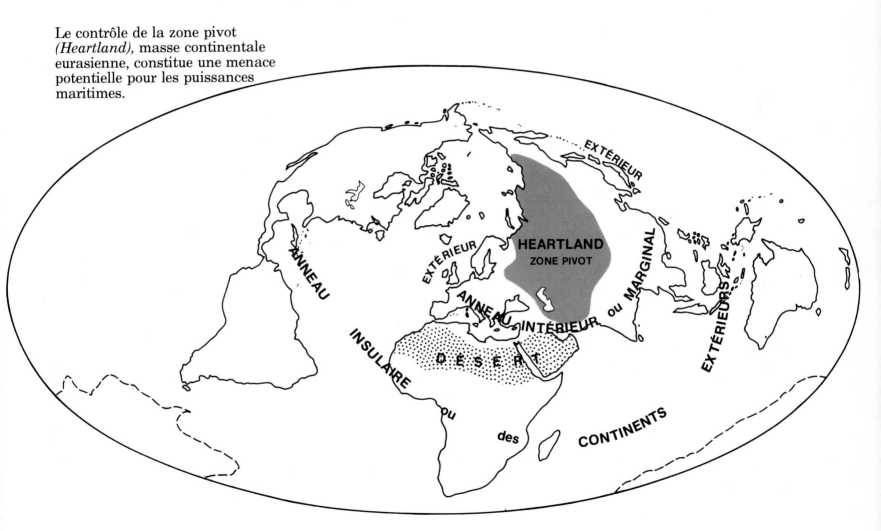

Le monde selon Mackinder (1943)

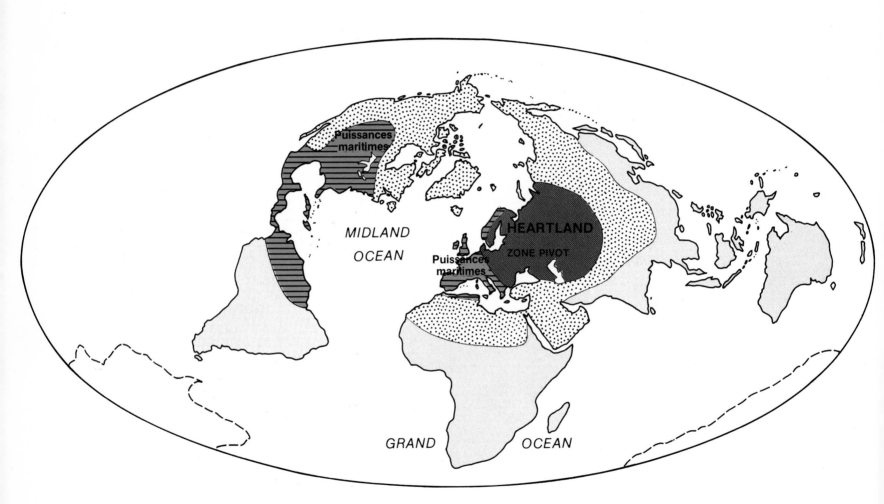

Puissances maritimes

Puissances maritimes

MIDLAND OCEAN

HEARTLAND

ZONE PIVOT

GRAND OCEAN

Spykman et l'importance de l'anneau maritime

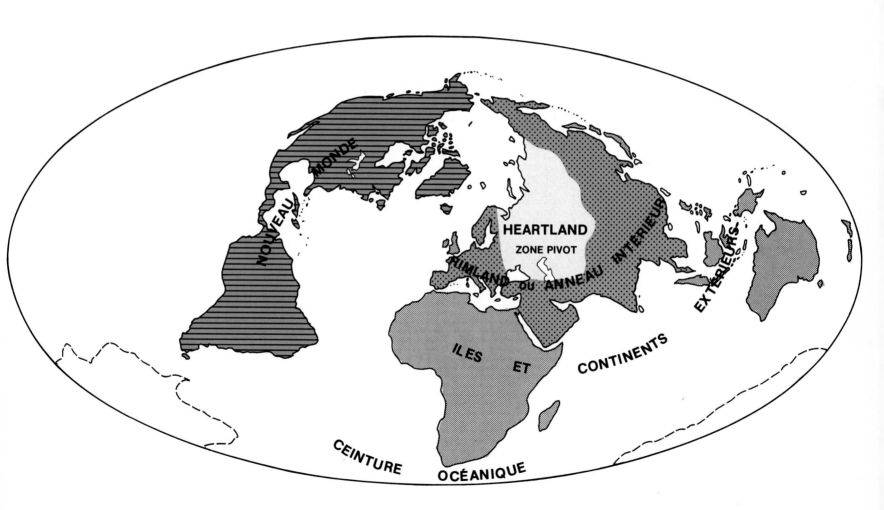

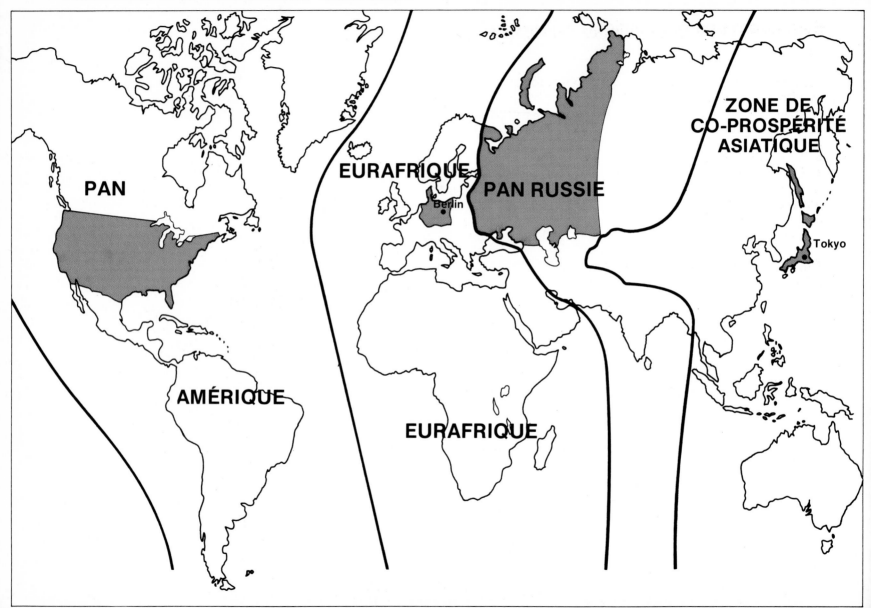

Haushofer et la combinaison Nord/Sud

PAN

AMÉRIQUE

EURAFRIQUE

Berlin

PAN RUSSIE

EURAFRIQUE

ZONE DE
CO-PROSPÉRITÉ
ASIATIQUE

Tokyo

Esquisse d'une géopolitique aujourd'hui

En tenant compte d'évolutions ou d'extensions inévitables, permanence des éléments de base mis en évidence par les géopoliticiens avant la seconde guerre mondiale :
- *Puissance continentale ou Heartland.*
- *Puissance maritime.*
- *Anneau maritime ou Rimland.*

Apparition depuis 1945, avec l'indépendance de nouveaux États en Asie et en Afrique d'une ceinture inter-tropicale fragile et instable :
- *Anneau de sous-développement et de pauvreté.*

Émergence progressive d'un *anneau austral développé* lié à la puissance maritime :

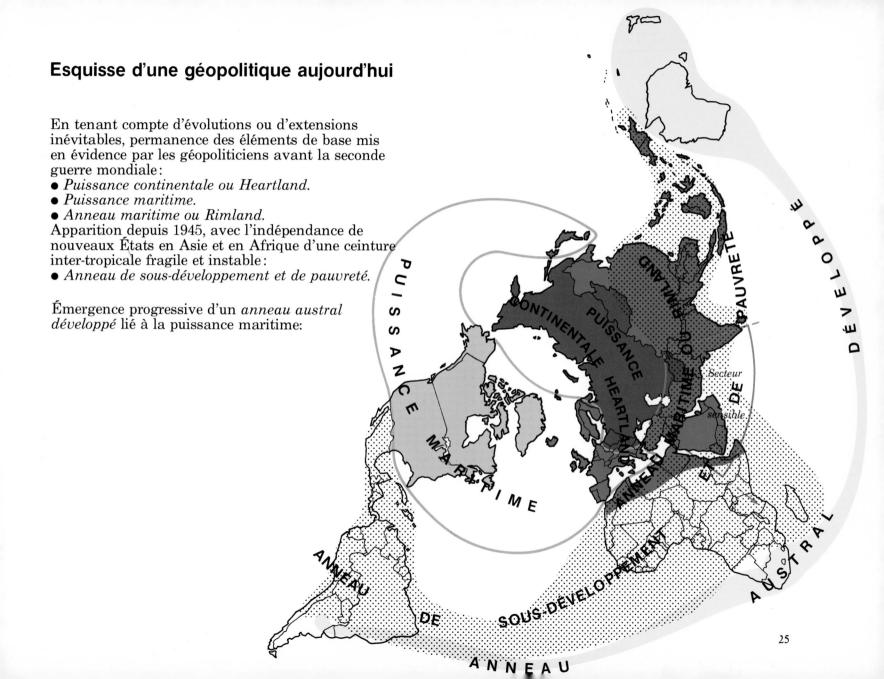

DONNÉES CULTURELLES

Les grandes aires culturelles

L'expansion de l'aire culturelle dont l'Europe est la matrice est considérable. De même que celle de l'Islam qui recouvre, en Asie du Sud-Est, des régions autrefois hindouisées, tout en continuant son expansion en Afrique*.

* Madagascar, par commodité rattaché à l'Afrique, n'appartient pas, par son origine ethnique, au monde africain.
La Malaisie, l'Indonésie ont été islamisées. L'aire latino-américaine appartient pour l'essentiel à l'Occident.
Le plateau éthiopien est hamito-sémitique.

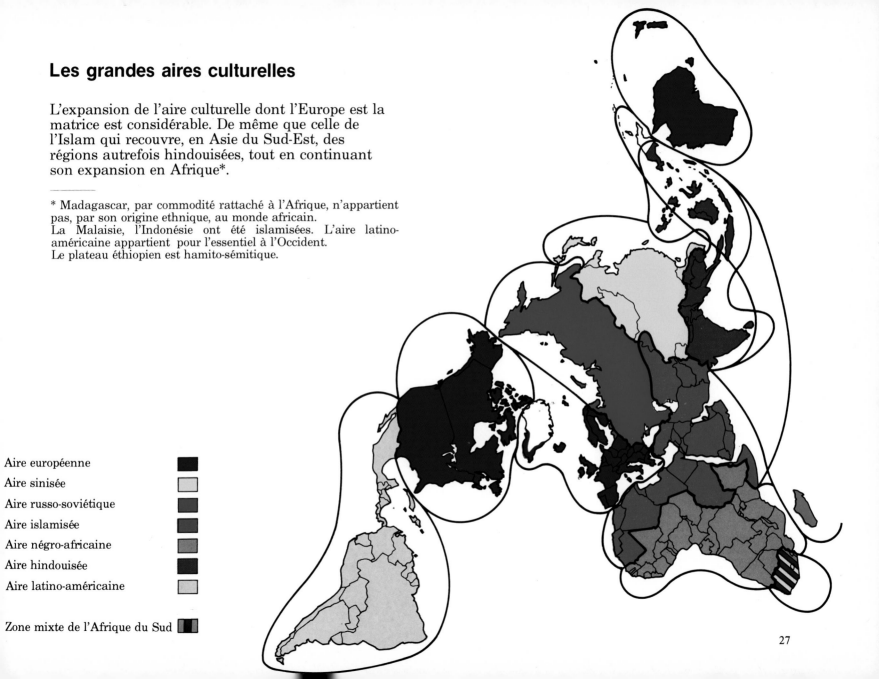

Aire européenne

Aire sinisée

Aire russo-soviétique

Aire islamisée

Aire négro-africaine

Aire hindouisée

Aire latino-américaine

Zone mixte de l'Afrique du Sud

27

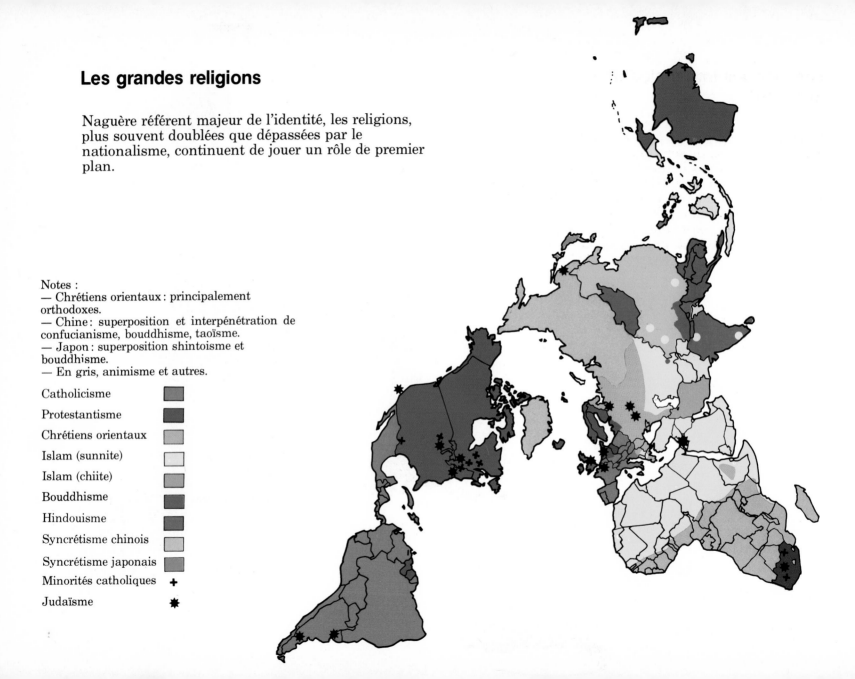

Les grandes religions

Naguère référent majeur de l'identité, les religions, plus souvent doublées que dépassées par le nationalisme, continuent de jouer un rôle de premier plan.

Notes :
— Chrétiens orientaux : principalement orthodoxes.
— Chine : superposition et interpénétration de confucianisme, bouddhisme, taoïsme.
— Japon : superposition shintoisme et bouddhisme.
— En gris, animisme et autres.

Catholicisme

Protestantisme

Chrétiens orientaux

Islam (sunnite)

Islam (chiite)

Bouddhisme

Hindouisme

Syncrétisme chinois

Syncrétisme japonais

Minorités catholiques ✛

Judaïsme ✶

Les langues impériales dans le monde

Le critère retenu pour définir une langue impériale est la conjonction de son importance numérique *et* de sa diffusion dans l'espace. Le japonais, à cet égard, n'est pas impérial, et l'allemand, depuis 1945, a perdu sa prépondérance en Europe orientale. La langue chinoise (mandarin de Pékin), bien que ne répondant qu'en partie au critère adopté, est cependant la langue la plus parlée dans le monde.

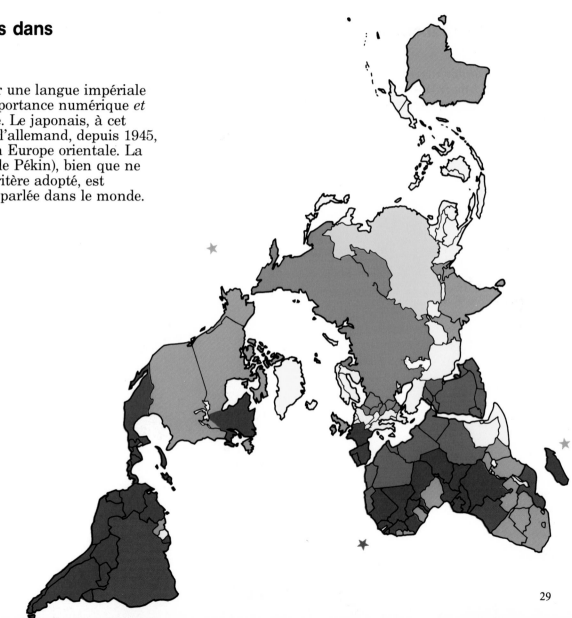

Anglais

Français

Espagnol

Portugais

Arabe

Russe

Chinois

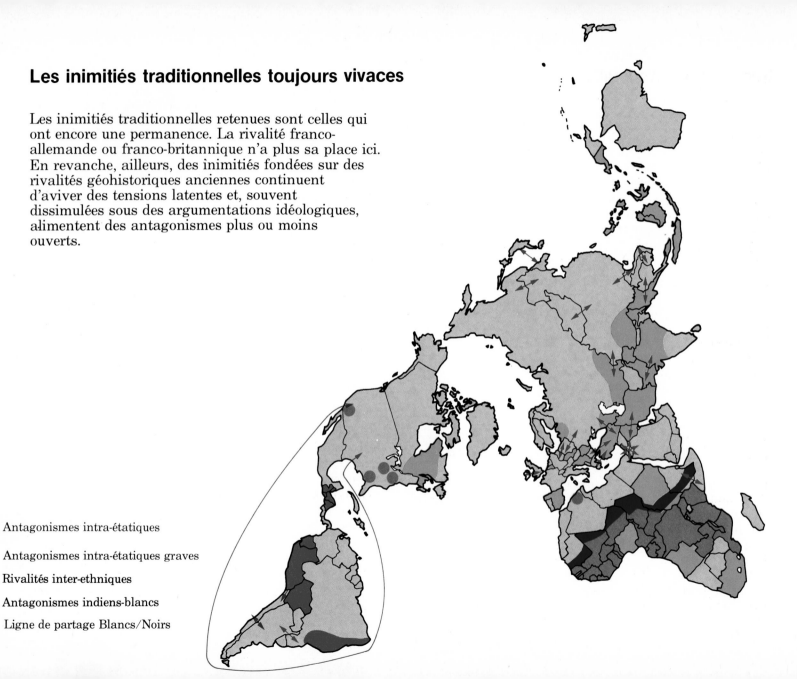

Les inimitiés traditionnelles toujours vivaces

Les inimitiés traditionnelles retenues sont celles qui ont encore une permanence. La rivalité franco-allemande ou franco-britannique n'a plus sa place ici. En revanche, ailleurs, des inimitiés fondées sur des rivalités géohistoriques anciennes continuent d'aviver des tensions latentes et, souvent dissimulées sous des argumentations idéologiques, alimentent des antagonismes plus ou moins ouverts.

Antagonismes intra-étatiques

Antagonismes intra-étatiques graves

Rivalités inter-ethniques

Antagonismes indiens-blancs

Ligne de partage Blancs/Noirs

Inimitiés traditionnelles (¹)

ASIE :

Chine-URSS
Chine-Vietnam
Vietnam-Khmers
Thaïlande-Birmanie
Chine-Mongols
Inde-Pakistan
Corée-Japon
Thaïlande-Cambodge

MOYEN-ORIENT :

Bien que récente, l'inimitié entre les pays arabes et Israël présente toutes les caractéristiques d'une rivalité durable.
Syrie-Turquie (alimentée par la revendication du Sandjak d'Alexandrette).

AFRIQUE :

Une ligne de partage Nord/Sud le long de la zone sahélienne oppose selon un clivage ancien (relations fondées sur l'esclavage) les populations négro-africaines au Sud et les populations arabes et sahariennes au Nord. Cf. Tchad, Sud Soudan, etc...
Dans la corne de l'Afrique : Ethiopie-Somalie (inimitié jadis fondée sur une rivalité religieuse relayée aujourd'hui par des nationalismes rivaux). Dans l'Afrique sub-saharienne, les inimitiés ethniques sont légions. A titre d'exemple, parmi celles qui ont été particulièrement vives : les relations Tutsi-Hutu au Burundi et au Ruanda ; ou le cas mieux connu du Biafra (Ibos). En Afrique australe, les ethno-stratégies jouent un rôle important. Angola : l'Unita représente les Ovimbundus, opposés au gouvernement de Luanda qui s'appuie sur l'alliance entre Kimbundus et Bakongos. En Namibie, le Swapo est surtout soutenu par les Ovambos. Au Zimbabwe, rivalité entre Shona et Ndebele, source d'un conflit pouvant déboucher sur une guerre civile, etc.
En Afrique du Sud, Prétoria utilise et entretient les rivalités tribales notamment entre Zoulous et autres ethnies.

AMÉRIQUE :

Brésil-Argentine, Argentine-Chili, Pérou-Chili
Amérique latine-Etats-Unis
(Le ressentiment, né de l'humiliation, de certaines couches latino-américaines à l'égard des Etats-Unis est ambigu dans la mesure où les intérêts des couches favorisées, toutes nationalistes qu'elles soient, coïncident avec ceux des Etats-Unis).
Indiens-Hispaniques (Pérou, Equateur, Bolivie, Guatemala, etc.).

EUROPE :

Bulgarie-Turquie, Bulgarie-Yougoslavie (Macédoine)
Grèce-Turquie, Yougoslavie-Albanie
URSS-Turquie
Roumanie-Hongrie (revendications concernant les Hongrois de Transylvanie).
Pologne-URSS
Pologne-Allemagne.

_____

(1) Inimitiés inter-étatiques ne prenant pas en compte les problèmes des minorités. Cette liste est loin d'être complète.

LE CONTEXTE HISTORIQUE
DU MONDE ACTUEL

Européanisation du monde au début du 20ᵉ siècle

L'expansion de l'Europe, à partir du XVIᵉ siècle, avait porté celle-ci, selon un processus ininterrompu, à occuper l'ensemble du continent américain. Au cours du XIXᵉ siècle et jusqu'au lendemain de la Première Guerre mondiale, l'impérialisme européen étend sa domination à l'ensemble du globe, à la quasi exception du Japon.
La supériorité globale de l'Europe tant sur le plan technologique que *conceptuel* est à l'époque totale.

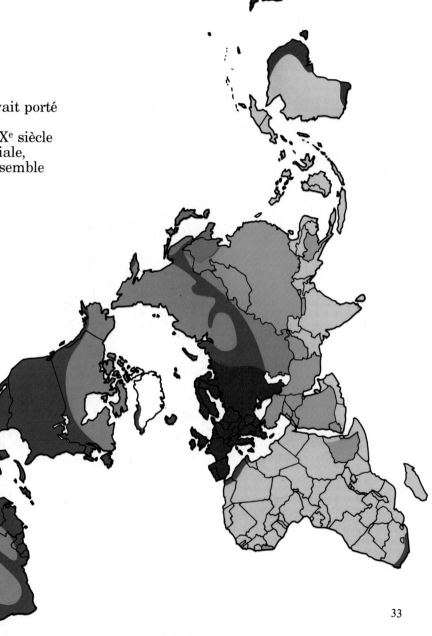

Europe

Peuplement européen (dense)

Peuplement européen (faible)

Influence européenne
(semi-coloniale)

Colonisation européenne

Empire japonais

Modifications territoriales en Europe à la suite de la guerre 1914-1918

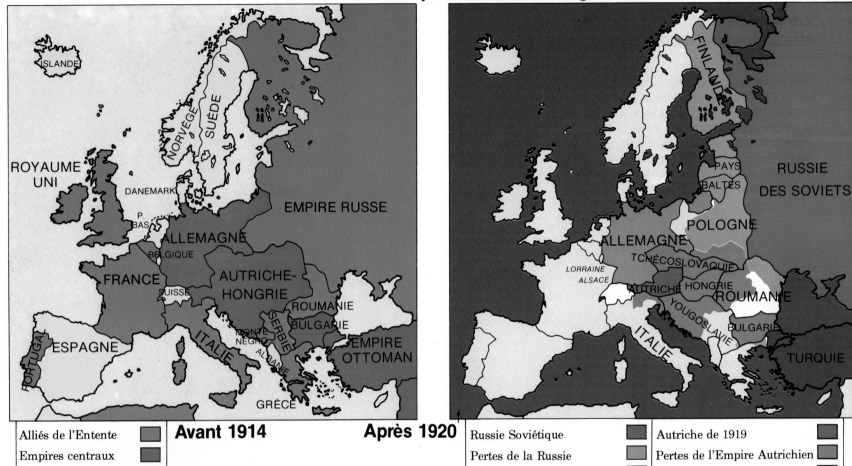

Avant 1914

Alliés de l'Entente
Empires centraux
Pays hors du conflit

Après 1920

Russie Soviétique
Pertes de la Russie
Allemagne de 1919
Pertes de l'Allemagne
Turquie

Autriche de 1919
Pertes de l'Empire Autrichien
Bulgarie
Pertes de la Bulgarie

Le morcellement de l'Europe Centrale consécutif aux Traités de 1919-1920, met fin à l'influence allemande traditionnelle dans cette région. La défaite des puissances centrales aboutit, entre autres, en Europe, à la constitution d'états-nations fondés sur la conception défendue par le président américain Wilson. Cela aux dépens de l'Empire austro-hongrois et de la Russie pour l'essentiel. Un quart de siècle plus tard, à de rares exceptions près, les jeunes États de la zone sont passés dans la sphère d'influence soviétique ou communiste.

Le monde colonial entre les deux guerres mondiales

Bien que le statut des pays latino-américains soit celui de la pleine souveraineté, la domination économique des États-Unis y est quasiment sans partage. De même les Etats formellement indépendants d'Asie et d'Afrique répondent souvent assez bien au statut de semi-colonies avec des variations qui ne doivent pas faire oublier l'autonomie du politique.

L'Union Sud-Africaine est indépendante en 1910 et obtient mandat sur le Sud-Ouest africain (Namibie) après la Première Guerre mondiale.

USA et ses possessions

Royaume-Uni et son empire

France et son empire

Autres pays européens et leurs colonies

Japon et son empire

URSS et Mongolie

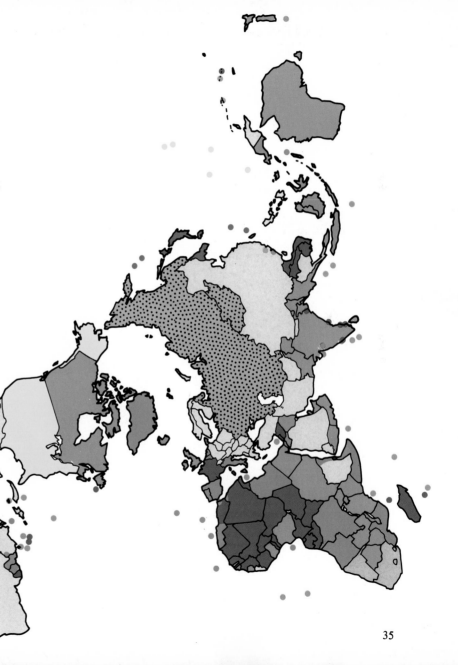

35

Meme
1939

LITHUANIE

Dantzig
1939

PRUSSE
ORIENTALE

● Berlin

● Varsovie

POLOGNE

A L L E M A G N E

RHÉNANIE
(remilitarisée)

SARRE *(plébiscite)*

SUDÈTES
1938

● Prague

BOHÊME
(Protectorat allem.)
1939

MORAVIE

Teschen *1939*

ÉTAT SLOVAQUE
Indép. 1939

1939

RUTHÉNIE

FRANCE

● Munich

● Vienne

Bratislava
●

● Budapest

SUISSE

AUTRICHE
(Anschluss)
1938

HONGRIE

**Expansion
du 3ᵉ Reich
de 1933 à 1939**

Allemagne en 1933

Pays allemands

Régions
à majorité allemande

Régions slaves

Hongrie avant 1938

Annexions hongroises

Annexion polonaise. ⊙

Tchécoslovaquie
avant 1938 ▬

**Expansion japonaise
entre 1920-1940**

Japon en 1920	■
Expansion 1937-1939	■
Protectorát 1932	■

Expansion des puissances de l'Axe entre les deux guerres mondiales

ALLEMAGNE

* 1934 : réintégration de la Sarre
* 1936 : remilitarisation de la Rhénanie
* 1938 (mars) : annexion de l'Autriche
* 1938 (octobre) : annexion des Sudètes (conférence de Munich)
* 1939 (mars) : Démembrement de la Tchécoslovaquie (annexion de la Bohême-Moravie)
* 1939 (mars) : annexion de Memel (Lithuanie)
* 1939 (sept.) : invasion de la Pologne.

ITALIE

* 1924 : annexion de la ville de Fiume (Istrie)
* 1935-1938 : colonisation de la Cyrénaïque (Libye)
* 1935-1936 : conquête de l'Ethiopie
* 1939 (avril) : invasion de l'Albanie.

JAPON

* 1931 : occupation de la Mandchourie.
* 1935 : annexion du Tchahar et du Suiyan (Mongolie chinoise)
* 1937-1939 : occupation de la Chine du Nord-Est, de la basse vallée du Yang Tsé et des zones côtières méridionales.

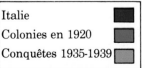

**Expansion coloniale
de l'Italie (1920-1939)**

Italie	■
Colonies en 1920	■
Conquêtes 1935-1939	■

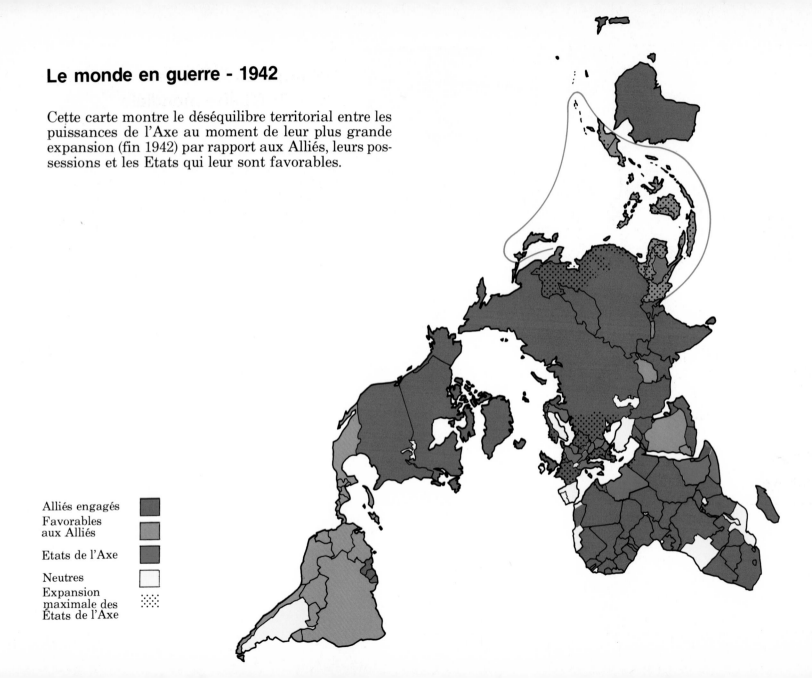

Le monde en guerre - 1942

Cette carte montre le déséquilibre territorial entre les puissances de l'Axe au moment de leur plus grande expansion (fin 1942) par rapport aux Alliés, leurs possessions et les Etats qui leur sont favorables.

Alliés engagés

Favorables aux Alliés

Etats de l'Axe

Neutres

Expansion maximale des États de l'Axe

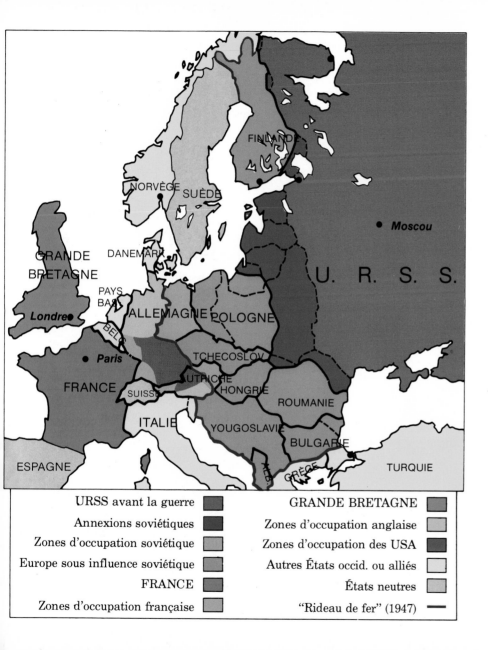

Légende de la carte :

- URSS avant la guerre
- Annexions soviétiques
- Zones d'occupation soviétique
- Europe sous influence soviétique
- FRANCE
- Zones d'occupation française
- GRANDE BRETAGNE
- Zones d'occupation anglaise
- Zones d'occupation des USA
- Autres États occid. ou alliés
- États neutres
- "Rideau de fer" (1947)

Noms portés sur la carte : FINLANDE, NORVÈGE, SUÈDE, Moscou, DANEMARK, GRANDE BRETAGNE, PAYS BAS, ALLEMAGNE, POLOGNE, U. R. S. S., Londres, BELG., Paris, TCHECOSLOV, FRANCE, AUTRICHE, HONGRIE, SUISSE, ITALIE, ROUMANIE, YOUGOSLAVIE, BULGARIE, ALB., GRÈCE, ESPAGNE, TURQUIE

L'Europe au lendemain de la 2ᵉ Guerre mondiale

L'URSS s'accroît à l'ouest d'environ 600.000 km² au détriment de la Pologne, des pays Baltes, de la Roumanie, de la Tchécoslovaquie et de la Finlande. Elle retrouve, en termes de surface, exactement la superficie de l'empire tsariste perdue lors du traité de Brest-Litovsk (1918).

La grande perdante est l'Allemagne, divisée en zones d'occupation, puis en deux Etats.

La guerre froide commence en 1948 et fige cette division. Les Accords d'Helsinki (1976) entérinent la domination soviétique en Europe de l'Est.

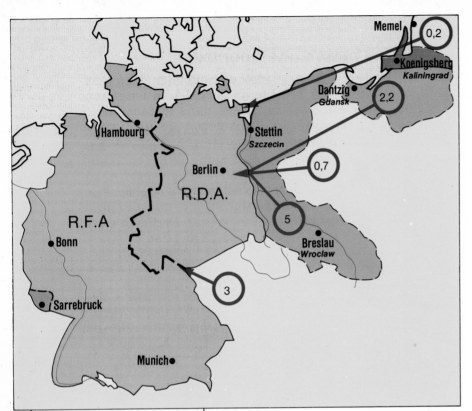

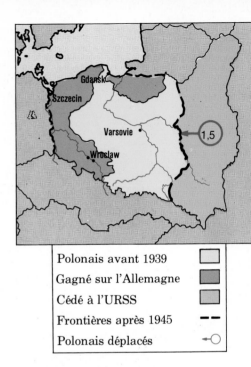

L'Allemagne 1945

L'Allemagne, dont la superficie était avant 1914 de 540.000 km² et de 474.000 km² avant 1938 est réduite à 248.000 km² pour la République fédérale allemande et à 108.000 km² pour la République démocratique allemande. Une douzaine de millions d'Allemands sont expulsés de divers Etats d'Europe centrale vers l'Allemagne occupée. Entre 1947 et 1961, environ 4 millions d'Allemands de l'Est se réfugient en R.F.A. Depuis une quinzaine d'années, l'*Ostpolitik*, qui entérine l'état de fait de la division, reflète l'attitude particulière de la R.F.A. et d'une large partie de son opinion publique à l'égard des problèmes de la guerre et de la paix.

Pologne

Avant 1939 : 388.000 km²
Aujourd'hui : 312.000 km²

6 millions de Polonais sont déportés et exterminés, dont 3 millions de Juifs. 1 million de Polonais sont expulsés des régions orientales.

Les visées territoriales de l'Union soviétique vers l'Ouest ont amené les Alliés, à Yalta (février 1945) et surtout à Potsdam (juillet/août 1945), à compenser leur annexion des provinces polonaises orientales par l'octroi à la Pologne de la Silésie et d'une partie de la Poméranie et de la Prusse orientale.

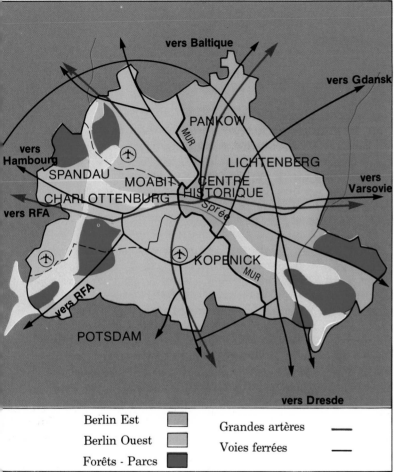

Berlin-Ouest, une enclave à l'est

Légende :
- Berlin Est
- Berlin Ouest
- Forêts - Parcs
- Grandes artères
- Voies ferrées

Berlin-Ouest : une anomalie

Berlin-Ouest, située en pleine République démocratique allemande, à 110 km de la R.F.A., a longtemps (1947-1961) constitué un abcès dans le cadre de la guerre froide. Après la construction du mur par la R.D.A., le statu quo s'est progressivement stabilisé.

Chronologie :

1948-1949 : blocus de Berlin par les Soviétiques. Pont aérien américain.
1961 : construction du mur isolant Berlin-Ouest et empêchant l'exode des Allemands de l'Est.

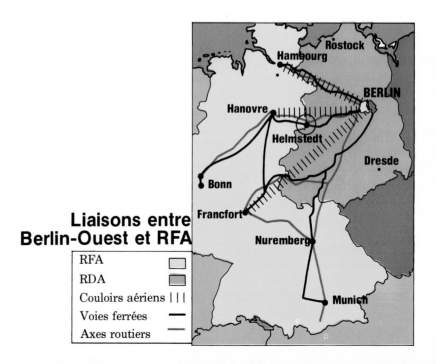

Liaisons entre Berlin-Ouest et RFA

Légende :
- RFA
- RDA
- Couloirs aériens │││
- Voies ferrées
- Axes routiers

Le Japon vaincu en 1945

Légende de la carte :
- URSS
- Sakhaline
- CHINE
- Is. Kouriles
- Mandchourie (MANDCHUKOUO)
- Pékin
- Vladivostok
- Corée
- Séoul
- Tokyo
- CHINE
- Shangai
- J A P O N
- Is. Ryukyu
- Taiwan (FORMOSE)
- Japon après 1945
- Territoires perdus
- Protectorat perdu

Le Japon

L'empire nippon, (630.000 km^2, dont 380.000 km^2 pour le Japon) s'effondre après les bombardements atomiques de Hiroshima et Nagasaki (1945). L'URSS, qui a déclaré la guerre au Japon in extremis, annexe les positions stratégiques constituées, au nord de l'archipel, par les îles Kouriles et la moitié méridionale de Sakhaline. La Chine retrouve sa souveraineté sur la Mandchourie et l'île de Taïwan.

Démilitarisé, le Japon connaît un processus de démocratisation institutionnelle durant l'occupation américaine. Les Etats-Unis s'assurent, en Micronésie, la tutelle sur les archipels naguère japonais des Mariannes, des Carolines et des Marshall. Ils restitueront à la fin des années soixante-dix l'archipel des Ryukyu (Okinawa). La "sphère de co-prospérité" d'Asie orientale, envisagée sous l'angle militaire au cours des années trente, paraît se réaliser aujourd'hui sous l'angle économique, bien que l'impact de la pénétration commerciale japonaise soit mondial.

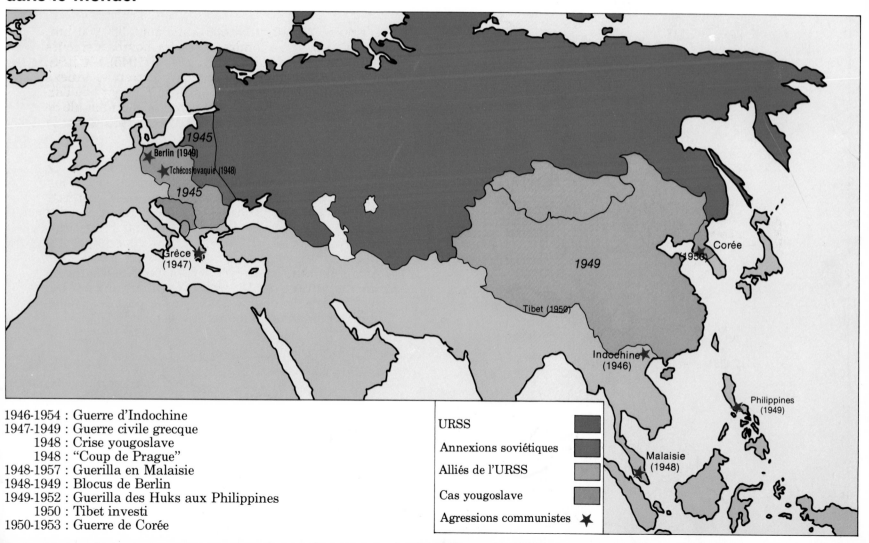

Perception par l'Occident, au début de la Guerre Froide (1948-52), de l'expansionnisme soviétique et communiste dans le monde.

1945

Berlin (1949)

Tchécoslovaquie (1948)

1945

Grèce
(1947)

1949

Corée
(1950)

Tibet (1950)

Indochine
(1946)

Philippines
(1949)

Malaisie
(1948)

1946-1954 : Guerre d'Indochine
1947-1949 : Guerre civile grecque
1948 : Crise yougoslave
1948 : "Coup de Prague"
1948-1957 : Guerilla en Malaisie
1948-1949 : Blocus de Berlin
1949-1952 : Guerilla des Huks aux Philippines
1950 : Tibet investi
1950-1953 : Guerre de Corée

URSS

Annexions soviétiques

Alliés de l'URSS

Cas yougoslave

Agressions communistes ★

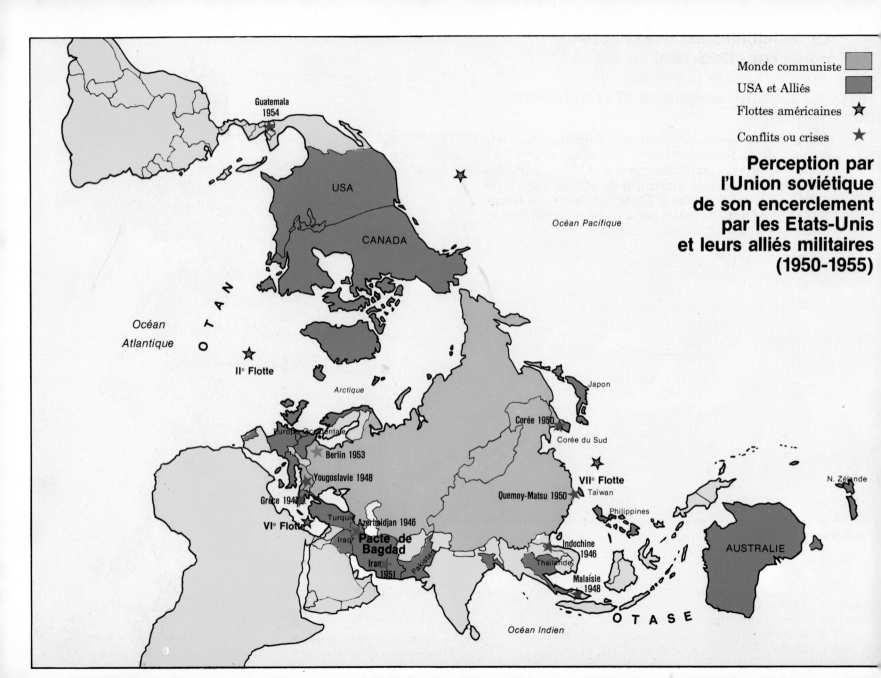

Perception par l'Union soviétique de son encerclement par les Etats-Unis et leurs alliés militaires (1950-1955)

Monde communiste
USA et Alliés
Flottes américaines ☆
Conflits ou crises ★

Guatemala 1954

USA

CANADA

Océan Pacifique

Océan Atlantique

O T A N

II⁰ Flotte

Arctique

Japon

Europe Occidentale

Corée 1950

Corée du Sud

Berlin 1953

Yougoslavie 1948

VII⁰ Flotte

Taïwan

N. Zélande

Grèce 1947

Quemoy-Matsu 1950

Turquie

Azerbaïdjan 1946

Philippines

VI⁰ Flotte

Iraq

Pacte de Bagdad

Indochine 1946

AUSTRALIE

Iran 1951

Pakistan

Thaïlande

Malaisie 1948

O T A S E

Océan Indien

La décolonisation et les États nouveaux, 1945-1984

Les mouvements de libération nationale, dès le lendemain de la Seconde Guerre mondiale, d'abord en Asie, puis une décennie plus tard en Afrique, à travers un processus parfois violent, débouchent sur l'indépendance d'une centaine d'États nouveaux. La Namibie (ex Sud-Ouest africain) reste à l'heure actuelle sous domination sud-africaine.

Indépendants en 1945

Indépendance depuis 1945

Dépendants en 1983

GUYANE (France)
NAMIBIE (Afrique du Sud)

Chronologie des décolonisations en Asie du Sud-Est et en Afrique

PROCHE-ORIENT

	Date des indépendances
Yémen du Nord	1918
Arabie Saoudite	1926
Irak	1932
Jordanie (Transjordanie)	1946
Liban, Syrie	1946
Israël (partage de la Palestine)	1948

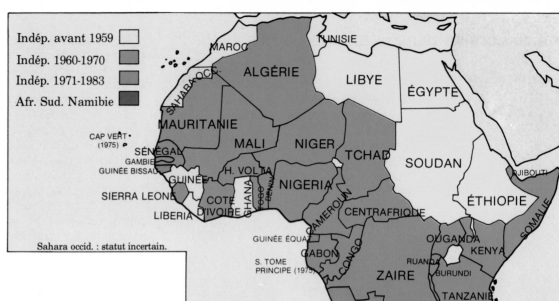

Indép. avant 1959
Indép. 1960-1970
Indép. 1971-1983
Afr. Sud. Namibie

MAROC
TUNISIE
ALGÉRIE
LIBYE
ÉGYPTE
SAHARA OCC.
MAURITANIE
CAP VERT (1975)
SÉNÉGAL
GAMBIE
GUINÉE BISSAU
GUINÉE
SIERRA LEONE
LIBERIA
CÔTE D'IVOIRE
GHANA
TOGO
BÉNIN
MALI
NIGER
TCHAD
SOUDAN
NIGERIA
CAMEROUN
CENTRAFRIQUE
ÉTHIOPIE
DJIBOUTI
SOMALIE
GUINÉE ÉQUAT.
S. TOME PRINCIPE (1975)
GABON
CONGO
ZAIRE
RUANDA
BURUNDI
OUGANDA
KENYA
TANZANIE
ANGOLA
ZAMBIE
MALAWI
MOZAMBIQUE
IS COMORES (1975)
NAMIBIE
ZIMBABWE
BOTSWANA
MADAGASCAR
AFRIQUE SUD

Sahara occid. : statut incertain.

Indépendance

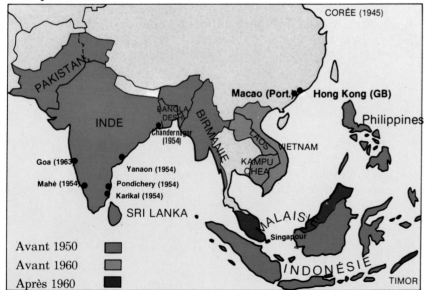

CORÉE (1945)
PAKISTAN
BANGLA DESH
INDE
BIRMANIE
LAOS
KAMPUCHEA
Macao (Port.)
Hong Kong (GB)
Philippines
VIETNAM
Chandernagor (1954)
Goa (1963)
Yanaon (1954)
Mahé (1954)
Pondichery (1954)
Karikal (1954)
SRI LANKA
MALAISIE
Singapour
INDONÉSIE
TIMOR

Avant 1950
Avant 1960
Après 1960

Chypre	1960
Koweit	1961
Yémen du Sud	1967
Oman	
Bahrein	} 1971
Emirats	

Quelques archipels et îles — et la Guyane —, dans les Caraïbes et le Pacifique, ne sont pas indépendants.

Les conflits dans le monde depuis 1945

On dénombre plus d'une centaine de conflits d'une relative importance au cours de la période 1945-1983.

On peut, afin de les classer, proposer la typologie suivante :
— Conflits inter-étatiques (guerres classiques).
— Guerres de libération (dans un cadre colonial ou d'occupation étrangère).
— Conflits internes (guerres civiles consécutives à des conflits de classes, ethniques et/ou religieux).

Il n'est pas tenu compte ici de la vague de terrorismes, transétatiques ou non, souvent substituts à la guérilla mais provoquant un nombre de victimes très limité. Cette forme de conflit, quand elle est utilisée comme moyen unique, fait surtout partie de la guerre psychologique.

On estime que ces conflits ont provoqué, au cours de la période 1945-1982, environ 13,5 millions de victimes, soit une moyenne annuelle d'à peu près 350.000.

Une dizaine de ces conflits, pas nécessairement ceux qui ont eu le plus d'impact auprès de l'opinion publique, cumulent à eux seuls environ 10 millions de victimes, soit 75 % environ. Il s'agit des deux guerres d'Indochine (1946-1975), des guerres indo-pakistanaises (1947-1949 et 1971 - Bangla Desh), de la guerre de Corée, de la guerre d'Algérie, de la guerre civile au Soudan, des massacres en Indonésie (1965) et de la guerre du Biafra*.

De nombreux conflits ont été générateurs d'importants exodes : Palestiniens, sous-continent indien, Indochine, Ethiopie, Afghanistan, Amérique centrale, etc. Le conflit irako-iranien, en cours, a déjà fait plusieurs centaines de milliers de victimes.

* En dehors des guerres et guérillas, d'autres types de conflits politiques ont provoqué de très nombreuses victimes ; par exemple au Kampuchea (1975-1978), en Chine durant la révolution culturelle, en Guinée équatoriale sous Macias ou en Ouganda sous Amin Dada, en Argentine, au Ruanda (1960-65) et au Burundi (1972-73), etc...

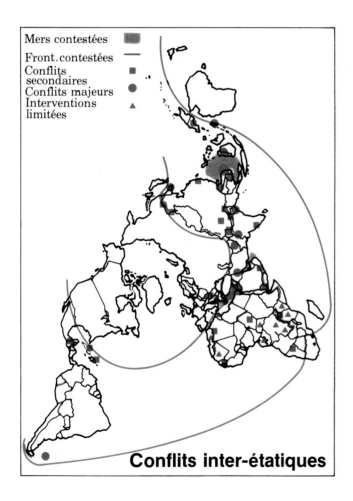

Mers contestées
Front. contestées
Conflits secondaires
Conflits majeurs
Interventions limitées

Conflits inter-étatiques

I. Conflits inter-étatiques

A. Conflits majeurs :

Inde-Pakistan (1947-1949)
Israélo-arabe (1948-1949)
Corée (1950-1953)
Israélo-égyptien (1956)
Inde-Pakistan (1965)
Viêt-nam (1965-1973)
(intervention massive des États-Unis)*
Israélo-arabe (1967)
Inde-Pakistan (1971) (Bangla-Desh)
Israélo-arabe (1973)
Viêt-nam-Chine (1979)
Iran-Irak (1980-....)
Grande-Bretagne-Argentine (1982) (Falkland)

B. Conflits secondaires :

Chine-Taïwan (1950) (Quemoy-Matsu)
Chine-Tibet (1950-1951)
Guatemala-Honduras (1954) (Opération CIA)
Inde-Chine (1959) (Ladakh)
Pays-Bas-Indonésie (1960-1962) (Irian)
Inde-Chine (1962) (Assam)
Indonésie-Malaisie (1963) (Sarawak, Bornéo)
Algérie-Maroc (1963)
Chine-URSS (1969) (Oussouri)
Salvador-Honduras (1969)
Gréco-turc (1974) (Chypre)
Syrie-Liban (1976) (Occupation)
Indonésie-Timor oriental (1976) (annexion par l'Indonésie)

Somalie-Ethiopie (1977-1978)
Viêt-nam-Kampuchea (1978)
Yémen du Nord-Yémen du Sud (1979)
Israël-Liban 1982 -...

C. Interventions ponctuelles :

Suez, intervention franco-anglaise (1956)
Budapest, intervention soviétique (1956)
Liban, intervention américaine (1958)
Mauritanie, intervention française (1961)
Cuba, (Playa Giron) (1961)
Bizerte, intervention française (1961)
Goa (possession portugaise), intervention indienne (1961)
Zaïre, interventions belges (1961 et 1964)
Gabon, intervention française (1964)
Ouganda, Kenya, Tanzanie, intervention britanique (1964)
Saint-Domingue, intervention américaine (1965)
Prague, intervention soviétique (1968)
Cambodge, intervention américaine (1970)
Jordanie, intervention des forces royales contre l'O.L.P. (1970)
Angola, interventions sud-africaine, zaïroise et surtout cubaine (1975-1976)
Shaba (Zaïre), intervention marocaine et française (1977)
Djibouti, intervention française (1976-1977)
Ethiopie, intervention cubaine (1977)
Kolwezi (Zaïre), intervention française (1978)
Tchad, très nombreuses interventions des forces françaises (1968-1980)
Ouganda, intervention tanzanienne (1979)
Angola, interventions sud-africaines (1980, 1981, 1982)
Centre-Afrique, intervention française (1979)

---

* Escalade aérienne au Nord Viêt-nam ; guerre civile au Sud.

Tchad, intervention libyenne (1980)
Gambie, intervention sénégalaise (1980)
Tchad, intervention française (1983)
Grenade, intervention américaine (1983).

II. Mouvements de libération pour l'indépendance dirigés contre une domination ou une occupation étrangère.

Palestine (mouvement sioniste) 1945-1947 (contre la Grande-Bretagne)
Guerre d'Indochine (Viêt-Nam) 1946-1954 (contre la France)
Laos (Pathet-Lao) 1946-1954 (contre la France)
Indonésie 1946-1949 (contre les Pays-Bas)
Malaisie 1948-1957 (contre la Grande-Bretagne)
Kenya (insurrection Mau-Mau) 1952-1954 (contre la Grande-Bretagne)
Troubles en Tunisie 1952-1956 (contre la France)
Troubles au Maroc 1953-1956 (contre la France)
Algérie 1954-1962 (contre la France)
Chypre 1955-1959 (contre la Grande-Bretagne)
Cameroun 1957-1960 (contre la France)
Troubles au Congo belge 1958-1960
Angola 1961-1974 (contre le Portugal)
Sud-Yémen 1963-1967 (contre la Grande-Bretagne)
Guinée-Bissau 1963-1974 (contre le Portugal)
Palestiniens 1965 -... (contre Israël surtout à partir de 1967)
Mozambique 1964-1974 (contre le Portugal)
Namibie 1970 -... (contre l'Afrique du Sud)
Rhodésie/Zimbabwe 1972-1979 (contre la domination blanche rhodésienne)
Timor occidental 1974 -... (contre l'Indonésie)
Sahara occidental 1975 -... (contre le Maroc)

Kampuchea 1979 -... (contre un régime mis en place par le Viêt-Nam)
Afghanistan 1979 -... (contre l'occupation soviétique).

III. Conflits à caractère sécessionniste* ou pour obtenir l'autonomie dans le cadre d'États constitués.

Azerbaïdjan et République kurde de Mahabad (Iran) 1946
Birmanie (Karens, Kachins) 1948-1954
Hyderabad (Inde) 1948 (résistance à l'incorporation à l'Inde)
Sud-Moluques 1950-52
Tibet (contre la Chine) 1955-1959
Katanga (Zaïre) 1960-1964
Kurdes (Irak) 1961-1970 et 1974-75, 1979-...
Erythrée (Ethiopie) 1961 -...
Sud-Soudan 1966-1972, 1982 -...
Biafra (Nigeria) 1967-1970
Inde (Nagas) 1965-1972
Baloutches (Pakistan) 1973-1977
Ogaden (Ethiopie) 1974 -...
Basques (Espagne) 1975 -1981
Musulmans des Philippines 1977 -...
Kurdes (Iran) 1978 -...

---

* Comme pour les guerres civiles (IV), la date du début des opérations est parfois incertaine.

IV. Guerres civiles pour un changement de régime*

Chine 1945-1949
Grèce 1947-1949
Huks (Philippines) 1949-1952
Colombie 1953 (état chronique)
Cuba 1956-1959
Sud Viêt-Nam 1957-1964 ; 1973-1975
Sumatra 1957-1958 (insurrection contre le centralisme de Djarkata)
Zaïre 1960-1965
Malaisie (sporadique)
Laos 1960-1975
Thaïlande (sporadique)
Cameroun 1960-1966
Guatemala 1961-1968, 1980 -...
Venezuela 1962-1967
Yémen du Nord 1962-1967 (avec intervention égyptienne)
Ruanda 1963-1964
Chypre 1963-1964 (intervention de l'ONU)
Cambodge 1965-1975
Indonésie 1965
Uruguay 1965-1973
Pérou 1965 et 1982 -...
Bolivie 1967
Brésil 1967-1970
Irlande du Nord (catholique) 1968 -...
Tchad 1968-1982
Dhofar (Oman) 1968-1976 (avec intervention britannique, iranienne et jordanienne)

Nicaragua 1972-1979 et 1981 -...
Burundi 1972
Chili 1973 (répression militaire)
Argentine 1973-1977
Liban 1975-1982 (état chronique)
Angola (Unita) 1976 -... (avec aide de l'Afrique du Sud)

Salvador 1976 -...
Iran 1978-1979
Afghanistan 1978-79
Mozambique (FNM) 1980 -... (avec aide de l'Afrique du Sud).
Philippines (Nouvelle Armée Populaire) 1980 -...

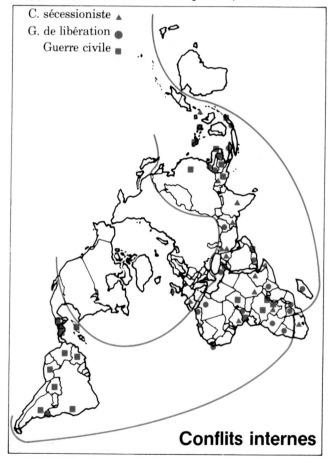

Conflits internes

* Quasiment tous les conflits depuis 1945 se situent dans le tiers monde.

UN MONDE OCÉANIQUE

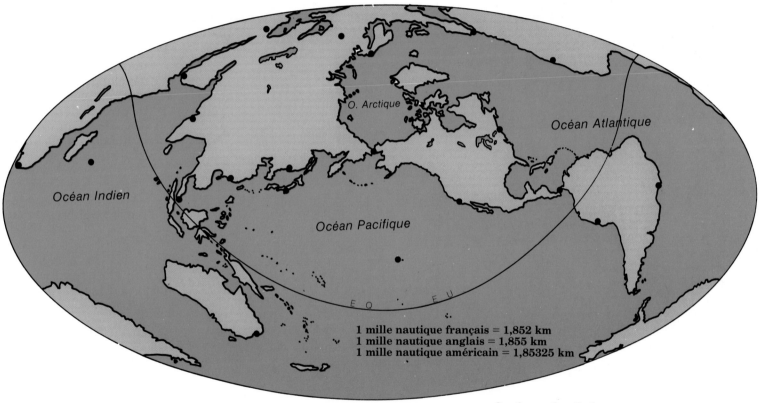

O. Arctique

Océan Atlantique

Océan Indien

Océan Pacifique

E Q   E U

1 mille nautique français = 1,852 km
1 mille nautique anglais = 1,855 km
1 mille nautique américain = 1,85325 km

Superficie totale du Globe : 510 millions de km².
Terres émergées : 149 millions de km² (29 %)
Surface couverte par les eaux : 361 millions de km² (71 %)

Surfaces des Océans :

Pacifique : 161,7 millions de km²
Atlantique : 81,6 millions de km²
Indien : 73,4 millions de km²
Arctique : 14,3 millions de km²

Dispositif militaire autour de l'Arctique

L'Arctique sépare l'URSS et les Etats-Unis. La maîtrise de la surface de cet océan et de son espace aérien est d'un intérêt primordial. Sous les étendues maritimes gelées s'est développé, avec les sous-marins nucléaires, un théâtre d'opérations sous-glaciaire d'un intérêt stratégique tout aussi important.

* Les limites de souverainetés sont indicatives; aucun état ne les ayant officiellement affirmées.

Légende :
- Bases US et OTAN ✳
- Bases soviétiques ✶
- Distances ←
- Limites de souveraineté —
- Zone contestée URSS - Norv.
- Zone des Svalbard
- Banquise permanente
- Gel saisonnier
- Mers libres

Labels sur la carte :

Océan Pacifique

ALEOUTIENNES
ADAK KISKA SHEMYA
UNALASKA PRIBILOV
KODIAK UM KAMTCHASK
PETROPAVLOVSK
SOV. GAVAN
VLADIVOSTOK
JAPON

5000 km

ANCHORAGE
NOME de
PROVIDENIYA
ANADYR
KAMCHATKA
NIKOLAYEVSK
MAGADAN
OKHOTSK

VICTORIA VANCOUVER
MAC CHORD
FAIRBANKS
KOTZEBUE
ALASKA
BARROW
PEVEK
AMBARTCHIK

USA
6000 km
Bering
Détroit de Bering

MALMSTROM
EDMONTON

CANADA

MINOT
SAWYER
G. FORKS
WINNIPEG

CHURCHILL

Baie d'Hudson

Mer de Beaufort

5000 km

YAKOUTSK

TIKSI

NORDVIK

Pôle Nord +

6500 km

Mer de Laptev

NORILSK
DIKSON

NOVOSIBIRSK

THULE
FROBISHER BAY
Baie de Baffin
4500 km
4500 km
SVALBARD
Mer de Barents
NOVAYA ZEMLIA

6500 km

SONDRE STROMFJORD
GROENLAND

QUEBEC
LORING

VORKOUTA

SVERDLOVSK

U. R. S. S.

HALIFAX
ARGENTIA

Détroit de Danemark
Mer de Norvège
NARVIK

MOURMANSK
KOLA
ARKHANGELSK

KEYFLAVIK
ISLANDE
I. FEROE

NORVEGE
OSLO
STOCKHOLM

LENINGRAD
MOSCOU

HOLY LOCH
GRANDE-BRETAGNE

Océan Atlantique

L'Arctique : communications

L'Arctique est peu propice à la navigation. L'URSS, avec les ports de Mourmansk et d'Arkhangelsk, y dispose d'une situation assez favorable. Les passages des Iles Féroé et le détroit de Danemark, sorties vers l'Atlantique, sont faciles à surveiller. L'espace aérien arctique, par contre, est régulièrement utilisé par un certain nombre de lignes internationales.

Légende:
- Lignes aériennes
- Limites de souveraineté
- Zone contestée
- Zone des Iles Svalbard
- Banquise permanente
- Gel saisonnier
- Mers libres

Détroit de Bering

Banquise permanente ☐
Mer gelée (6-9 mois) ☐
Mer libre ☐
Extension des glaces – –
USA et alliés ☐
URSS et alliés ☐
Syst. radar soviet. – –
Voie maritime arctique —
Syst. radar OTAN – –

Bases US et alliés ✳
Points d'appui US ●
Bases soviétiques ★
Points d'appui soviét. ■
Fer (minerai) ◆
Autres minerais ▼
Aérodromes ⊕
Distances en miles nautiques

Arctique — P. Barrow — I. WRANGEL — CANADA — ALASKA — Fairbanks — Kotzebue — Nome — Anchorage — Yakoutsk — Ambartchik — U. R. S. S. — Anadyr — I. S-LAURENT — Kodiak — Okhotsk — Magadan — Mer d'Okhotsk — Is PRIBILOF — Nikolaïevsk — KAMCHATKA — Is COMMANDEUR — Unalaska — SAKHALINE — ALÉOUTIENNES — Vladivostok — Sov. Gavan — Petropavlovsk — Shemya — Kiska — Adak — O. Pacifique — 600 Miles — 170 Miles — Dt. de Béring

Passage du Cap Nord

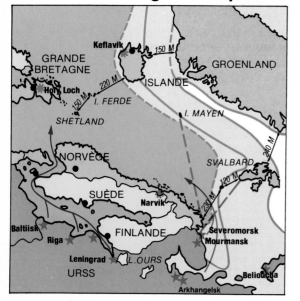

Keflavik — 150 M — GRANDE BRETAGNE — GROENLAND — Holy Loch — 220 M — ISLANDE — I. FERDE — 150 M — SHETLAND — I. MAYEN — 240 M — NORVÈGE — SVALBARD — SUÈDE — Narvik — 120 M — FINLANDE — Baltiisk — 230 M — Severomorsk — Mourmansk — Riga — Leningrad — L. OURS — URSS — Beliouicha — Arkhangelsk

Presqu'île de Kola

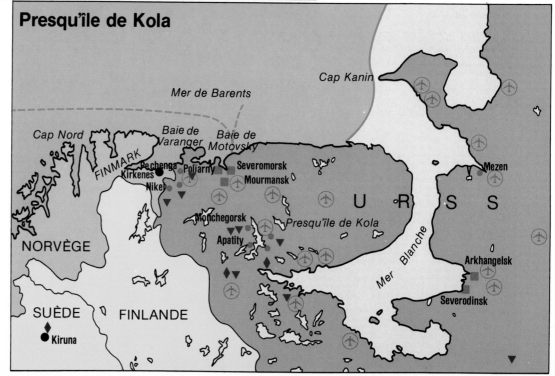

Cap Kanin — Mer de Barents — Cap Nord — Baie de Varanger — Baie de Motovsky — Mezen — FINMARK — Pechenga — Poliarny — Severomorsk — Kirkenes — Mourmansk — Nikel — U R S S — Monchegorsk — Presqu'île de Kola — NORVÈGE — Apatity — Mer Blanche — Arkhangelsk — SUÈDE — FINLANDE — Severodinsk — Kiruna

Les sorties de l'Arctique

Les passages de sortie

- *Canal de Barents*
  Cap Nord ⟶ 280 MN ⟵ Ile de l'Ours ⟶ 120 MN ⟶
                                                Iles Svalbard

- *Détroit de Danemark* : 150 MN
- Groenland ⟵⟶ Svalbard : 240 MN
- Islande ⟵⟶ îles Feroe : 220 MN
- Iles Feroe ⟵⟶ îles Shetlands : 150 MN.

Les distances

D. Bering ⟷ Detroit de Danemark : 3000 MN
Bering ⟷ Mourmansk (route Maritime-Nord) :
  3800 MN.

MN : Milles Nautiques.

Depuis le début des années 20, les Etats riverains ont repoussé les limites de leurs eaux territoriales bien au-delà des limites admises à l'époque. Un différend oppose à ce sujet l'URSS et la Norvège : zone contestée de 150.000 km² aux Svalbard. Par le Traité de Paris (1920), quarante et un Etats signataires (dont l'URSS) détiennent un droit égal d'exploitation du charbon des Iles Svalbard qui demeurent néanmoins sous autorité norvégienne.

- Vers l'Atlantique :

Cet accès est essentiel à la flotte soviétique du Nord basée dans la région de Mourmansk et de la mer Blanche. Pris par les glaces la majorité du temps, le bassin polaire entre le Groenland et les îles Svalbard (Spitzberg) reste difficilement praticable. Le canal de Barents entre le cap Nord et les îles Svalbard est le seul passage en eaux libres. La position de la Norvège (au cap Nord) est stratégiquement vitale, mais particulièrement vulnérable.

- Vers le Pacifique :

Le détroit de Bering (40 milles) est pris également par le gel plus de 6 mois par an. Son étroitesse, sa faible profondeur (environ 40 m) en permettent une surveillance et un verrouillage aisés. Plus au sud, le chapelet des îles Aléoutiennes (Etats-Unis) et les îles du Commandeur (URSS) complètent le contrôle de cette sortie de l'Arctique en direction du Pacifique.

- La route maritime du Nord :

Ouverte deux à trois mois en période d'été, elle facilite à l'Union soviétique la mise en valeur du Grand Nord sibérien et assure une liaison maritime plus courte (5800 milles) entre Mourmansk et Vladivostok. Aucune voie régulière semblable n'est ouverte le long des côtes canadiennes. Seule une navigation saisonnière utilise la baie d'Hudson et la mer de Baffin.

Alaska

Avancée polaire des Etats-Unis (1,5 million de km² et 0,4 million d'habitants), l'Alaska a une importance stratégique considérable et ses ressources en hydrocarbures sont importantes. Anchorage est un carrefour aérien majeur des lignes transpolaires.

L'Arctique : ressources considérables, exploitation difficile.

Anchorage
Whitehorse
Fairbanks
Dawson
Inuvik
Port Radium
Yellowknife
VICTORIA
Churchill
AMÉRIQUE
ELESMERE
Alert
BAFFIN
Frobisher Bay
GROENLAND
Godthab
ISLANDE
Reykjavik

Vers Vladivostok
intermittente
Saisonnière
Anadyr
Pevek
Cherskiy
Evensk
Magadan
Nikolaievsk
Yakoutsk
Verkhoyansk
Is N. SIBÉRIE
Route Maritime Nord
Tiksi
Lensk
Nordvik
Océan Arctique
URSS
Norilsk
Diksom
Urengoy
N. ZEMLYA
Nadim
Vorkhuta
Is SVALBARD
Mourmansk
Petchora
Arkhangelsk
Narvik
Kiruna
Intermittente
juin-octobre
B. Hudson-S. Laurent saisonnière
NORVÈGE
Leningrad
Bergen

Hydrocarbures	
Charbon	
Uranium	○
Fer	◆
Ferro-alliages	▼
Nickel	▲
Bauxite	▪
Or	■
Cuivre	△
M. non ferreux	●

Routes maritimes { Sov. Améric.

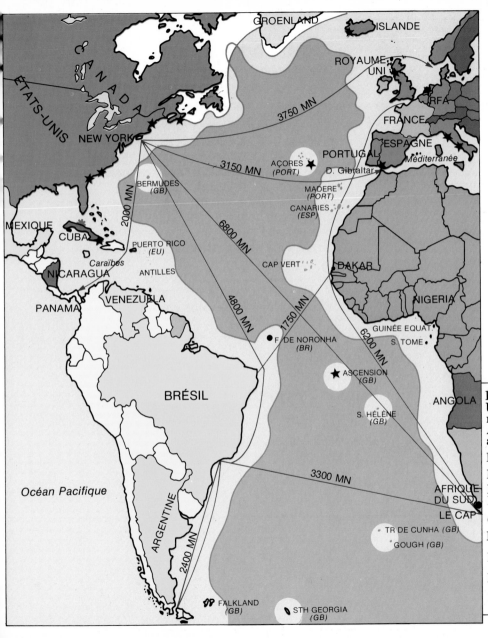

L'Atlantique, océan occidental

L'Atlantique Nord est la "mer intérieure" du monde européo-américain et de sa mouvance géopolitique.

En l'absence de toute puissance maritime riveraine, l'Atlantique Sud demeure une zone essentiellement contrôlée par l'Europe et les Etats-Unis.

A l'exception de l'Islande et des îles du Cap Vert, les îles du grand large sont toujours placées sous l'autorité de l'Angleterre et des autres pays de l'OTAN.

Les Canaries, Madère et surtout les Açores constituent de précieux points d'appui dans l'Atlantique Nord.

Longtemps absente de cet océan, l'URSS, dont la flotte s'est considérablement développée, dispose aujourd'hui de quelques points d'appui à Cuba et en Angola en particulier.

Légende :

- États prosoviétiques
- USA et membres de l'OTAN
- Autres alliés occidentaux
- Europe neutre
- États africains
- États d'Amérique latine
- Gelé en hiver
- Ligne des 200 MN
- Bases US et OTAN ★
- Bases soviétiques ✳
- Distances

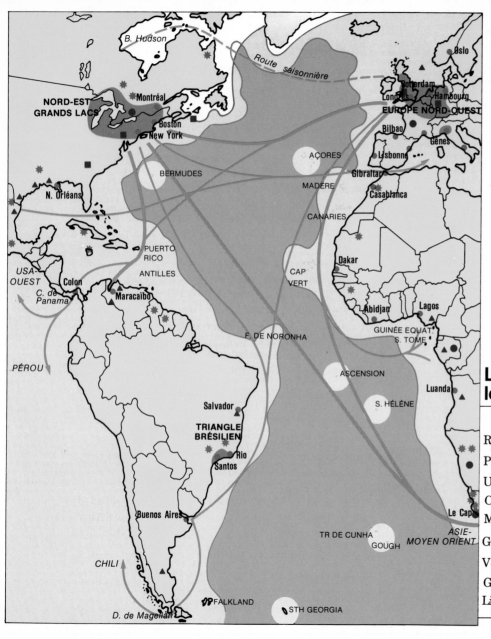

L'Océan Atlantique, carrefour économique

Les grandes régions industrielles d'Amérique du Nord et d'Europe occidentale demeurent étroitement dépendantes des approvisionnements en matières premières qui transitent par l'Atlantique.

La sécurité des routes maritimes et des différents points de passage obligés est donc essentielle pour les puissances occidentales.

Pour le tonnage transporté, par le nombre des navires qui y circulent, l'Atlantique est de très loin l'océan le plus utilisé.

De la même manière, l'espace aérien de l'Atlantique Nord est le plus emprunté par l'aviation commerciale.

L'océan le plus fréquenté

RESSOURCES ET ACTIVITÉS

Régions industrialisées	▨
Pétrole	▲
Uranium	●
Charbon	■
Minerais	✳
Grands ports	●
Voies maritimes	▬▬▬
Gelé en hiver	☐
Ligne des 200 MN	▬▬▬

Labels on map: B. Hudson, Route saisonnière, Oslo, Montréal, NORD-EST GRANDS LACS, Rotterdam, Londres, Hambourg, EUROPE NORD-OUEST, Boston, New York, Bilbao, Gênes, AÇORES, Lisbonne, BERMUDES, MADÈRE, Gibraltar, Casablanca, N. Orléans, CANARIES, Dakar, CAP VERT, PUERTO RICO, USA-OUEST, Colon, ANTILLES, C. de Panama, Maracaïbo, Abidjan, Lagos, GUINÉE ÉQUAT., S. TOMÉ, PÉROU, F. DE NORONHA, ASCENSION, Luanda, Salvador, S. HÉLÈNE, TRIANGLE BRÉSILIEN, Rio, Santos, Buenos Aires, CHILI, TR DE CUNHA, GOUGH, Le Cap, ASIE-MOYEN ORIENT, FALKLAND, STH GEORGIA, D. de Magellan

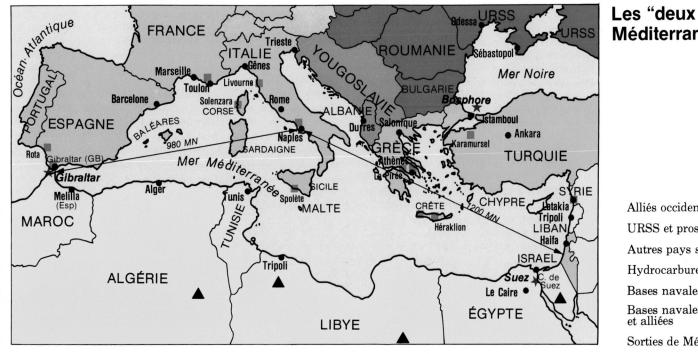

Les "deux Méditerranées"

Légende :
- Alliés occidentaux
- URSS et prosoviétiques
- Autres pays socialistes
- Hydrocarbures ▲
- Bases navales soviétiques ■
- Bases navales US et alliées ■
- Sorties de Méditerranée ★

Méditerranée

L'importance stratégique qui fut la sienne au temps de l'hégémonie européenne sur le monde connaît depuis 1945 un rapide déclin.

La décolonisation et les conflits israléo-arabes qui entraînèrent à plusieurs reprises la fermeture du canal de Suez, ont réduit considérablement son activité commerciale. La principale route des hydrocarbures contourne aujourd'hui l'Afrique par le Sud.

Militairement, les armements stratégiques à longue portée transforment en piège pour les flottes de guerre cette mer qu'il est aisé de verrouiller.

Le rôle de la Méditerranée devient désormais régional, même si, actuellement, la situation conflictuelle au Moyen-Orient et le maintien de la capacité militaire de l'OTAN en Italie, Grèce et Turquie, impliquent la présence de forces navales.

L'URSS, après son désengagement d'Egypte, ne compte plus qu'un seul point d'appui, en Syrie.

Le bassin caraïbe

Les Caraïbes constituent une "Méditerranée américaine". Traditionnellement, cette aire est perçue comme vitale du point de vue stratégique par les Etats-Unis qui y disposent de nombreuses bases, dont les plus importantes se situent à Panama, dans la zone du canal, à Porto Rico, à Guantanamo (Cuba). Dans le passé, et ce passé est parfois récent, les Etats-Unis sont militairement intervenus souvent en Amérique centrale ou dans les Caraïbes.[*]

Par rapport aux deux Amériques, Nord et Sud, la prolifération des micro-Etats et l'émiettement des îles (dont une minorité n'est pas indépendante) rendent cette zone particulièrement vulnérable. Au cours des vingt dernières années, une douzaine de nouveaux Etats ont bénéficié de l'indépendance.

On peut dire que le canal de Panama, depuis sa création, a d'abord été une voie de passage entre l'Est et l'Ouest des Etats-Unis.

Dominé par les Etats-Unis, à l'exception de Cuba qui fait figure de perturbateur, le bassin caraïbe, important par ses hydrocarbures et comme nœud de communications, a connu l'émergence récente de deux puissances régionales, le Vénézuéla et le Mexique.

Les Etats de ce bassin bénéficient, depuis peu, de conditions économiques favorables assurées par les Etats-Unis, ainsi que par le bas prix du pétrole que leur consentent le Vénézuéla et le Mexique. Miami est devenu le centre réel du bassin caraïbe.

*Intervention américaine à la Grenade, octobre 1983.

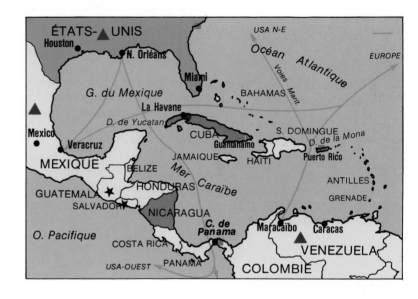

USA	
URSS et prosoviétiques	
Hydrocarbures	▲
Bases soviétiques	■
Bases et militaires US.	■
Guerillas	★

L'Océan Indien

Une zone conflictuelle majeure.

En raison des flux pétroliers en provenance du Golfe Persique, et de l'instabilité ou de la fragilité politiques de nombre d'Etats riverains, l'océan Indien est, potentiellement, une zone conflictuelle majeure.

A partir de leur importante base de Diego Garcia, les Etats-Unis s'efforcent d'articuler, en liaison avec leurs alliés (France, Grande-Bretagne, etc.), une force d'intervention rapide opérationnelle dans cette zone sensible. Aux 32 navires américains s'ajoutent une trentaine d'unités britanniques. La France dispose à Djibouti de sept bâtiments de combat.

Depuis 1970, le déploiement des forces soviétiques, notamment navales, s'est considérablement accentué. En Ethiopie, au Yémen du Sud, à Socotra entre autres, l'URSS a su se créer des bases ou des points d'appui bien situés : 29 bâtiments soviétiques croisent dans l'océan Indien.

Aujourd'hui, Suez et la mer Rouge ont cessé d'être la grande voie de communication vers l'Europe et l'Atlantique. En revanche, le détroit d'Ormuz reste vital. Les tankers, depuis 1967, véhiculent les hydrocarbures par la route du Cap — ce qui accentue l'importance stratégique déjà considérable de l'Afrique australe où les Soviétiques ont pris pied depuis 1975 (Mozambique).

Aucun Etat riverain, ni l'Australie ni l'Inde, n'a une puissance maritime suffisante pour jouer un rôle. Les Etats-Unis restent, avec l'appui notamment de la France et de la Grande-Bretagne, les garants du statu quo.

Vers l'Asie orientale et le Japon, la navigation emprunte les deux détroits traditionnels de Malacca et Sunda* et, de plus en plus souvent, celui de Lombok, à cause de la profondeur de ses eaux.

---

* La distance du Golfe au Japon par le premier passage est de 6.500 milles, et de 7.500 milles par le second.

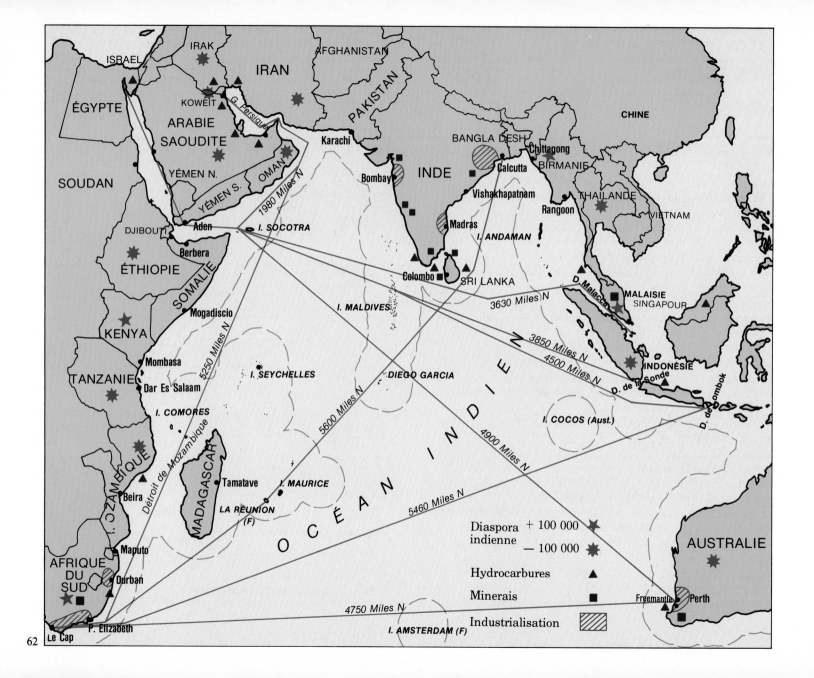

ISRAËL
IRAK
AFGHANISTAN
CHINE
IRAN
ÉGYPTE
KOWEÏT
PAKISTAN
ARABIE
SAOUDITE
G. Persique
Karachi
BANGLA DESH
Chittagong
BIRMANIE
INDE
Calcutta
SOUDAN
YÉMEN N.
Bombay
Vishakhapatnam
THAILANDE
YÉMEN S.
OMAN
Rangoon
VIETNAM
1980 Miles N
Madras
DJIBOUTI
Aden
I. SOCOTRA
I. ANDAMAN
Berbera
ÉTHIOPIE
SOMALIE
Colombo
SRI LANKA
D. Malacca
MALAISIE
3630 Miles N
SINGAPOUR
I. MALDIVES
3850 Miles N
KENYA
Mogadiscio
OCÉAN INDIEN
4500 Miles N
D. de la Sonde
Mombasa
5250 Miles N
INDONÉSIE
TANZANIE
I. SEYCHELLES
DIEGO GARCIA
Dar Es Salaam
I. COMORES
5600 Miles N
I. COCOS (Aust.)
D. de Lombok
Détroit de Mozambique
MOZAMBIQUE
4900 Miles N
MADAGASCAR
Beira
Tamatave
I. MAURICE
AUSTRALIE
LA RÉUNION
(F)
5460 Miles N
Maputo
AFRIQUE
DU
SUD
Durban
Diaspora   + 100 000
indienne
— 100 000
Freemantle
Perth
4750 Miles N
Hydrocarbures
P. Elizabeth
Minerais
Le Cap
I. AMSTERDAM (F)
Industrialisation

62

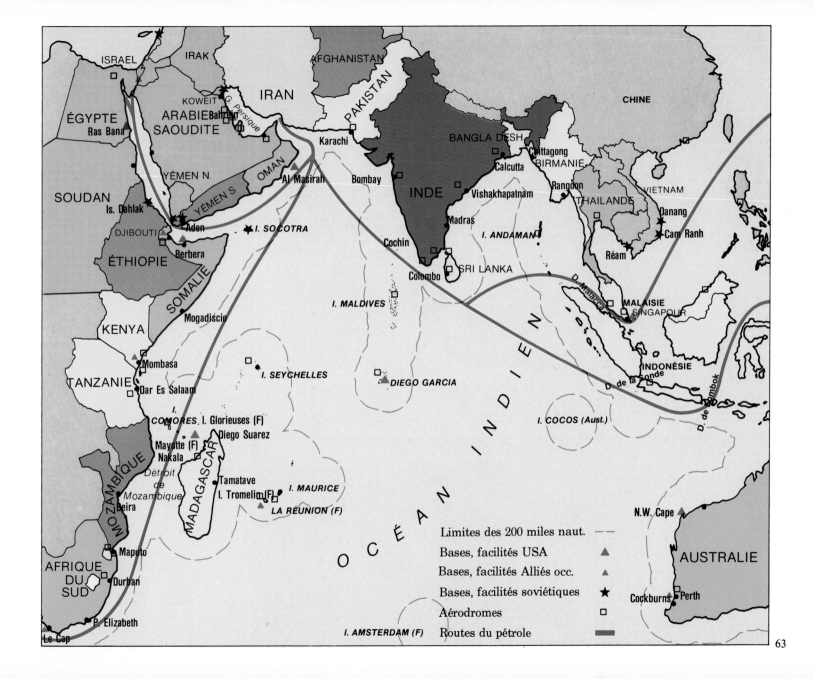

ISRAEL
IRAK
AFGHANISTAN
CHINE
ÉGYPTE
KOWEIT
IRAN
Ras Bana
ARABIE
Bahrein
G. Persique
SAOUDITE
PAKISTAN
Karachi
BANGLA DESH
Chittagong
Calcutta
BIRMANIE
YÉMEN N.
OMAN
Rangoon
VIETNAM
SOUDAN
Al Masirah
Bombay
INDE
Vishakhapatnam
THAILANDE
Danang
Is. Dahlak
YÉMEN S.
Madras
Cam Ranh
Aden
I. SOCOTRA
I. ANDAMAN
Réam
DJIBOUTI
Cochin
ÉTHIOPIE
Berbera
Colombo
SRI LANKA
SOMALIE
INDONÉSIE
Mogadiscio
I. MALDIVES
MALAISIE
SINGAPOUR
KENYA
de la Sonde
Mombasa
Malacca
TANZANIE
Dar Es Salaam
I. SEYCHELLES
DIEGO GARCIA
I. COCOS (Aust.)
de Lombok
I.
COMORES I. Glorieuses (F)
Diego Suarez
Mayotte (F)
Nakala
MADAGASCAR
Détroit
de
Tamatave
I. MAURICE
Mozambique
I. Tromelin (F)
N.W. Cape
Beira
LA RÉUNION (F)
MOZAMBIQUE
OCÉAN INDIEN
Maputo
AUSTRALIE
AFRIQUE
DU
SUD
Durban
Limites des 200 miles naut.
Bases, facilités USA
Cockburns
Perth
P. Elizabeth
Bases, facilités Alliés occ.
Le Cap
Bases, facilités soviétiques
Aérodromes
I. AMSTERDAM (F)
Routes du pétrole

63

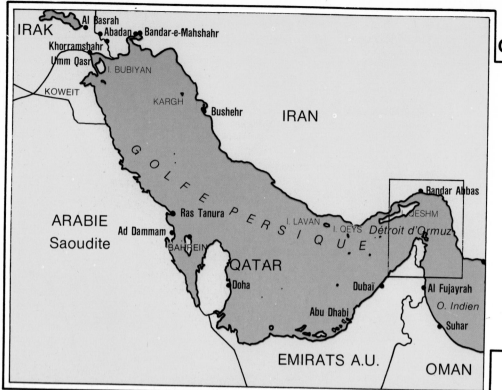

IRAK

Al Basrah
Abadan
Bandar-e-Mahshahr
Khorramshahr
Umm Qasr
KOWEIT
I. BUBIYAN
KARGH
Bushehr
IRAN
G O L F E
P E R S I Q U E
ARABIE
Saoudite
Ras Tanura
I. LAVAN
I. QEYS
I. QESHM
Détroit d'Ormuz
Bandar Abbas
Ad Dammam
BAHREIN
QATAR
Doha
Dubaï
Al Fujayrah
O. Indien
Abu Dhabi
Suhar
EMIRATS A.U.
OMAN

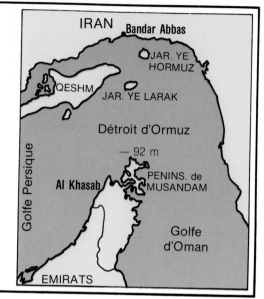

Golfe Persique et détroit d'Ormuz

IRAN
Bandar Abbas
JAR. YE
HORMUZ
QESHM
JAR. YE LARAK
Détroit d'Ormuz
— 92 m
PENINS. de
MUSANDAM
Al Khasab
Golfe Persique
Golfe
d'Oman
EMIRATS

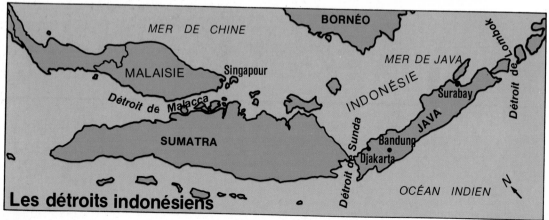

Les sorties de l'Océan Indien

MER DE CHINE
BORNÉO
MER DE JAVA
MALAISIE
Singapour
INDONÉSIE
Détroit de Lombok
Détroit de Malacca
Surabay
SUMATRA
Détroit de Sunda
Bandung
JAVA
Djakarta
OCÉAN INDIEN
N

Les détroits indonésiens

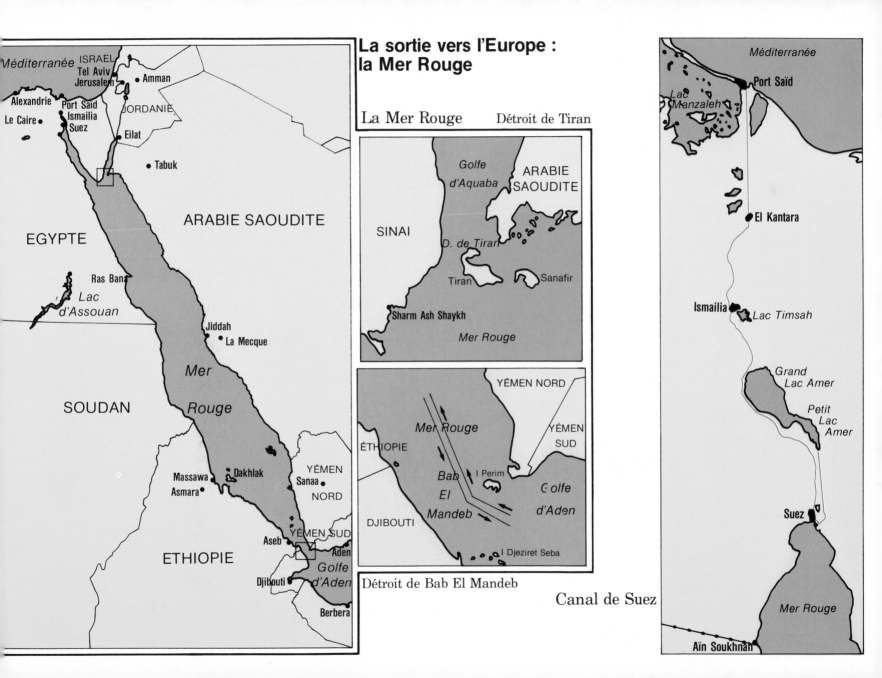

La sortie vers l'Europe : la Mer Rouge

La Mer Rouge   Détroit de Tiran

Détroit de Bab El Mandeb

Canal de Suez

Singapour

Singapour reste une des positions clefs de l'Asie du Sud-Est tant sur le plan stratégique qu'économique.

Détroit de Malacca

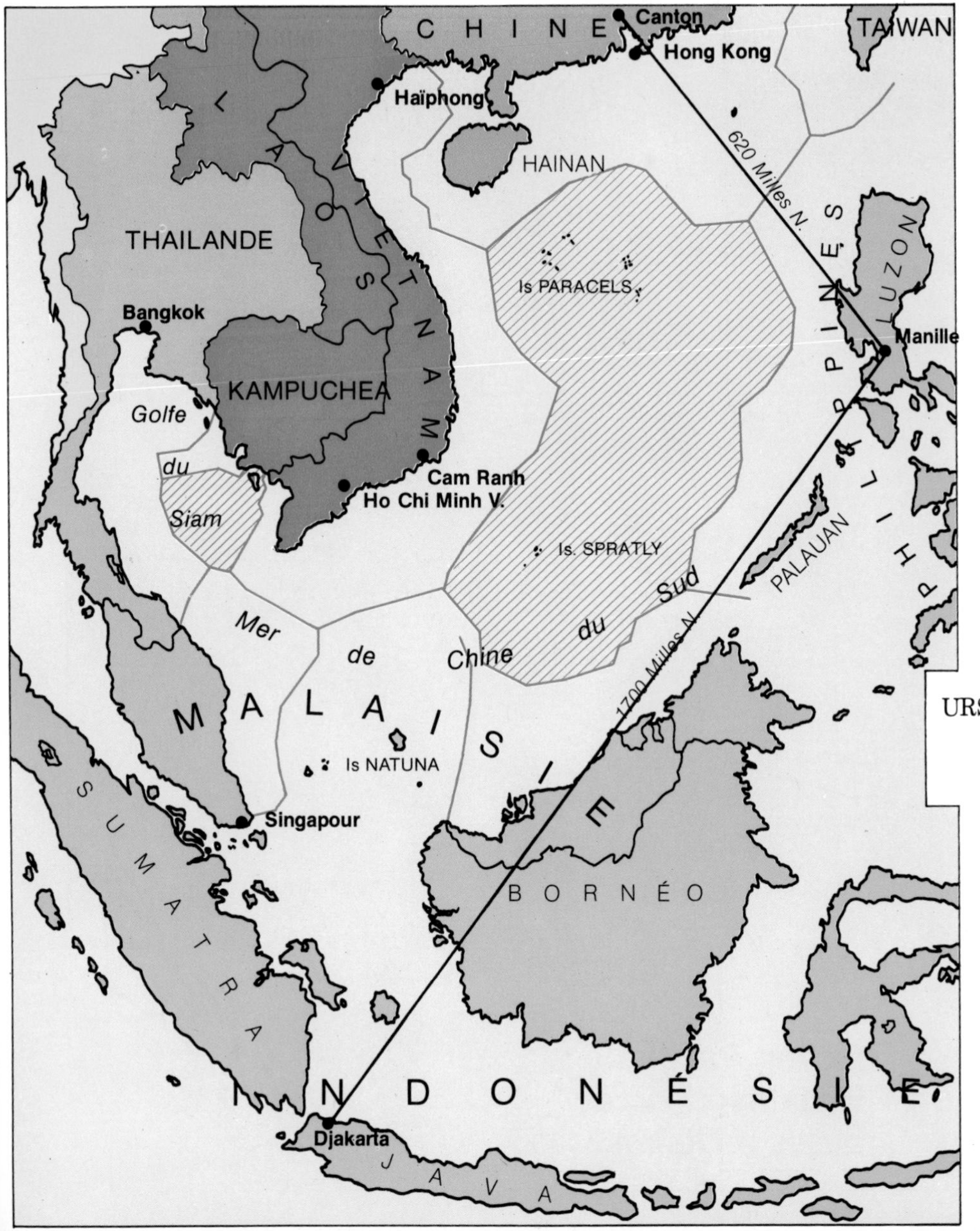

Zones maritimes contestées de la Mer de Chine méridionale.

Dans cette région, les problèmes de souveraineté concernant la masse continentale ne sont pas tranchés. Au Nord-Est, Chinois et Vietnamiens se disputent la possession des îles Paracels, occupées depuis le milieu des années 1970 par les Chinois. Au Sud, l'Indonésie, les Philippines, Taïwan et le Viêt-Nam veulent imposer leur souveraineté sur l'archipel des Spratly. Viêt-Nam et Indonésie se disputent le plateau continental. Dans le golfe de Siam, le Viêt-Nam, le Kampuchea et la Thaïlande s'opposent.

Map labels:

CHINE — Canton — Hong Kong — Haïphong — TAÏWAN — HAINAN — THAILANDE — Bangkok — KAMPUCHEA — Golfe du Siam — Cam Ranh — Ho Chi Minh V. — Is PARACELS — LUZON — Manille — PHILIPPINES — PALAUAN — Is. SPRATLY — Mer de Chine du Sud — MALAISIE — Is NATUNA — Singapour — BORNÉO — SUMATRA — INDONÉSIE — JAVA — Djakarta — 620 Milles N — 1700 Milles N — VIÊT-NAM

Légende :
URSS et prosoviétiques
Alliés de l'Occident
Eaux contestées

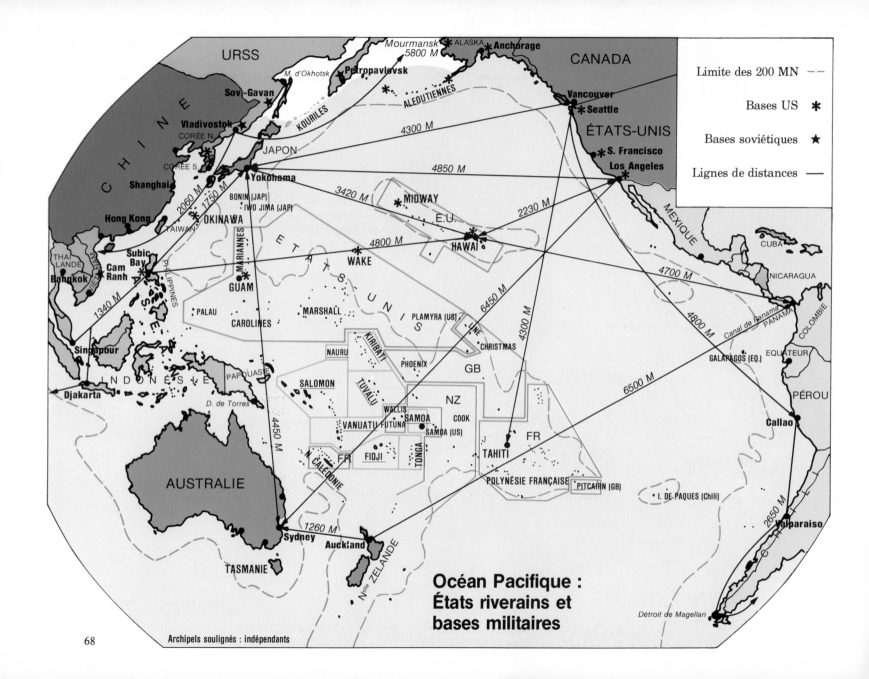

Océan Pacifique :
États riverains et bases militaires

Archipels soulignés : indépendants

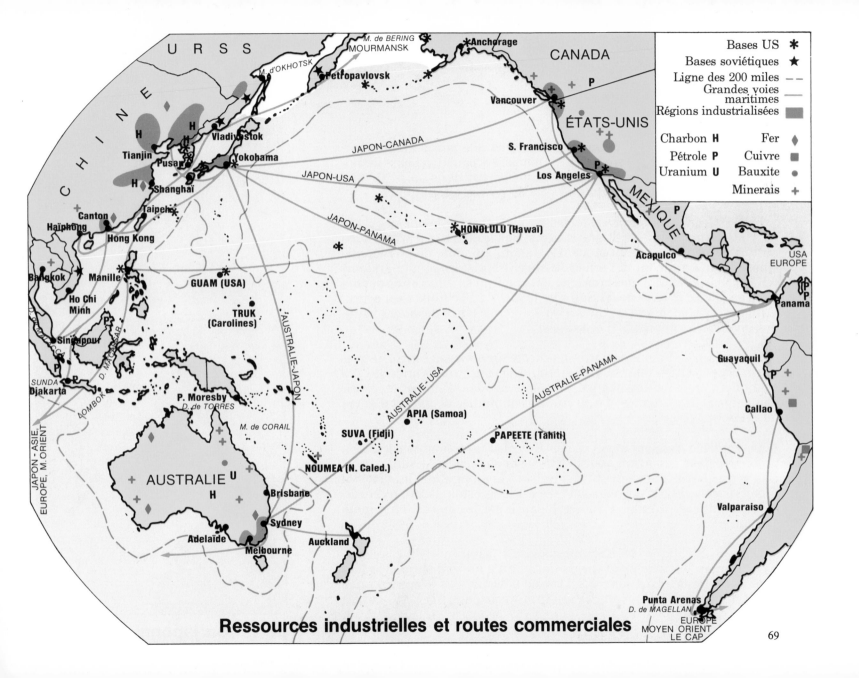

Ressources industrielles et routes commerciales

69

Océan Pacifique

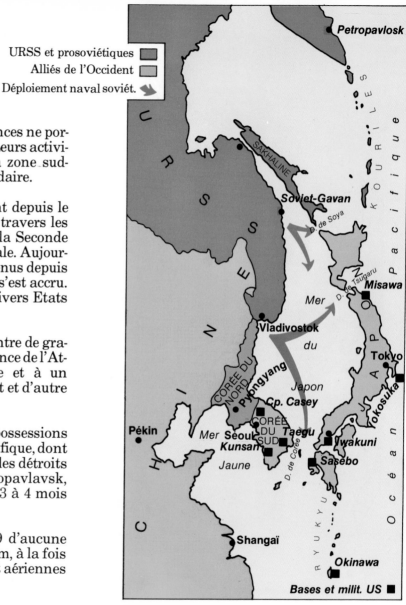

Avant la Seconde Guerre mondiale, les grandes puissances ne portaient qu'un intérêt modéré à cette immensité océanique. Leurs activités maritimes se concentraient essentiellement dans sa zone sud-ouest. Le Pacifique n'était qu'une voie de passage secondaire.

De par leur façade maritime, les Etats-Unis, seuls, ont depuis le XIXᵉ siècle mené une politique d'expansion cohérente à travers les archipels jusqu'aux Philippines. Le Japon, au cours de la Seconde Guerre mondiale, connut l'échec de son entreprise impériale. Aujourd'hui, sous la pression des changements politiques intervenus depuis 1945 en Chine et en Asie du Sud-Est, le rôle du Pacifique s'est accru. L'importance économique du Japon et la croissance de divers Etats ont accéléré les courants d'échanges.

Cependant, le Pacifique n'est pas encore un nouveau centre de gravité à l'égal de l'Atlantique. La pérennité de la prépondérance de l'Atlantique tient à l'importance économique de l'Europe et à un peuplement aux origines et à la culture communes de part et d'autre de cet océan.

Le contrôle de Sakhaline et des Kouriles (autrefois possessions japonaises) est important pour l'URSS. Sur sa façade Pacifique, dont une petite partie est ouverte toute l'année à la navigation, les détroits japonais constituent des verrous face à Vladivostok. Petropavlavsk, à l'extrêmité du Kamtchatka, est bloquée par les glaces 3 à 4 mois par an.

Dans le Pacifique, l'URSS ne disposait jusqu'en 1979 d'aucune base. Depuis, elle utilise la baie de Cam-Ranh, au Viêt-Nam, à la fois base et centre de transmissions. Des facilités navales — et aériennes — existent aussi à Da-Nang (Viêt-Nam) (voir page 67).

Le verrou japonais

Hawaï, position-clef dans le Pacifique

La majorité des îles du Pacifique sont placées sous la tutelle de l'Occident et de ses alliés (USA, France, Grande-Bretagne, Nouvelle Zélande, Australie, Japon). L'hégémonie des États-Unis est à peu près totale dans le Pacifique Nord. La position centrale de Hawaï, comme base et relais, apparaît essentielle dans ce dispositif.

De surcroît plaque tournante du trafic aérien, l'archipel abrite l'importante base de Pearl Harbour, qui sert de soutien à la flotte du Pacifique, et Camp Nimitz, siège du Commandement des forces armées pour le Pacifique.

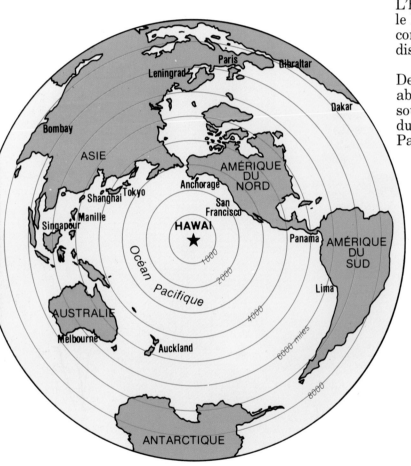

Hawaï, cinquantième état américain

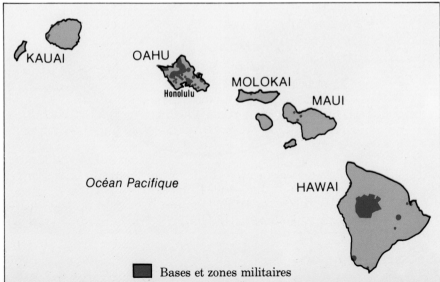

Bases et zones militaires

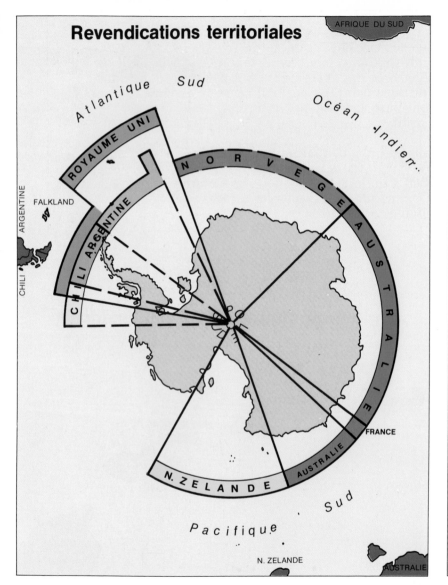

Revendications territoriales

Atlantique Sud

Océan Indien

ROYAUME UNI

NORVEGE

AUSTRALIE

CHILI ARGENTINE

AFRIQUE DU SUD

ARGENTINE

CHILI

FALKLAND

FRANCE

N. ZELANDE

AUSTRALIE

Pacifique Sud

N. ZELANDE

AUSTRALIE

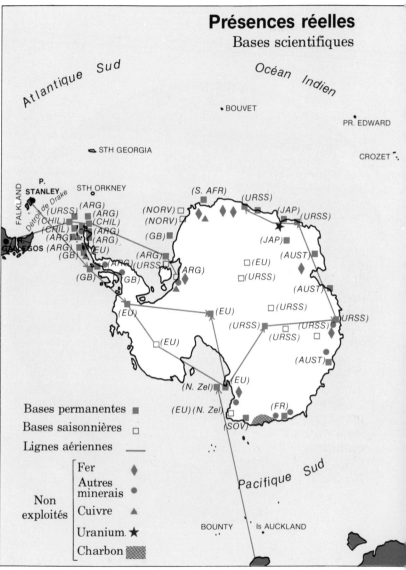

Présences réelles
Bases scientifiques

Atlantique Sud

Océan Indien

• BOUVET

PR. EDWARD

• STH GEORGIA

CROZET

P. STANLEY

STH ORKNEY

(S. AFR)

FALKLAND

Détroit de Drake

(URSS)   (ARG)   (NORV)   (URSS)
(CHIL)   (ARG)   (NORV)   (JAP)
(CHIL)   (CHIL)   (URSS)
(ARG)   (ARG)   (GB)   (JAP)
         (EU)   (AUST)
GALLEGOS (ARG)
(GB)   (ARG)
         (ARG)
(GB)   (URSS)   (EU)
         (ARG)   (URSS)
(GB)   (GB)   (AUST)
(EU)   (EU)   (URSS)
        (URSS)   (URSS)   (URSS)
(EU)   (URSS)
                  (AUST)
(N. Zel) (EU)
(EU)(N. Zel) (FR)
(SOV)

Bases permanentes ■
Bases saisonnières □
Lignes aériennes ——

Non exploités
Fer ◆
Autres minerais ●
Cuivre ▲
Uranium ★
Charbon ▦

Pacifique Sud

BOUNTY   Is AUCKLAND

Antarctique

Sept Etats, depuis 1900, ont affirmé posséder des droits territoriaux sur certaines portions du continent Antarctique:

Royaume-Uni (1908)
Nouvelle Zélande (1923)
France (1924 et 1938)
Australie (1933)
Norvège (1939)
Chili (1940)
Argentine (1943)

auxquels il faut ajouter, plus récemment, le Brésil,etc.

Ce partage est avant tout formel, car les Etats-Unis, l'URSS et d'autres Etats ont toujours "réservé" leurs revendications.

Brésil, Chili et Argentine, se prévalant de leur proximité géographique, contestent, pour les deux derniers, les droits affirmés par les Anglais. Ceux-ci, en préservant en 1982 leur souveraineté sur les îles Falkland, continuent de détenir une autorité de fait sur le secteur qu'ils se sont attribué en 1908.

Sur le terrain, un certain nombre de pays ont une présence réelle, permanente ou saisonnière, à travers les stations météorologiques ou scientifiques qu'ils y maintiennent: dans l'ordre, l'URSS (12), les Etats-Unis (9), l'Argentine (8), l'Australie (3), le Japon (2), la Nouvelle Zélande (3), l'Angleterre (4), la France (1), etc.

Les Iles Falkland et l'Antarctique

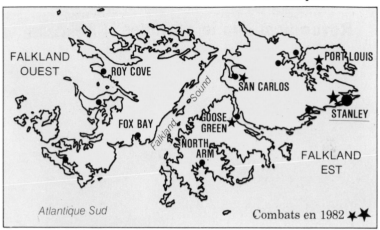

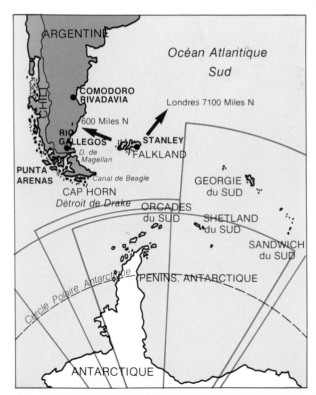

Le monde vu de l'Antarctique

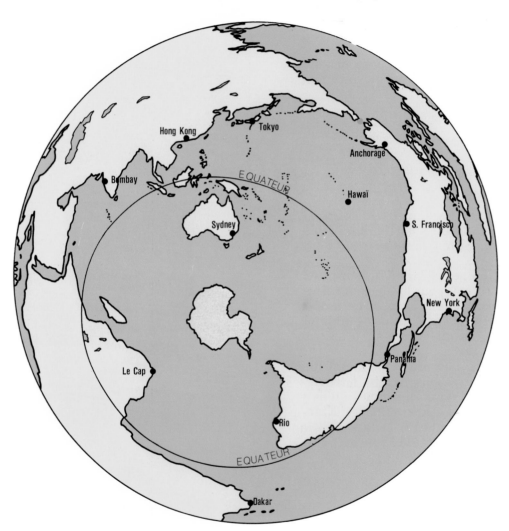

Profondeur des principaux passages (en mètres)

Grandes routes maritimes et principaux points de passage stratégiques

Dimension trop souvent négligée par ceux qui ont des visions essentiellement régionales, c'est-à-dire provincialisées, "l'importance de la puissance maritime dans l'histoire" n'est plus à démontrer. C'est elle qui a assuré la suprématie des Anglo-Saxons. Malgré le développement de la flotte soviétique depuis deux décennies, les points stratégiques sont contrôlés par les Etats-Unis et leurs alliés. Leur sécurité est absolument nécessaire aux échanges maritimes des puissances occidentales.

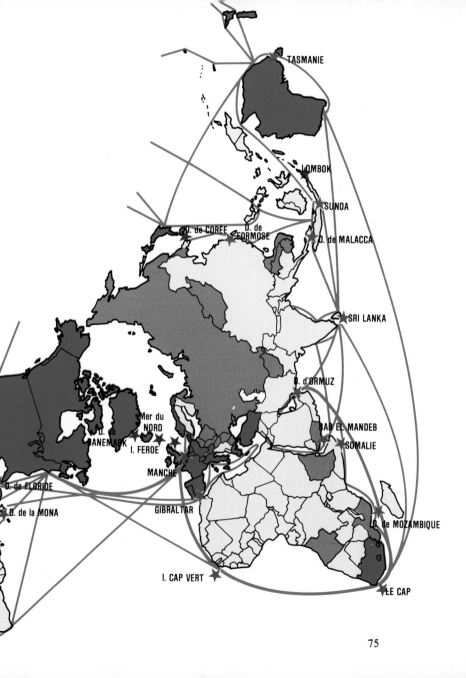

URSS et alliés

EU et alliés

★ Points stratégiques

━ Routes maritimes majeures

75

PERCEPTION DE LA SÉCURITÉ
PAR LES ÉTATS-UNIS, l'URSS,
LES PUISSANCES RÉGIONALES ET MOYENNES

Progression du peuplement

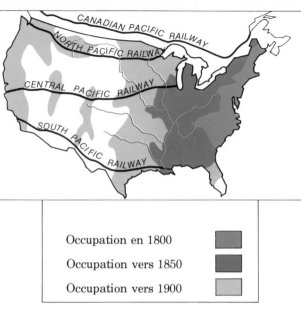

Occupation en 1800
Occupation vers 1850
Occupation vers 1900

13 États d'origine — Cédé par l'Angleterre

Annexé sur le Mexique — Achat à la France

Achat au Mexique — Achat à l'Espagne

Formation du territoire

1. DELAWARE
2. NEW JERSEY
3. RHODE ISLAND
4. MASSACHUSETTS
5. NEW HAMPSHIRE
6. CONNECTICUT
7. VERMONT
8. MARYLAND

Les États-Unis

États-Unis :
Formation/peuplement

Dès leur expansion première, les Etats-Unis parviennent, sans livrer de grandes guerres, à occuper rapidement leur hinterland et sont sans rivaux continentaux. Très tôt présents hors du continent (Libéria, 1820, Japon, 1854, Chine, 1859), les Etats-Unis, au tournant du siècle, ont assis leur hégémonie économique sur le continent américain et investi l'espace Pacifique jusqu'aux Philippines. Jusqu'à la guerre de Corée, ils n'ont connu que des victoires absolues, des réussites totales : conquête de l'Ouest, rachat de terres à des puissances étrangères (Alaska, 1867), guerres contre le Mexique et l'Espagne. Les interventions de 1917 et de 1941 elles-mêmes constituent des guerres où les Etats-Unis sont protégés par leur isolement géographique.

Société marchande à la philosophie empirique, au moralisme protestant et connaissant une démocratie libérale à forte mobilité sociale, les Etats-Unis, fiers de n'avoir ni colonies ni rivaux, n'avaient pas, au cours de leur histoire, conceptualisé les relations interétatiques. N'ayant pas connu les réalités qui naissent d'une lutte constante pour l'auto-préservation nationale, les Etats-Unis devinrent puissance mondiale avec une expérience historique très différente de celle des Etats européens.

Au lendemain de la Seconde Guerre mondiale, les Etats-Unis, puissance dominante à l'échelle planétaire, se virent confrontés à la tâche de contenir l'expansion communiste (1947). Forts du monopole nucléaire puis d'une indiscutable supériorité durant deux décennies, les Etats-Unis ont d'abord cherché à endiguer de façon systématique cette expansion.

Le recul américain, sensible au lendemain du conflit du Viêt-Nam (1973), qui affecta de façon profonde l'opinion publique et, par voie de conséquence, la volonté politique américaine, trouve son origine dans un certain nombre de facteurs : faiblesse conceptuelle* et méconnaissance du monde extérieur ; amalgame fréquent entre les aspirations nationales et l'expansion du communisme ; défense d'alliés notoirement corrompus et inefficaces, uniquement parce qu'ils sont dociles ; incapacité, par ailleurs, de soutenir les alliés auxquels on avait garanti la sécurité. Quant aux décisions, elles sont généralement prises en période de crise, le long terme étant structurellement négligé.

Cependant, en introduisant le principe des droits de l'homme comme référence politique, les Etats-Unis ont lancé la première contre-offensive idéologique occidentale depuis quatre décennies. Sans compter, plus récemment, un ambitieux programme d'armement destiné à réaffirmer leur supériorité.

Quelles que soient leurs difficultés économiques, les Etats-Unis disposent de l'avance technologique, des ressources et du dynamisme nécessaires pour continuer à être les premiers.

---

* Le tandem Nixon/Kissinger fait exception.

Expansion dans le Pacifique

1945 : Micronésie (Mariannes, Carolines, Marshall, Samoa occidentale).

Les Philippines, colonie américaine à partir de 1898, accèdent à l'indépendance en 1945.

1867
ALASKA

Archip. Alexandre 1903

ALEOUTIENNES

ÉTATS-UNIS

Océan Pacifique

MIDWAY 1867

1899
WAKE 1867
JOHNSTON
HAWAI 1898

MARIANNES

MARSHALL

PHILIPPINES 1898

1898 GUAM

PALMYRA

CAROLINES

HOWARD BAKER

SAMOA 1878

Expansion dans le monde du Pacifique

En 1945   Au 19ᵉ siècle

Interventions dans le bassin caraïbe

Une quinzaine d'interventions majeures dans le bassin caraïbe entre 1903 (Panama) et 1965 (Saint-Domingue).*

* 1983 : Intervention à la Grenade.

Les États-Unis en Amérique Centrale

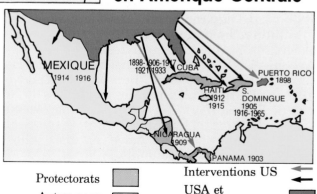

MEXIQUE
1914 1916

1898-1906-1917
1921-1933
CUBA

PUERTO RICO
1898

HAITI
1912
1915

S. DOMINGUE
1905
1916-1965

NICARAGUA
1909

PANAMA 1903

Protectorats

Autres pays

Interventions US

USA et annexions US

79

Implantation des minorités aux Etats-Unis

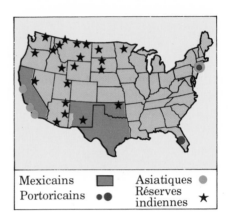

Mexicains ▨
Portoricains ●●
Asiatiques ●
Réserves indiennes ★

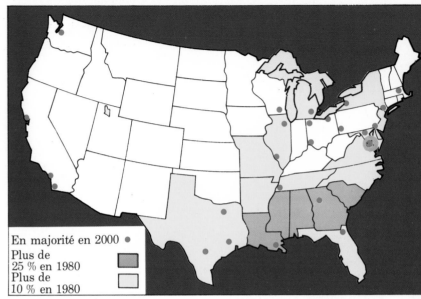

En majorité en 2000 ●
Plus de 25 % en 1980 ▨
Plus de 10 % en 1980 ☐

Les Noirs aux USA

Si la minorité indienne ne représente numériquement qu'une proportion négligeable de la population, Noirs et Latino-américains d'origine (comme les Chicanos ou les Portoricains) ou hispanophones représentent un total d'environ 50 millions d'individus. Noirs : 26,5 millions ; hispanophones : 14,5 millions (1980). Plus environ 8 millions de clandestins.

Avec les Asiatiques* et les autres minorités, les Etats-Unis comptent 20 à 22 % de "non blancs". Les Noirs, de plus en plus nombreux dans les métropoles du Nord-Est et de l'Ouest (New York, Philadelphie, Washington, Detroit, Chicago, Los Angeles, San Diego, Seattle) sont également concentrés dans certaines villes du Sud (Houston, Dallas, Memphis, Atlanta).

Les hispanophones sont surtout implantés en Californie, au Nouveau Mexique et au Texas, et dans les villes suivantes : Los Angeles, New York, El Paso, Miami, San Antonio.

On estime que, depuis 1975, légalement ou non, environ 1 million d'immigrants sont entrés chaque année aux Etats-Unis, 82 % d'entre eux venant d'Amérique latine ou d'Asie.

Depuis environ un décennie, Los Angeles tend à jouer le rôle qu'avait New York autrefois : celui de carrefour de toutes les immigrations du monde.

La conjonction de la pauvreté et des tensions raciales, particulièrement chez les Noirs, accentue l'insécurité dans les grandes villes.

---

* Les communautés asiatiques (Japonais, Chinois, Coréens, etc.) occupent souvent des situations enviables.

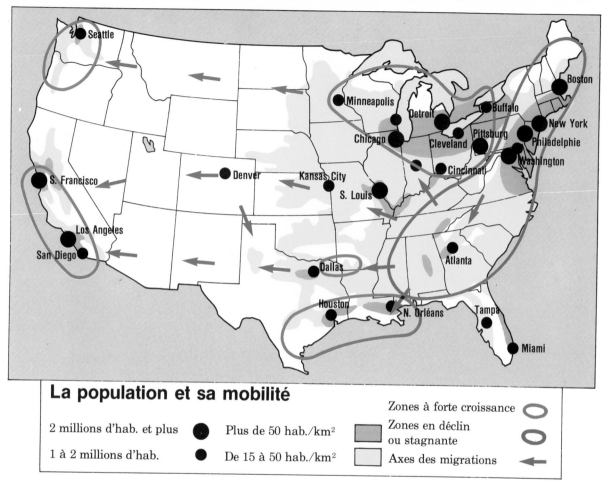

La population et sa mobilité

2 millions d'hab. et plus ●   Plus de 50 hab./km²

1 à 2 millions d'hab. ●   De 15 à 50 hab./km²

Zones à forte croissance

Zones en déclin ou stagnante

Axes des migrations ←

Etats-Unis : migrations internes

Au vieil Est industriel délimité par le triangle Grands Lacs - Washington-Boston, succède de plus en plus, à l'échelle des ressources et bientôt de la démographie, l'Ouest californien et le Texas.

Les mouvements migratoires, tant internes qu'externes (provenant surtout du Mexique et des Caraïbes), se dirigent vers la partie méridionale et occidentale du pays.

On assiste ainsi à un progressif basculement du centre de gravité du pays.

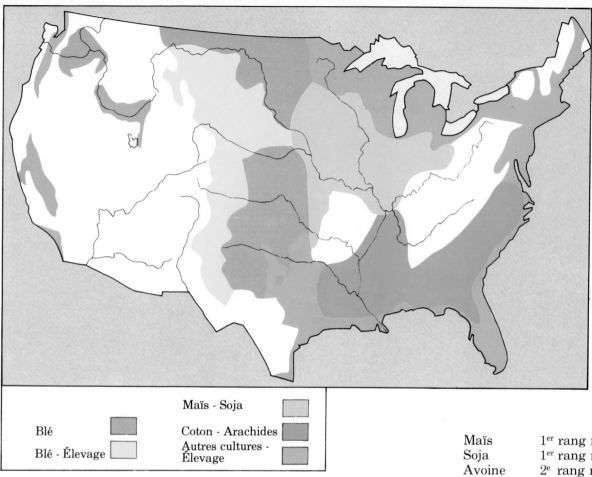

		Maïs - Soja	
Blé		Coton - Arachides	
Blé - Élevage		Autres cultures - Élevage	

Les grandes régions agricoles

C'est la première agriculture du monde, grâce à une productivité exceptionnelle.

L'agriculture des Etats-Unis est de loin la grande exportatrice de céréales et de soja.

Maïs	1er rang mondial 46 %
Soja	1er rang mondial 63 %
Avoine	2e rang mondial 16 %
Blé	2e rang mondial 14 %
Tournesol	2e rang mondial 13 %

Pommes de terre
Betteraves
Arachides   } 3e rang
Bovins
Porcins

82

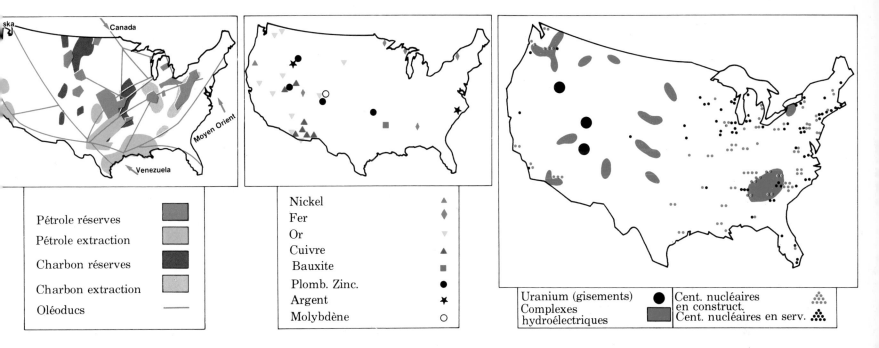

Pétrole réserves	
Pétrole extraction	
Charbon réserves	
Charbon extraction	
Oléoducs	

Nickel	▲
Fer	◆
Or	▽
Cuivre	▲
Bauxite	■
Plomb. Zinc.	●
Argent	★
Molybdène	○

Uranium (gisements) ● Cent. nucléaires en construct.
Complexes hydroélectriques ■ Cent. nucléaires en serv.

États-Unis : ressources

Des ressources énergétiques et minières considérables. Les Etats-Unis demeurent la première puissance industrielle mondiale.

Dans les secteurs de pointe tels que l'aérospatiale, l'aéronautique, l'informatique, le nucléaire, etc., les Etats-Unis manifestent efficacement leur volonté de maintenir ou d'accentuer leur avance.

Minerais

Cuivre . . . . 18 % (1er rang mondial)
Fer . . . . 28 % (3e rang mondial)
Plomb . . . . 13 % (2e rang mondial)
Zinc . . . . 6 % (5e rang mondial)
Argent . . . . 11 % (4e rang mondial)
Or, Nickel, Bauxite, etc.

Ressources énergétiques

Charbon   25 % (1er rang mondial)
Uranium   33 % (1er rang mondial)
Gaz naturel   35 % (1er rang mondial)
Pétrole   16 % (3e rang mondial)
Hydroélectricité   (1er rang mondial)

Les foyers de l'industrie

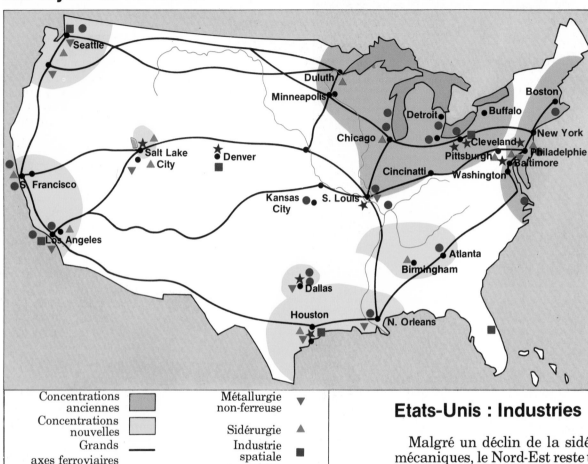

Concentrations anciennes ▨
Concentrations nouvelles ▨
Grands axes ferroviaires —
Industries chimiques ★
Métallurgie non-ferreuse ▼
Sidérurgie ▲
Industrie spatiale ■
Industries mécaniques ●

Industrie mécanique : automobiles, constructions navales et aériennes, etc.
Industrie de l'informatique : Nord Est, Texas.

Etats-Unis : Industries

Malgré un déclin de la sidérurgie et des industries mécaniques, le Nord-Est reste toujours le bastion traditionnel de la grande industrie.

Le Sud (notamment le Texas), le littoral Pacifique et plus récemment encore les Rocheuses (autour de Salt Lake City et Denver) connaissent un rapide développement grâce à de nouveaux secteurs industriels (nucléaire, aéronautique, chimie).

Le Canada : un État fédéral

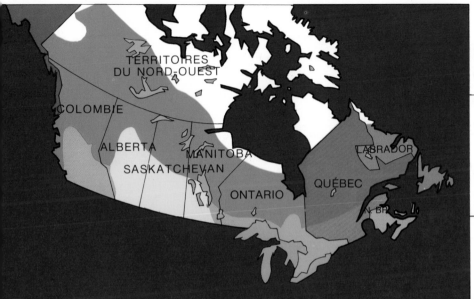

Paysages agricoles

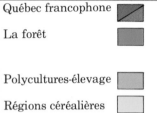

- Québec francophone
- La forêt
- Polycultures-élevage
- Régions céréalières

Un sous-sol riche

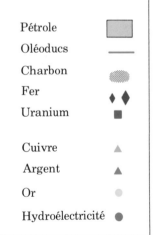

- Pétrole
- Oléoducs
- Charbon
- Fer
- Uranium
- Cuivre
- Argent
- Or
- Hydroélectricité

Un réservoir de ressources

Entre les Etats-Unis et l'Alaska, le Canada se caractérise par son immensité, son climat continental excessivement rigoureux l'hiver, et par sa grande faiblesse démographique. L'occupation humaine du pays épouse assez étroitement le tracé de la frontière avec les Etats-Unis, bien que le pays ait aussi une vocation arctique. L'économie est largement intégrée au marché des Etats-Unis.
Une telle situation permet-elle de bâtir une nation ? Paradoxalement, le particularisme du Québec francophone, par une certaine opposition linguistique et culturelle aux Etats-Unis et à l'hégémonie anglo-saxonne, peut y contribuer.

Ressources énergétiques et minières

Pétrole	3 %	(p. m.)	Rés.
Gaz	4,5 %	(p. m.)	Rés.
Uranium	16 %	(p. m.)	Rés. 19 %
Hydroélectricité	16 %	(p. m.)	
Fer	5,5 %	(p. m.)	Rés. 8,5 %

* (p. m.) Rés. = (production mondiale) Réserves.

URSS
Expansion historique

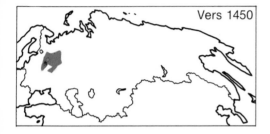

Vers 1450

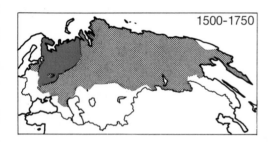

1500-1750

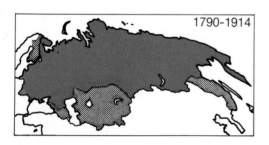

1790-1914

Longuement occupée par les Mongols (XIIIe-XVe siècle), la Russie connaît un double processus : le premier, ininterrompu depuis le XVIe siècle, de conquête de son hinterland, suivi de conquêtes impériales au détriment notamment des empires ottoman et chinois, et d'un effort d'européanisation pour combler son arriération.

L'Union soviétique, au-delà de la problématique léninienne, conserve et accroît, sous des formes nouvelles, l'héritage impérial. Depuis le début des plans quinquennaux, elle s'efforce de combler son retard industriel et de développer ses capacités militaires.

En 1948 sont sorties de la zone d'influence soviétique : la Finlande et la Yougoslavie

URSS en 1938	
Annexions	
Zone d'influence	

Expansion de 1938 à 1950

Petsamo

FINLANDE

Vyborg

Leningrad

PAYS-BALTES

Koenigsberg

Vilno

RDA

POLOGNE

Brest-Litovsk

TCHÉCO-SLOVAQUIE

Lvov

RUTHÉNIE

HONGRIE

BESSARABIE

ROUMANIE

YOUGOSLAVIE

BULGARIE

ALBANIE

U.R.S.S.

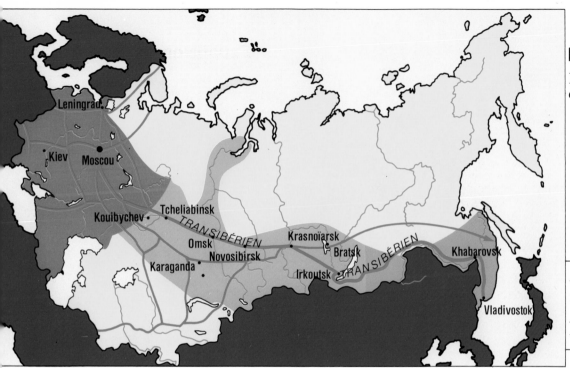

La conquête de l'Est

Les phases
de l'occupation du territoire

Leningrad

Kiev

Moscou

Tcheliabinsk

Kouibychev

TRANSIBÉRIEN

Omsk

Novosibirsk

Krasnoïarsk

Bratsk

TRANSIBÉRIEN

Karaganda

Irkoutsk

Khabarovsk

Vladivostok

Avant 1920	
1920-1955	
Après 1955	
Voies ferrées	

Expansion des Slaves en URSS

S L A V E S

Moscou

URSS

Si la Russie tsariste avait conquis l'espace sibérien
au cours des derniers siècles et construit le premier
transsibérien, l'occupation humaine relative, le développement des communications et l'industrialisation
datent des cinq dernières décennies. Le peuplement de
l'espace sibérien méridional est, pour l'essentiel, slave.
De la sorte, au-delà des rivalités idéologiques, l'Europe
atteint le Pacifique. Au Far-West américain corres-
pond, toutes proportions gardées, la conquête russe de
l'Est.

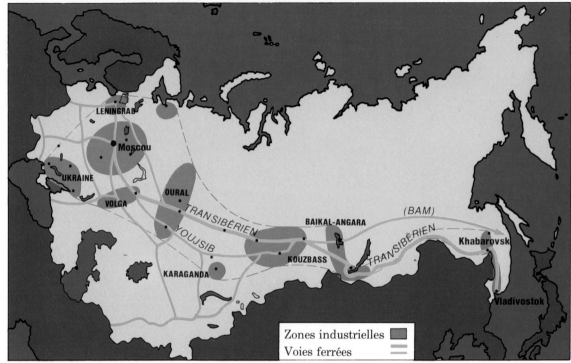

Expansion industrielle vers l'Est

Bases stratégiques soviétiques

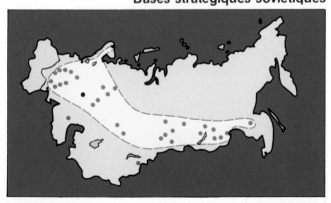

Bases stratégiques soviétiques

URSS

**Les sites nucléaires s'étendent le long du terri-
toire soviétique sur une ligne qui épouse étroitement la zone de peuplement slave.**

Le Kazakhstan, qui est la seule république musulmane à avoir des sites nucléaires et aérospatiaux
importants, est peuplé à 43 % de Slaves.

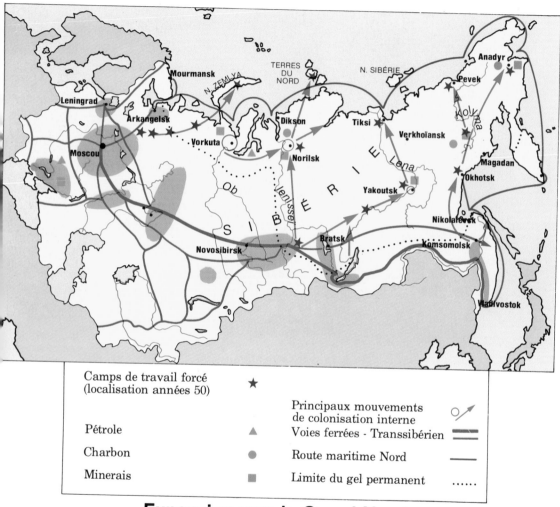

URSS

Se greffant sur le transsibérien, la progressive et difficile conquête de l'espace nord-sibérien s'effectue par les grands fleuves (Ob, Iénisséï, Léna, Kolyma) et par la route maritime principale reliant, par l'océan glacial arctique, la mer Blanche et Vladivostok. Les Soviétiques utilisent à cet effet des brise-glace nucléaires sans équivalents dans le monde. Il est probable que les camps sibériens jouent un rôle non négligeable dans la mise en place de cette occupation.

Camps de travail forcé (localisation années 50)	★		
		Principaux mouvements de colonisation interne	○↗
Pétrole	▲	Voies ferrées - Transsibérien	▬▬
Charbon	●	Route maritime Nord	──
Minerais	■	Limite du gel permanent	......

Expansion vers le Grand Nord

Voies ferrées

Peuples du Caucase

Musulmans d'Asie Centrale

Émirat de Boukhara

YOUJSIB

Orenbourg

Aktioubinsk

TRANSARALIEN

Astrakhan

DAGHESTAN
1921

Mer Noire

GEORGIE 1921

Tbilissi

ARMÉNIE
Erevan
1921

AZERBAIDJAN
1920

Bakou

Mer
Caspienne

Mer
d'Aral

KAZAKHSTAN
1920

L. Balkach

Syr Daria

Alma-Ata

Amou Daria

Tachkent

Samarkand

Frounze

KIRGHIZIE
1924

TURKMENISTAN
1924

Boukhara

TADJIKISTAN 1922

Douchambe

TRANSCASPIE

Achkabad

Mary

TURKSIB

Volga

Oural

Soviétisation des peuples du Caucase et des peuples musulmans d'Asie Centrale

Dans ces régions, sont dotés d'un statut d'autonomie : Tcherkesses (1922), Abkhases (1921), Ossetes (1924), Ingouches (1934), Karakalpaks (1925), Ouigours, Adjars, etc.

URSS

Conquise au cours du XIXᵉ siècle, au terme de résistances souvent acharnées, l'Asie centrale musulmane et la partie islamisée du Caucase forment aujourd'hui six républiques. Cette division a été instituée par le pouvoir bolchévik à l'instigation de Staline. L'Emirat de Boukhara est annexé et partagé entre diverses républiques en 1920 et connaît un long soulèvement (1920-1928).

La politique des nationalités cherche à singulariser plutôt qu'à unifier des groupes ethniques relativement homogènes (seuls les Tadjiks ne sont pas turcophones).

L'alphabet adopté pour la transcription des langues de ces républiques est le cyrillique (1928). Leur croissance démographique est sensiblement supérieure à celle des groupes slaves.

La croissance économique de ces républiques est spectaculaire et l'Ouzbékistan a longtemps été présenté comme un modèle aux pays du Proche-Orient.

La Géorgie et l'Arménie sont soviétisées en 1920, après une brève indépendance. Ces deux républiques ne sont pas musulmanes.

L'URSS, un état multinational

Les quinze républiques fédérées
et les principales républiques autonomes.

Frontières républiques fédérées
Frontières républiques autonomes
Républiques slaves

Républiques musulmanes

Républiques caucasiennes

Autres républiques

126 — forment un ensemble des plus hétérogènes. Les deux groupes les plus nombreux sont les Slaves (Ukrainiens et Biélorusses) — 50 millions environ — et les Musulmans, en majorité turcophones, qui approchent les 50 millions, mais sont divisés en 6 républiques.

Le pouvoir de cette société bureaucratique et totalitaire repose sur l'encadrement mis en place par le Parti unique, garant de l'orthodoxie idéologique, du KGB, garant de la sécurité, et de l'armée, garante de la puissance soviétique dans le monde. Le système connaît une série de contradictions : agriculture/industrie ; industrie lourde/biens de consommation ; secteur militaire/ secteur civil (caractérisé par blocages, gaspillages et corruption) ; problèmes nationaux, religieux et politiques. Ce système, dans le cadre de ses contradictions, engendre la passivité, les circuits parallèles (souvent régulateurs) et une faible productivité.

Premier Etat du monde par sa superficie, l'Union soviétique (22.000.000 km^2) est essentiellement peuplée à l'ouest et au sud, 70 % de la population étant concentrée dans la partie européenne sur 20 % du territoire. La Sibérie présente un grand intérêt stratégique : en plus de son espace, ses ressources potentielles ou effectives du point de vue minéral et forestier sont considérables. Mais sur près de 13.000.000 km^2, elle n'a que 25 millions d'habitants. Sur son flanc oriental, l'URSS contrôle la mer d'Okhotsk.

Si un Soviétique sur deux n'est pas russe, les autres nationalités — elles sont officiellement au nombre de

Cependant, sur le plan stratégique, le système bénéficie des avantages de sa structure militarisée, de sa propension au secret, de sa cohésion politique (une fois les orientations définies), du contrôle de son opinion publique, du rôle que joue encore son idéologie à l'intérieur et hors de ses frontières. Ces avantages compensent amplement la lourdeur bureaucratique et pallient l'absence relative de dynamisme et les carences de la machine économique.

L'URSS est la 2ᵉ puissance économique du monde, devançant, de peu le Japon et sa puissance est avant tout militaire. Celle-ci s'est considérablement développée et modernisée au cours des deux dernières décennies. Dans un contexte où les États-Unis étaient politiquement paralysées par le dénouement de la guerre du Viêt-Nam, l'Union soviétique a exploité les vides en Angola, en Éthiopie et en Afghanistan et démontré sa capacité logistique.

Le sous-sol de l'Union Soviétique

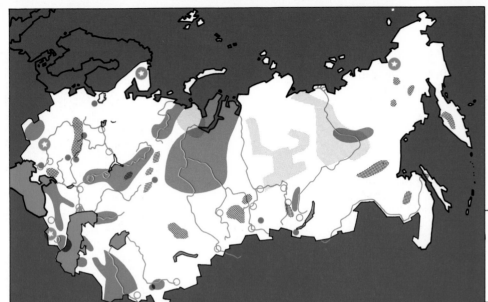

Ressources énergétiques

Hydrocarbures
Charbon
Hydroélectricité
Uranium
Énergie nucléaire

Minerais métalliques

Platine
Argent
Chromite
Manganèse
Nickel
Plomb-Zinc-Étain
Fer
Cuivre
Or
Bauxite

70 % en Europe sur 20 % du territoire
30 % en Asie sur 80 % du territoire
126 peuples mais 15 républiques* :

Russie RSFSR	137 M	(Russes 83 %)
Ukraine	50 M	(Russes 20 %)
Ouzbékistan	15 M	(Russes 12,5 %)
Kazakhstan	14,5 M	(Russes 43 %)
Biélorussie	9,5 M	(Russes 10,5 %)
Azerbaïdjan	5,9 M	(Russes 10 %)
Géorgie	5 M	(Russes 8,5 %)
Moldavie	4 M	(Russes 12 %)
Tadjikistan	3,7 M	(Russes 12 %)
Kirghizie	3,5 M	(Russes 30 %)
Lithuanie	3,4 M	(Russes 8,5 %)
Arménie	3 M	(Russes 2,7 %)
Turkménistan	2,7 M	(Russes 15 %)
Lettonie	2,5 M	(Russes 30 %)
Esthonie	1,5 M	(Russes 25 %)

* 126 nationalités sont officiellement reconnues. Les quinze dépassant le million d'habitants forment des républiques socialistes soviétiques fédérées. Selon leur importance — le critère demeurant le nombre — les autres forment des républiques autonomes ou des territoires autonomes (notamment les peuples à caractère nomade).

Les Soviétiques ont mis en relation leurs divers théâtres d'opérations occidentaux grâce au réseau de canaux reliant les 5 mers : Azov, Noire, Caspienne, Baltique, Blanche. Les unités de moins de 5000 tonnes y transitent.

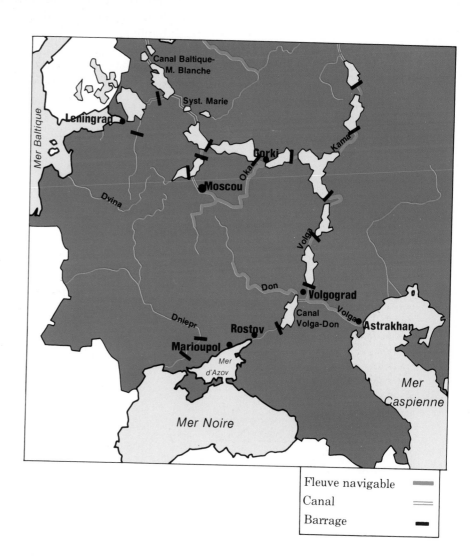

Aménagement de la liaison fluviale Nord-Sud

URSS/Moyen Orient

Prétentions des Soviétiques sur la région qu'ils souhaitaient contrôler, exprimées lors du Pacte germano-soviétique (1939).

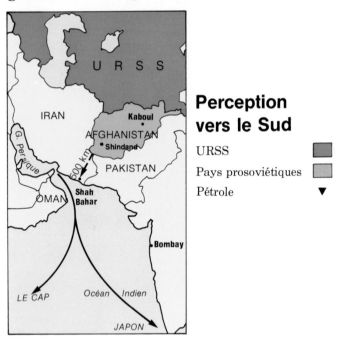

Perception vers le Sud

URSS ▨

Pays prosoviétiques ▨

Pétrole ▼

Afghanistan

L'intervention soviétique en Afghanistan (décembre 1979) amène les Soviétiques à 500 km de l'océan Indien et accentue la vulnérabilité d'un Pakistan déjà affaibli par son rival indien.

S'ajoutant à la chute du chah d'Iran, cette intervention réduit quasiment à néant les positions américaines en Asie antérieure.

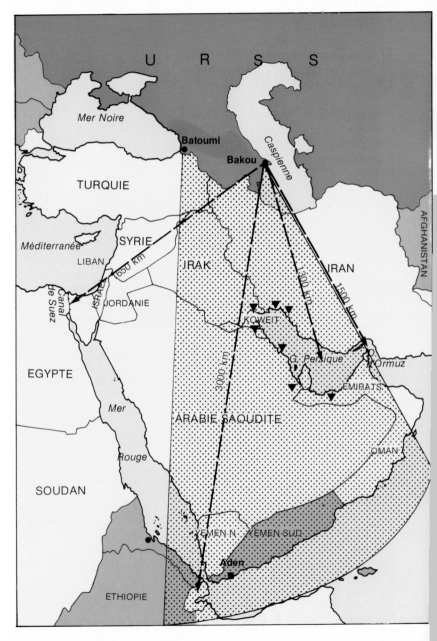

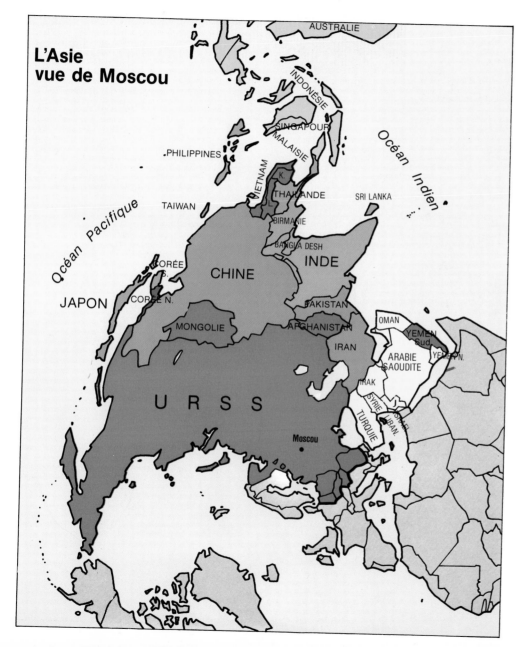

L'Asie vue de Moscou

AUSTRALIE

INDONÉSIE

SINGAPOUR

MALAISIE

Océan Indien

PHILIPPINES

Océan Pacifique

VIETNAM

K.

THAILANDE

SRI LANKA

TAIWAN

BIRMANIE

BANGLA DESH

INDE

CORÉE S.

CHINE

JAPON

CORÉE N.

PAKISTAN

OMAN

MONGOLIE

AFGHANISTAN

YEMEN Sud.

IRAN

ARABIE SAOUDITE

YEMEN N.

IRAK

U R S S

SYRIE

ISRAEL LIBAN.

Moscou

TURQUIE

Pour l'URSS, dont le Nord est polaire et qui ne dispose que de peu d'accès aux mers libres, il est indispensable d'avoir des points d'appui maritimes, pour sa flotte en pleine expansion, le long de la ceinture péninsulaire et insulaire de l'Asie. Le logique géopolitique voudrait que l'Union soviétique ait le contrôle de l'arc qui s'étend du sous-continent indien à la Corne de l'Afrique.

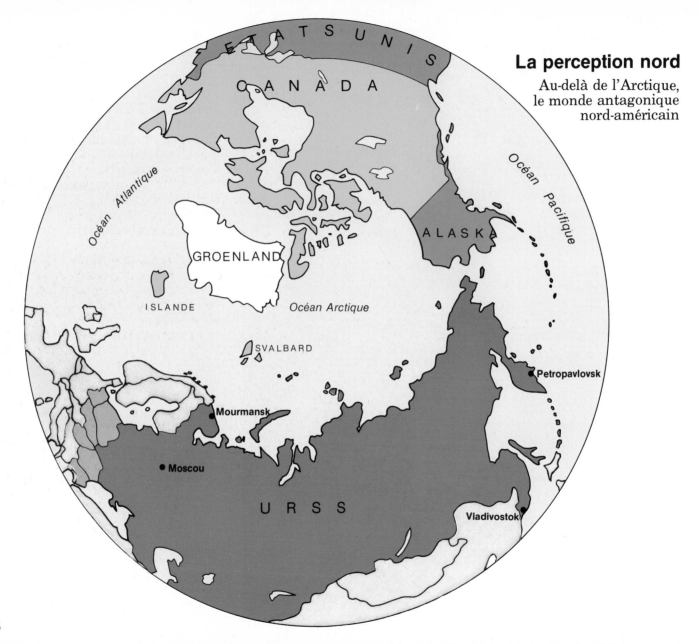

La perception nord

Au-delà de l'Arctique,
le monde antagonique
nord-américain

ÉTATS UNIS

CANADA

Océan Atlantique

Océan Pacifique

ALASKA

GROENLAND

ISLANDE

Océan Arctique

SVALBARD

Petropavlovsk

Mourmansk

Moscou

URSS

Vladivostok

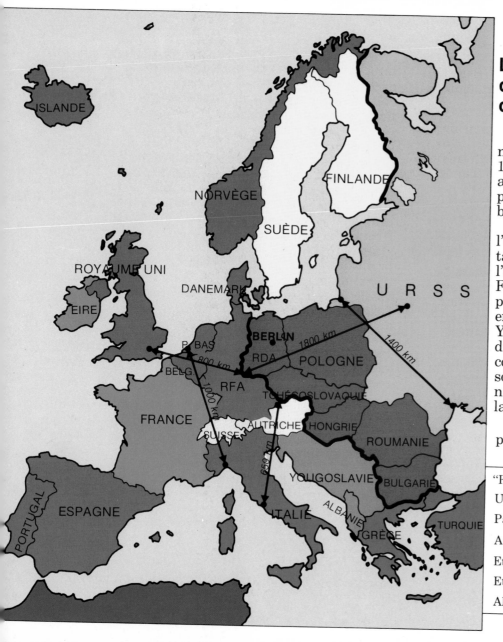

ISLANDE

NORVÈGE

SUÈDE

FINLANDE

ROYAUME UNI

DANEMARK

EIRE

U R S S

P. BAS

BERLIN 1800 km

BELG. RDA POLOGNE

800 km

RFA

1400 km

1000 km

TCHÉCOSLOVAQUIE

FRANCE

AUTRICHE HONGRIE

SUISSE

ROUMANIE

650 km

PORTUGAL

YOUGOSLAVIE BULGARIE

ESPAGNE

ITALIE ALBANIE

GRÈCE TURQUIE

L'Europe : deux blocs d'États antagonistes

Centre de la planète jusqu'en 1918, continent où se joue le destin du monde jusqu'en 1945, l'Europe occidentale se caractérise aujourd'hui par son émiettement politique, sa puissance économique et sa relative vulnérabilité militaire.

Si toute l'Europe centrale est tombée dans l'orbite soviétique en 1945, l'Europe occidentale, avec l'appui américain, a pu maintenir l'ensemble de ses positions. L'Autriche et la Finlande ont conservé ou regagné leur indépendance par leur neutralité. Les seuls reculs enregistrés dans le camp soviétique, en Yougoslavie (1948) et en Albanie (1961), sont dus non aux pressions de l'Occident mais aux contradictions engendrées par l'hégémonie soviétique, et ont pu voir le jour grâce au nationalisme et à la volonté des dirigeants yougoslaves et albanais.

Les Accords d'Helsinki (1975) avalisent le partage de fait du continent européen.

"Rideau de fer"	
URSS	
Pacte de Varsovie	
Autres pays socialistes	
Etats neutres	
Etats de l'OTAN	
Alliés occidentaux	

L'URSS conserve le contrôle de son glacis en Europe centrale malgré des crises parfois très violentes (Berlin 1953 ; Budapest 1956 ; Tchécoslovaquie 1968 ; Pologne 1980-1982).

Amorcé par le plan Marshall, le redressement de l'Europe occidentale, qui bénéficie entre 1947 et 1973 de conditions économiques mondiales qui lui sont très favorables, se forge autour de la Communauté économique à laquelle adhèrent progressivement dix pays. Malgré des velléités, la CEE ne débouche ni sur une intégration politique ni sur la constitution d'une défense commune proprement européenne dans le cadre de l'Alliance atlantique.

L'Europe occidentale telle qu'elle se définit dans le cadre de la CEE — et, par voie de conséquence, les puissances moyennes qui la composent — apparait comme ayant des intérêts régionaux articulés d'abord autour de l'Eurafrique et du bassin méditerranéen. Puissance économique majeure de l'Europe occidentale, l'Allemagne de l'Ouest reste politiquement déterminée par le passé, la division de la nation allemande et sa situation géographique à l'est.

Pour l'Allemagne comme pour la France, l'alliance franco-allemande représente le noyau de l'Europe. La France s'est longtemps enlisée en Indochine et en Algérie dans des combats retardateurs. Après avoir quitté l'OTAN, tout en restant membre de l'Alliance atlantique, la France s'est dotée du feu nucléaire et a défini une stratégie de la sanctuarisation fondée sur la dissuasion du faible au fort. C'est elle qui est, politiquement et diplomatiquement, conceptrice et garante de la stratégie eurafricaine — et méditerranéenne — de l'Europe dans le cadre d'une politique extérieure définie par le général de Gaulle.

Seule autre puissance nucléaire, le Royaume-Uni, tard venu au sein du Marché Commun, malgré un déclin sensible, continue, dans une série de secteurs, à conserver un poids non négligeable (financier, nucléaire, maritime, pétrolier).

Créatrice du premier empire colonial mondial, qui a fondé, notamment, la prééminence actuelle de la langue anglaise, la Grande-Bretagne est aussi à l'origine d'une partie importante des conflits et crises post-coloniaux : sous-continent indien, conflit israélo-arabe, Chypre, etc. Progressivement, la Grande-Bretagne quitte la quasi totalité des positions stratégiques qu'elle occupe, dont la région du Golfe, au profit des Etats-Unis (1971). La guerre des Falkland (1982) a démontré à la fois la volonté politique d'une vieille puissance européenne, sa capacité logistique et l'excellence de son armée de métier.

Quatrième grand européen, l'Italie s'est vigoureusement industrialisée au cours des trois dernières décennies. Le problème de l'arriération de son Mezzogiorno reste inchangé.

Au nord, jouxtant une Finlande neutralisée et une Suède neutre, la Norvège, membre de l'OTAN, a une position arctique très vulnérable face à une des zones-clés du système militaire soviétique.

Le présent débat concernant les SS20 soviétiques et l'implantation éventuelle des Pershing américains sur le théâtre européen afin de restaurer une dissuasion crédible, concerne de façon très directe l'équilibre sur lequel se fonde la paix.

Gibraltar est le seul problème inter-étatique (entre le Royaume-Uni et l'Espagne) subsistant en Europe.

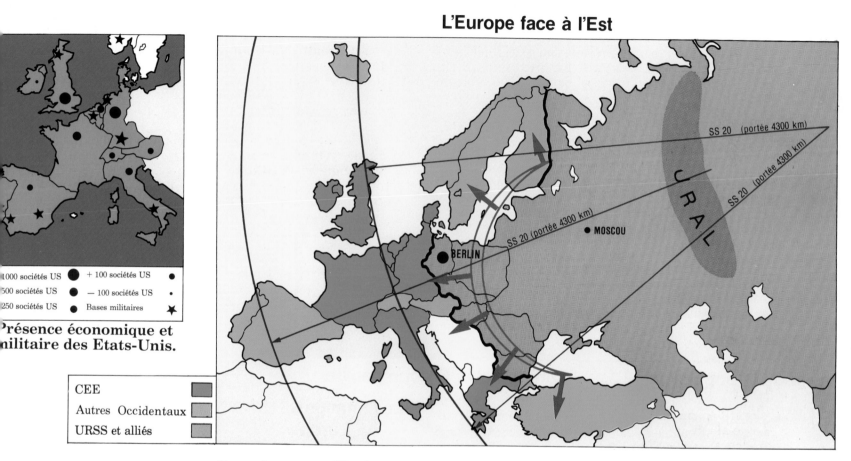

L'Europe face à l'Est

Légende de la carte en médaillon :

1000 sociétés US ●   + 100 sociétés US ●

500 sociétés US ●   — 100 sociétés US ·

250 sociétés US ●   Bases militaires ★

Présence économique et militaire des Etats-Unis.

CEE

Autres Occidentaux

URSS et alliés

Labels sur la carte principale :

SS 20 (portée 4300 km)

URAL

MOSCOU

BERLIN

La puissance militaire soviétique est ressentie comme une menace pour l'Europe occidentale.

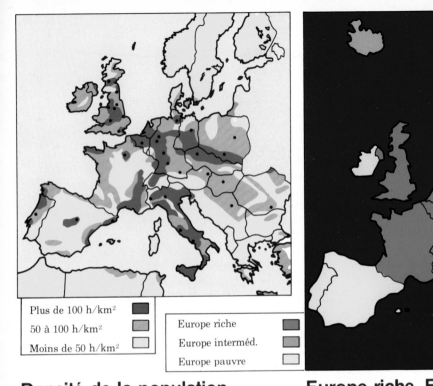

Densité de la population

Peuplée de façon particulièrement dense, l'Europe occidentale connaît, comme tous les pays industrialisés, une croissance démographique très basse.

La CEE regroupe les Etats les plus prospères (à l'exception de pays neutres tels que la Suède ou la Suisse, place financière de première importance).

L'Europe, comme les Etats-Unis et les pays du Golfe, est un pôle d'attraction pour les travailleurs migrants (11 millions environ). Le pourcentage de migrants oscille autour de 7,5 % pour : France, RFA, Royaume-Uni, Belgique ; 6 % pour l'Autriche ; 5 % pour la Suède ; 4 % pour les Pays-Bas ; 1,5 % pour le Danemark ; 17 % pour la Suisse et plus de 30 % pour le Luxembourg.

Plus de 100 h/km²

50 à 100 h/km²

Moins de 50 h/km²

Europe riche

Europe interméd.

Europe pauvre

Europe riche, Europe pauvre

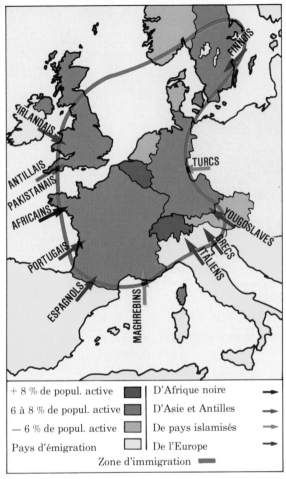

Les immigrés en Europe occidentale

+ 8 % de popul. active

6 à 8 % de popul. active

− 6 % de popul. active

Pays d'émigration

D'Afrique noire

D'Asie et Antilles

De pays islamisés

De l'Europe

Zone d'immigration

Source de devises pour les pays d'origine, les travailleurs immigrés représentent une main d'œuvre à bon marché pour les pays d'accueil ; ils constituent un problème politique spécifique en période de crise économique pour la société d'accueil et une source de déséquilibre en cas de refoulement massif pour le pays d'origine.

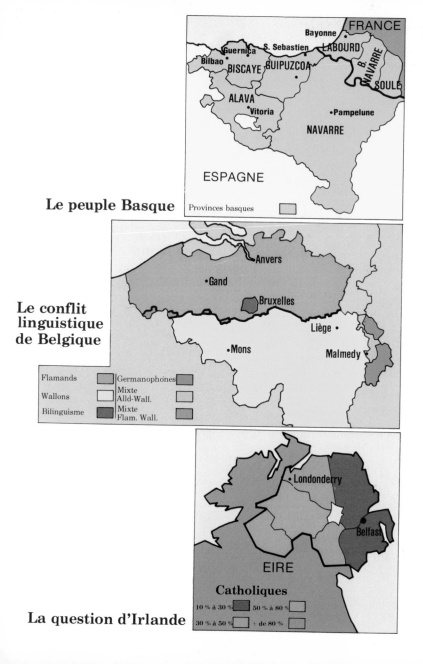

Le peuple Basque

Provinces basques

Le conflit linguistique de Belgique

Flamands | Germanophones
Wallons | Mixte Alld-Wall.
Bilinguisme | Mixte Flam. Wall.

La question d'Irlande

Catholiques

10 % à 30 % | 50 % à 80 %
30 % à 50 % | + de 80 %

Problème des minorités

Entre la conception de l'Etat-nation et celle des Droits de l'Homme, issues toutes deux du Siècle des Lumières, et qui marquent à la fois l'émergence des droits individuels et celle du nationalisme moderne, les droits des minorités (notamment ethniques) ont été largement négligés. Problème souvent crucial dans de nombreux pays du tiers-monde, les minorités en Europe, y compris dans les sociétés démocratiques libérales, ont connu ou connaissent encore des situations d'oppression ou d'assimilation plus ou moins ouvertes. En Europe centrale : Hongrois de Transylvanie (Roumanie), Albanais de Yougoslavie, etc. En Europe occidentale : Irlandais catholiques de l'Ulster ; Catalans et Basques d'Espagne, et, de façon plus spécifique, opposition Flamands/Wallons (issue d'une prééminence wallonne jusqu'à une date récente).

Ces tensions plus ou moins conflictuelles, souvent dues au centralisme, trouvent en général leur solution dans le cadre de l'autonomie ou du fédéralisme.

Contrairement aux ethno-stratégies utilisées ailleurs, les minorités d'Europe occidentale constituent des problèmes internes ne provoquant pas d'immixtion à caractère déstabilisateur d'autres Etats.

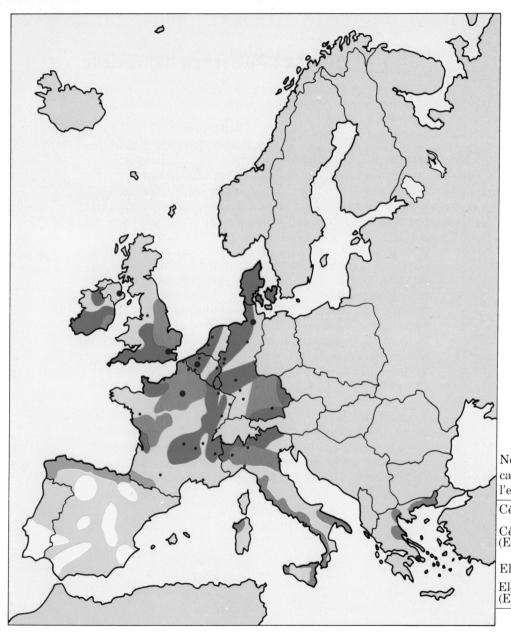

Grandes régions agricoles de la CEE

Dans le domaine des céréales, la France, contrairement à ses voisins européens, est une des grandes exportatrices à l'échelle mondiale. Le cheptel bovin de l'Europe est important. L'agro-alimentaire est en plein développement et, à l'échelle mondiale, l'agriculture reste un des atouts de l'Europe.

Poids de la CEE dans le monde

(% de la production mondiale)
Blé :   12 %
Orge :   22 %
Sucre :   14 %
Lait :   26 %
Viande :   15 %
Maïs :   4 %

Note : Espagne et Portugal candidats à l'entrée dans la CEE.

Céréales (CEE)

Céréales (Espagne-Portugal)

Elevage (CEE)

Elevage (Espagne-Portugal)

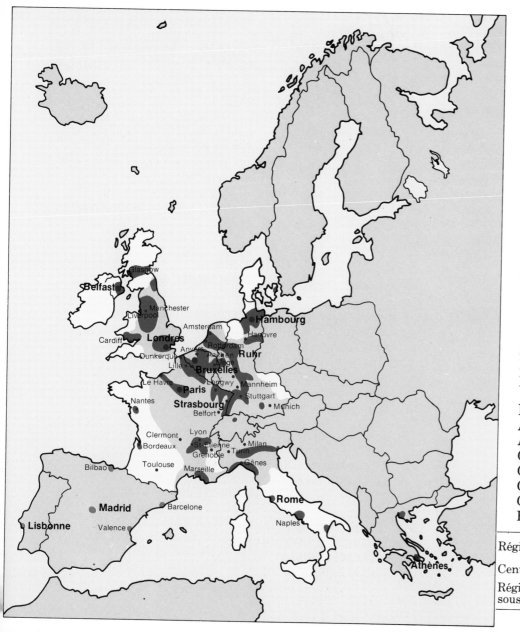

Europe : Puissance industrielle

La CEE est la seconde — et la première en
production manufacturière — puissance
industrielle du monde, talonnant de près les
Etats-Unis.
La RFA produit, à elle seule, près de la
moitié de la plupart des biens industriels
manufacturés par l'Europe des Dix.
Depuis la fin de la Seconde Guerre mondiale,
la faiblesse des ressources énergétiques et
minières de l'Europe n'a cessé de s'accentuer
et constitue, comme pour le Japon, mais
dans une moindre mesure, un sérieux handicap.

CEE (% total mondial)

Energie :

Charbon :	11 %
Hydroélectricité :	16 %
Nucléaire :	20 %
Hydrocarbures :	3/4 %
Minerais : faible.	

Productions

Acier :	18 %
Aluminium :	13 %
Constructions automobiles :	33 %
Constructions véhicules ind. :	13 %
Constructions navales :	20 %
Caoutchouc synthétique :	21 %
Fibres synthétiques :	20 %

Régions industrielles

Centres principaux

Régions
sous-industrialisées

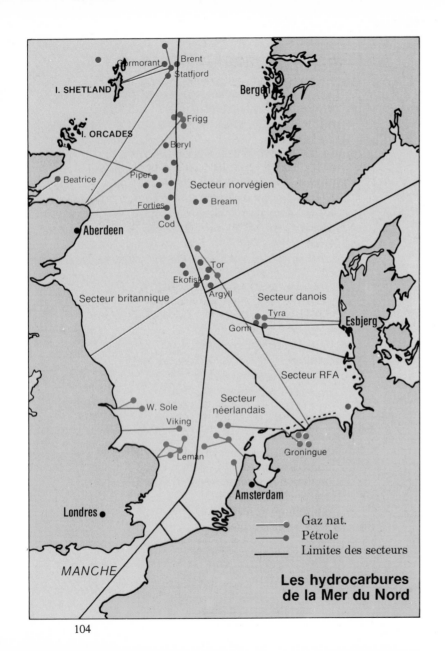

I. SHETLAND

Cormorant
Brent
Statfjord

Bergen

I. ORCADES

Frigg

Beryl

Beatrice

Piper

Secteur norvégien

Forties

Bream

Cod

Aberdeen

Tor

Ekofisk

Argyll

Secteur danois

Secteur britannique

Tyra

Gorm

Esbjerg

Secteur RFA

W. Sole

Secteur néerlandais

Viking

Leman

Groningue

Amsterdam

Londres

MANCHE

Gaz nat.
Pétrole
Limites des secteurs

**Les hydrocarbures
de la Mer du Nord**

Oukhta

France

RFA

Pologne

U R S S

Moscou

Tchec.

Perm

Kiev

Uzhgorod

Italie

Le gazoduc sibérien

L'Europe occidentale
et ses besoins énergétiques

En matière d'échanges économiques et afin de conforter son indépendance, la CEE a noué une série de relations commerciales :
- 1977 : libre circulation de la production industrielle avec les Etats de l'ex-Association de libre-échange (Suisse, Autriche, Suède).
- 1978 : Accord périodique avec des Etats non européens, dans le cadre du GATT.
- 1978 : Accords de Lomé avec une série de pays africains et d'îles des Caraïbes, du Pacifique et de l'océan Indien.
- Divers accords bilatéraux (Yougoslavie, Roumanie).
- Accords d'association avec l'Espagne, le Portugal et la Turquie, tous trois candidats à l'entrée dans la CEE (la Grèce en fait partie depuis 1980).

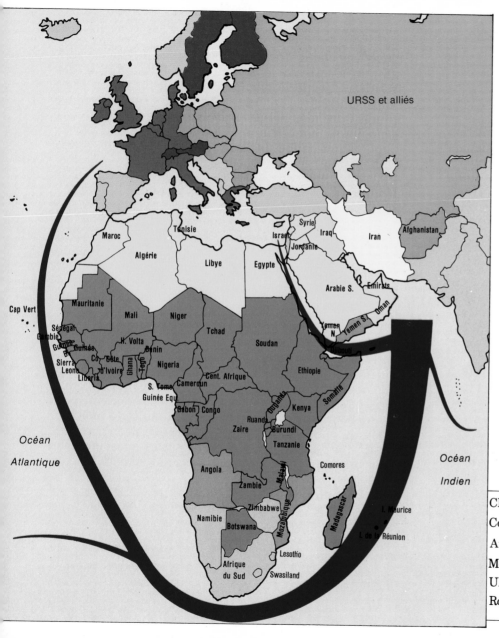

URSS et alliés

Maroc
Tunisie
Syrie
Iraq
Iran
Afghanistan
Israël
Jordanie
Algérie
Libye
Egypte
Cap Vert
Mauritanie
Arabie S.
Emirats
Mali
Niger
Yémen
N
Yémen S.
Oman
Sénégal
Tchad
Soudan
Djibouti
Gambie
H. Volta
Guinée B.
Guinée
Sierra
Bénin
Leone
Côte
Nigéria
Ethiopie
d'Ivoire
Ghana
Togo
Liberia
Cent. Afrique
Cameroun
S. Tomé
Somalie
Guinée Equ.
Gabon
Congo
Kenya
Ruanda
Ouganda
Zaïre
Burundi
Tanzanie
Comores
Océan
Atlantique
Angola
Malawi
Océan
Zambie
Indien
Zimbabwe
Mozambique
Madagascar
Namibie
I. Maurice
Botswana
I. de la Réunion
Lesotho
Afrique
du Sud
Swasiland

Dimensions géopolitiques et géostratégiques de l'Europe occidentale

L'aire régionale géostratégique de l'Europe occidentale inclut l'Afrique, le bassin méditerranéen et le Golfe, ce qui détermine une politique particulière à l'égard des États arabes.
En signant avec 43 États africains la Convention de Lomé (1979), la CEE crée un système de régulation des rapports économiques et, au-delà, permet d'envisager une relative stabilité dans sa zone de mouvance traditionnelle en Afrique.
Certains petits Etats des Caraïbes et du Pacifique sont également signataires de cette Convention.

L'Organisation de l'Unité Africaine (O.U.A.)

Fondée en 1963. Comprend tous les Etats africains, y compris la République Arabe Sahraouie Démocratique ainsi que les îles du Cap Vert, Sao Tomé et Principe, Maurice, Comores et Seychelles — hormis la Namibie et l'Afrique du Sud. Le problème de la reconnaissance de la République Arabe Sahraouie Démocratique, soutenue par l'Algérie et combattue par le Maroc, divise l'O.U.A.

Le Mozambique envisage d'adhérer aux Accords de Lomé (1983).
Suisse, Autriche, Suède, Finlande : États neutres.
Albanie, Yougoslavie : non liées à Moscou.

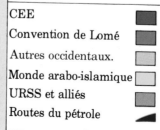

CEE

Convention de Lomé

Autres occidentaux.

Monde arabo-islamique

URSS et alliés

Routes du pétrole

Afrique

Restée à peu près en marge de l'affrontement Est-Ouest jusqu'en 1975, l'Afrique subsaharienne, depuis le retrait du Portugal et la radicalisation de l'Ethiopie (1977), a cessé d'être une chasse gardée occidentale. Jusqu'à cette date, les enjeux stratégiques majeurs dans le tiers-monde s'étaient disputés le long de la ceinture péninsulaire qui va de la Méditerranée orientale à l'Extrême-Orient. L'URSS avait manifesté sa présence en Egypte, en Guinée, au Zaïre, au Soudan, en Somalie, d'une façon générale sans grand succès : retrait d'Egypte, échec au Zaïre, relations distantes avec la Guinée, retrait du Soudan, expulsion de Somalie. La fin du colonialisme portugais a créé un vide que l'URSS a audacieusement exploité en conjonction avec les Cubains, ce qui crée, militairement, une situation nouvelle tant en Angola qu'en Ethiopie.

Bien que l'enjeu africain ne soit primordial ni pour les Etats-Unis ni pour l'Union soviétique — il l'est pour l'Europe —, une importante partie se joue en Afrique australe dans le cadre de l'accès aux matières premières essentielles à l'Occident et au Japon. L'Afrique du Sud y est la seule puissance régionale.

Au bout de deux décennies d'indépendance, le bilan en termes de développement de l'Afrique subsaharienne est maigre. Les conditions qui caractérisent la grande majorité des pays africains sont : régression ou stagnation de l'agriculture ; stagnation économique pour l'écrasante majorité des pays n'ayant pas une base exportatrice en matières premières.

Contrairement au vœu de l'Organisation des Etats Africains, toutes les associations interafricaines ébauchées au cours des vingt dernières années se sont effondrées. Même le principe de l'intangibilité des frontières, respecté par les Etats durant une période relativement longue, est contrebattu depuis quelques années par des Etats souverains : guerre somalo-éthiopienne concernant l'Ogaden ; annexion par la Libye d'une bande de terre de 100.000 km² au Tchad septentrional.

Avec une croissance démographique moyenne dépassant 2,5 %, les estimations donnent la progression suivante : 220 millions d'habitants pour 1950, 350 pour 1970 et plus de 800 pour l'an 2000.

A des handicaps récents : balkanisation, monoculture, économies organisées en fonction des besoins extérieurs, étroite dépendance culturelle, s'en ajoutent d'autres, aux racines plus anciennes : divisions et antogonismes ethniques, faible stratification sociale, bas niveau des forces productives.

L'Afrique au sud du Sahara est marquée par la faiblesse des Etats et l'inexistence de nations.

La perpétuation de l'influence occidentale — et plus particulièrement européenne — en Afrique ne paraît pas devoir connaître de grands changements à court terme. Mais, contrairement aux aides soviétiques qui tournèrent court en Egypte ou en Somalie, la présence militaire cubaine garantit la pérennité de la présence soviétique dans la mesure où elle assure aussi la survie du régime en place. Cela est particulièrement vrai en Angola.

Dans une perspective géopolitique eurafricaine, la CEE a signé l'importante Convention de Lomé (1979) et créé un système de stabilisation des recettes d'exportation des produits de base, accepté le libre accès en franchise tarifaire de la majeure partie des produits exportés par ses associés africains et augmenté substantiellement son aide annuelle (4 milliards de dollars).

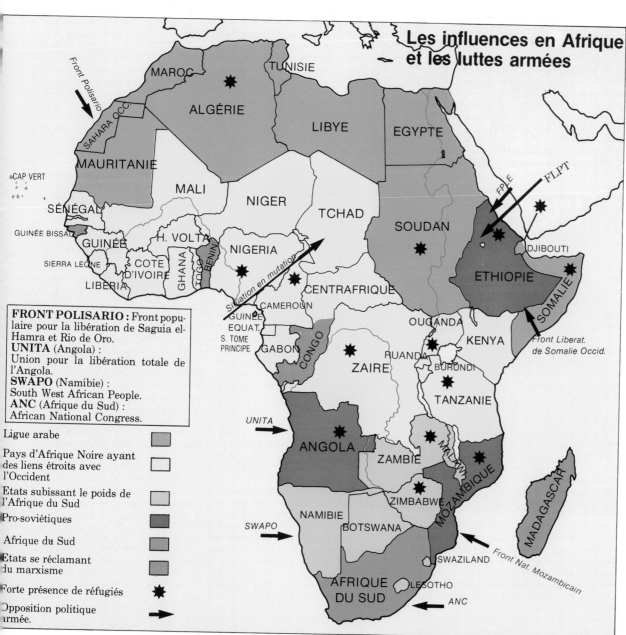

Les influences en Afrique et les luttes armées

FRONT POLISARIO : Front populaire pour la libération de Saguia el-Hamra et Rio de Oro.
UNITA (Angola) :
Union pour la libération totale de l'Angola.
SWAPO (Namibie) :
South West African People.
ANC (Afrique du Sud) :
African National Congress.

Ligue arabe

Pays d'Afrique Noire ayant des liens étroits avec l'Occident

Etats subissant le poids de l'Afrique du Sud

Pro-soviétiques

Afrique du Sud

Etats se réclamant du marxisme

Forte présence de réfugiés

Opposition politique armée.

Présence militaire des Soviétiques et de leurs alliés au sud au Sahara

	URSS	CUBA	RDA*
Angola	700	18.000	450
Ethiopie	2.400	5.900	550
Mozambique	500	1.000	100

Source : Département d'État, Washington. D.C. 1982.

* La République démocratique allemande forme en général les cadres de la police et de la sécurité.
Le seul autre pays africain où la présence militaire et civile du bloc soviétique dépasse 1.500 cadres est le Congo.
L'Éthiopie, l'Angola et le Mozambique ont été, entre 1975 et 1982, les bénéficiaires majeurs des ventes d'armes soviétiques.

*L'UNITA et le Front National Mozambicain sont soutenus par l'Afrique du Sud.

* FPLE : Front populaire de Libération de l'Érythrée.
* FLPT : Front de Libération populaire du Tigré.

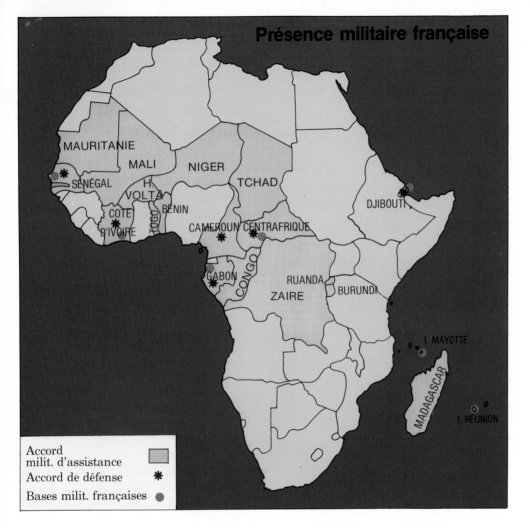

Présence militaire française

MAURITANIE

MALI

NIGER

TCHAD

SÉNÉGAL

H. VOLTA

BENIN

CÔTE D'IVOIRE

TOGO

CAMEROUN CENTRAFRIQUE

DJIBOUTI

GABON

CONGO

RUANDA

ZAIRE

BURUNDI

I. MAYOTTE

MADAGASCAR

I. RÉUNION

Accord milit. d'assistance

Accord de défense

Bases milit. françaises

Les initiatives militaires de la Libye, qui avait déjà annexé unilatéralement la zone d'Aozou (100.000 km²) provoquent au Tchad l'opération Manta, menée par des forces françaises (Août 1983). Ces dernières s'étaient retirées en 1980 après 12 années d'interventions.
Les conditions géographiques du Tchad (déserts, manque d'eau, vide démographique) posent de délicats et coûteux problèmes logistiques aux forces en présence.

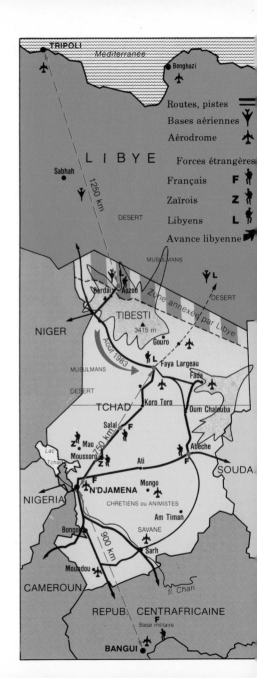

TRIPOLI

Méditerranée

Benghazi

Routes, pistes

Bases aériennes

Aérodrome

Forces étrangères

Sabhah

LIBYE

Français   F

Zaïrois   Z

DESERT

Libyens   L

Avance libyenne

1250 km

MUSULMANS

Berdaï Aozou

Zone annexée par Libye

NIGER

TIBESTI

3415 m

Gouro

Août 1983

Faya Largeau

MUSULMANS

Fada

DESERT

TCHAD

Koro Toro

Oum Chalouba

Salal

F

Mao

Z

Abéche

Moussoro

750 km

SOUDA

Ati

Z

F

N'DJAMENA

Mongo

NIGERIA

CHRETIENS ou ANIMISTES

Am Timan

Bongo

SAVANE

900 km

Sarh

Moundou

CAMEROUN

fl. Chari

REPUB. CENTRAFRICAINE

Base militaire

BANGUI

Vulnérabilité de l'Afrique
La dimension militaire de la présence française en Afrique

La France a des accords de défense avec un certain nombre de pays africains: Djibouti, Gabon, Côte d'Ivoire, Sénégal, Cameroun, République centre-africaine, Togo, et des accords d'assistance militaire technique avec ces mêmes pays, plus: Mauritanie, Niger, Haute Volta, Benin, Congo, Magadascar, Mali, Burundi, Ruanda et Zaïre.

Des accords concernant des manœuvres militaires conjointes sont en vigueur avec: Djibouti, Gabon, Côte d'Ivoire, Sénégal, Togo, Zaïre. Le nombre total des conseillers militaires français en Afrique avoisine le millier (les missions les plus importantes sont: Djibouti, Gabon, Zaïre, Côte d'Ivoire). Les troupes stationnées sur le continent atteignent environ 7000 hommes dont 3.500 à Djibouti, 1.200 au Sénégal et 1.100 en République centre-africaine. Les troupes françaises sont intervenues à diverses reprises en Afrique, notamment: Gabon (1964), Tchad (1968-1980), Mauritanie (1977-78, soutien aérien contre le Polisario), Djibouti (1976-77), Zaïre (1977-78) et République centre-africaine (1979).

Au cours des années soixante-dix, la France s'est retirée militairement (après une dizaine d'années d'intervention) du Tchad (1980) et de Diego-Suarez, à Madagascar (1975).

Aujourd'hui, les bases stratégiques majeures en Afrique sont: Dakar, Gabon, Centrafrique, Djibouti, Réunion.

La France dispose d'une force d'intervention rapide (environ 25.000 hommes)*stationnée sur son territoire avec un soutien logistique qui n'a cessé de s'améliorer depuis 1978 (opération Shaba au Zaïre). Il est possible que cette force soit, à l'heure actuelle, en mesure d'intervenir plus rapidement que celle des autres puissances, Etats-Unis et URSS compris.

En une vingtaine d'années, les positions de la France en Afrique se sont très peu érodées. Sous diverses formes, la France fournit une aide annuelle de près d'un milliard de dollars. La politique de coopération tracée par le général de Gaulle s'est pour l'essentiel poursuivie jusqu'à présent. Ces alliances fondées sur des intérêts politiques, économiques, culturels (dans une perspective francophone), tissées depuis plusieurs décennies entre les élites dirigeantes et la France, paraissent devoir durer.

Il y a environ 200.000 coopérants français en Afrique "francophone". Dans ces pays, comme dans d'autres pays africains, la France est une importante exportatrice d'armes.

Du point de vue religieux, l'importance de l'islam au nord et au centre du continent est fondamentale et s'étend. Dans la moitié sud, la christianisation est assez importante. Les animistes sont très nombreux.

Diversité religieuse, émiettement ethnique et faiblesse de l'Etat caractérisent les Etats d'Afrique tropicale. A l'exception du Nigeria et de l'Ethiopie, les Etats sont sous-peuplés. Ces particularités favorisent les ethno-stratégies, les tentatives de déstabilisation et plus particulièrement les interventions de troupes étrangères au continent. L'Afrique tropicale reste d'une grande vulnérabilité.

---

* Une force d'action rapide (FAR) d'environ 47 000 hommes, est en voie de constitution. Son utilisation concerne également le théâtre européen.

1) **Angola**

ZAIRE

Luanda
Malange

Lobito
Luena

Lubango
Menongue

Mossamedes
N'Giva

NAMIBIE

— Voie ferrée

Incursions
sud-africaines ↑ ↑

Zones d'insécurité

1) Les forces sud-africaines veulent se ménager une zone tampon d'environ 200 km à l'intérieur de l'Angola afin de rendre inopérantes les opérations de guérilla de la SWAPO, mouvement de libération namibien. Pretoria appuie l'UNITA qui combat le régime de Luanda.

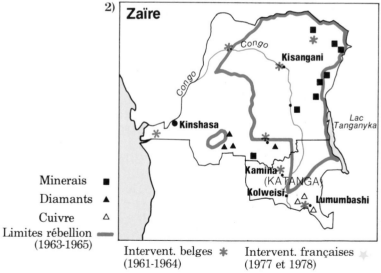

2) **Zaïre**

Congo
Congo
Kisangani

Congo

Lac
Tanganyka

Kinshasa

Kamina
(KATANGA)

Kolweisi
Lumumbashi

Minerais ■

Diamants ▲

Cuivre △

Limites rébellion
(1963-1965) ▬▬▬

Intervent. belges ✳
(1961-1964)

Intervent. françaises ✳
(1977 et 1978)

2) Le Zaïre a été et demeure l'Etat les plus instable du continent. Entre 1960 et 1965, puis de nouveau en 1977 et 1978, il a été une zone d'interventions extérieures, l'Occident y garantissant ses intérêts. Le Zaïre continue d'être le ventre mou de l'Afrique.

Afrique australe

L'Afrique australe est la partie la plus riche du continent. Le système de l'apartheid rend conflictuelle la situation en Afrique du Sud, tout particulièrement depuis la disparition du colonialisme portugais et l'immixtion soviéto-cubaine en Angola et, dans une moindre mesure, au Mozambique.

Au premier rang des préoccupations de l'Afrique du Sud, le glacis namibien, riche du point de vue minier et sous-peuplé. L'Afrique du Sud y possède l'enclave stratégique de Walwis Bay. L'établissement d'un régime favorable à Pretoria permettrait de tenir à distance la menace soviétique. L'armée sud-africaine combat à cet effet le SWAPO, mouvement de libération namibien soutenu par l'Angola. Le SWAPO s'appuie sur les Ovambos, ethnie qui compte pour 50 % environ de la population noire de Namibie (un peu plus d'un million au total). De son côté, l'Afrique du Sud équipe l'UNITA, mouvement angolais implanté dans l'ethnie la plus importante du pays et qui combat le gouvernement de Luanda.

Par une série d'incursions militaires en profondeur dans le Sud-Angolais, ainsi que par un soutien aux éléments du Front National Mozambicain, hostiles au régime de Maputo qui permet aux membres de l'African National Congress d'opérer en Afrique du Sud, le gouvernement de Pretoria a réussi à faire ployer le Mozambique et l'Angola (1984). La situation militaire de l'Afrique du Sud est, à l'heure actuelle, excellente. On ne peut en dire autant de l'économie.

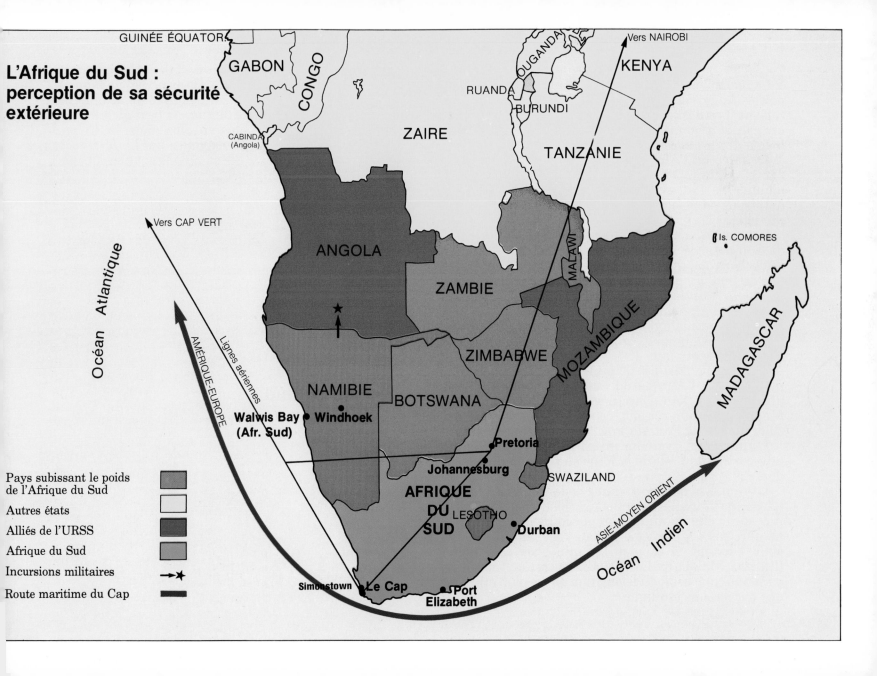

L'Afrique du Sud : perception de sa sécurité extérieure

GUINÉE ÉQUATOR.

GABON

CONGO

CABINDA (Angola)

ZAIRE

OUGANDA

RUANDA

BURUNDI

TANZANIE

Vers NAIROBI

KENYA

ANGOLA

ZAMBIE

MALAWI

MOZAMBIQUE

Is. COMORES

Océan Atlantique

Vers CAP VERT

Lignes aériennes

AMÉRIQUE-EUROPE

ZIMBABWE

NAMIBIE

BOTSWANA

MADAGASCAR

Walvis Bay (Afr. Sud)

Windhoek

Pretoria

Johannesburg

SWAZILAND

AFRIQUE DU SUD

LESOTHO

Durban

ASIE-MOYEN ORIENT

Océan Indien

Simonstown

Le Cap

Port Elizabeth

Pays subissant le poids de l'Afrique du Sud

Autres états

Alliés de l'URSS

Afrique du Sud

Incursions militaires

Route maritime du Cap

Le règlement du conflit du Zimbabwe (ex-Rhodésie) par les Anglo-Saxons exclut pour l'instant et pour des raisons internes toute participation active de ce pays à un conflit régional, d'autant plus qu'il connaît lui-même des troubles graves.

La force de l'Afrique du Sud réside dans sa puissance militaire et industrielle, ainsi que dans son alliance de fait avec l'Occident, compte tenu, entre autres, de sa position stratégique et de ses ressources minières.

Depuis 1973, grâce au matériel de l'OTAN, l'Afrique du Sud possède à Simonstown un réseau de détection *Silvermine* capable d'atteindre l'Australie et l'Amérique du Sud. La puissance de l'Afrique du Sud se nourrit de la faiblesse de ses adversaires sur le plan militaire et économique.

Les Etats de la ligne de front (Tanzanie, Botswana, Zambie, Mozambique, Angola) n'ont aucun moyen de modifier le statu quo.

Malgré une hostilité de principe, les échanges commerciaux de l'Afrique du Sud avec nombre d'Etats africains sont loin d'être négligeables (Kenya, Zaïre, Malawi, etc.). On est loin, cependant, du projet d'articuler autour de Pretoria une "constellation d'Etats".

L'apartheid, système injustifiable, avantage les adversaires de Pretoria et mine sa position diplomatique.

La faiblesse démographique de la minorité blanche (15 %) reste la faille essentielle du système, cette minorité étant chaque année proportionnellement moins nombreuse. La stratégie raciale de Pretoria consiste pour l'instant à coopter les minorités non noires (Indiens, Malais, mulâtres) tout en écartant les noirs et en renforçant leurs divisions tant sur le plan ethnique que sur le plan juridique.

Cette politique paraît venir tard et amener trop peu de changements. Il est vrai que le principe "un homme, un vote" provoquerait la fin politique de la minorité blanche. A terme, cette situation ne peut qu'entraîner des affrontements de plus en plus violents. Ceux-ci seront tout naturellement exploités par l'URSS et ses alliés dans un contexte africain où le soutien à l'apartheid est violemment rejeté.

Afrique du Sud

Or	51 % (prod. mond.)	Rés. importantes
Chromite	34 % (prod. mond.)	Rés. 67 %
Manganèse	23 % (prod. mond.)	Rés. 41 %
Vanadium	30 % (prod. mond.)	Rés. 42 %
Platine	45 % (prod. mond.)	Rés. 81 %
Antimoine	16 % (prod. mond.)	Rés. 7 %
Ilménite		Rés. 15 %
Rutile		Rés. 4 %
Asbestos	6 % (prod. mond.)	Rés. 21 %
Diamants	24 % (prod. mond.)	
Nickel	3 % (prod. mond.)	
Charbon	5 % (prod. mond.)	
Uranium	15 % (prod. mond.)	Rés. 11 %

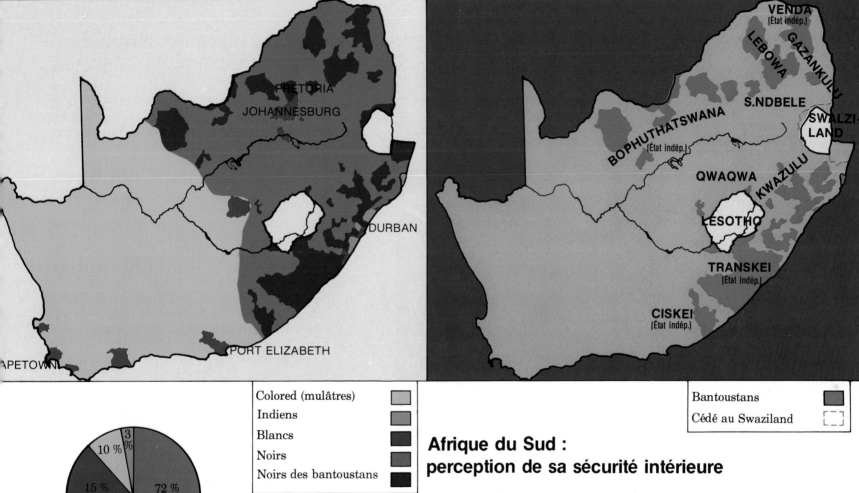

Colored (mulâtres)
Indiens
Blancs
Noirs
Noirs des bantoustans

Bantoustans
Cédé au Swaziland

3 %
10 %
15 %
72 %

Afrique du Sud : perception de sa sécurité intérieure

La politique des bantoustans, progressivement baptisés "États indépendants", consiste à transformer en étrangers dans leur propre pays environ la moitié de la population noire.

Dans la province du Cap (moitié ouest) les Noirs sont peu nombreux.

Ciskei, Transkei, Bophuthatswana et Venda sont considérés comme des "États indépendants" par l'Afrique du Sud.

La superficie des "États indépendants" et des autres réserves noires ne représente pas même 15 % du pays.

113

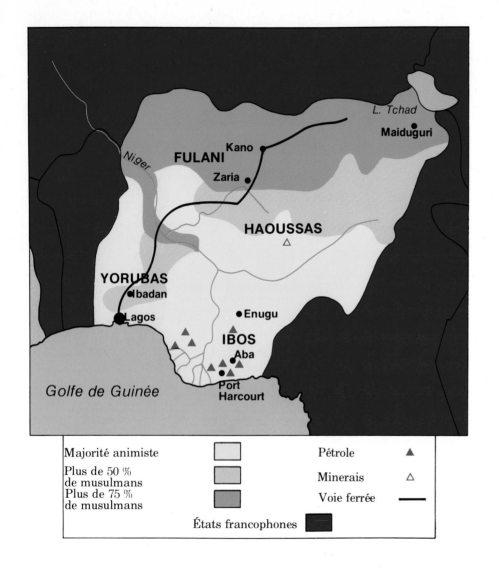

Majorité animiste

**Plus de 50 %
de musulmans**

**Plus de 75 %
de musulmans**

États francophones

Pétrole ▲

Minerais △

Voie ferrée ▬

Le Nigéria, puissance régionale en Afrique tropicale

Seul Etat ayant vocation de puissance régionale en Afrique tropicale, le Nigeria est aussi, de loin, le pays le plus peuplé d'Afrique (90 millions d'h. environ).

Le système fédératif mis en place dans cette république cherche à résoudre les problèmes ethniques et religieux qui furent pour une grande part à l'origine de la tentative de sécession biafraise (1967-70).

Fort de ressources pétrolières assez considérables, le Nigéria a connu, dans les années soixante-dix, une réelle croissance qui lui a fait jouer un rôle politique à l'échelle continentale. L'impact direct du Nigéria auprès de ses voisins est en partie limité par le caractère francophone de ceux-ci. La fin relativement rapide du boom pétrolier renvoie le Nigeria, comme tous les Etats pétroliers peuplés, à ses difficultés antérieures, comme l'a montré l'expulsion de deux millions de travailleurs immigrés (1983) vers les pays voisins.

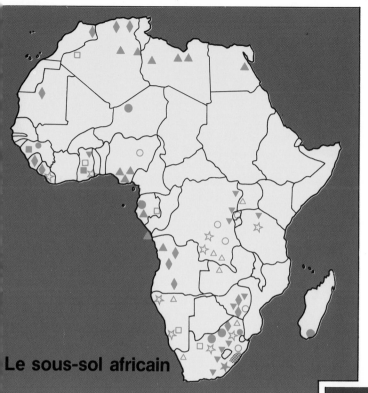

Le sous-sol africain

Pétrole	▲	Bauxite	■
Uranium	●	Manganèse	□
Cuivre	△	Etain	○
Fer	◆	Platine	★
Chrome	●	Diamants	☆
Or	▼	Charbon	▨

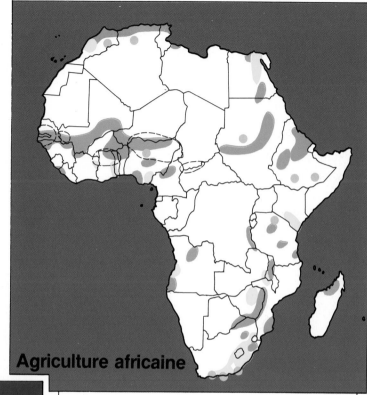

Agriculture africaine

Orge		Riz	
Moutons	●	Blé - Maïs	
Arachides	⬭	Millet - Sorgho	

SAHEL

P.M.A. ☐

Pays les moins avancés

115

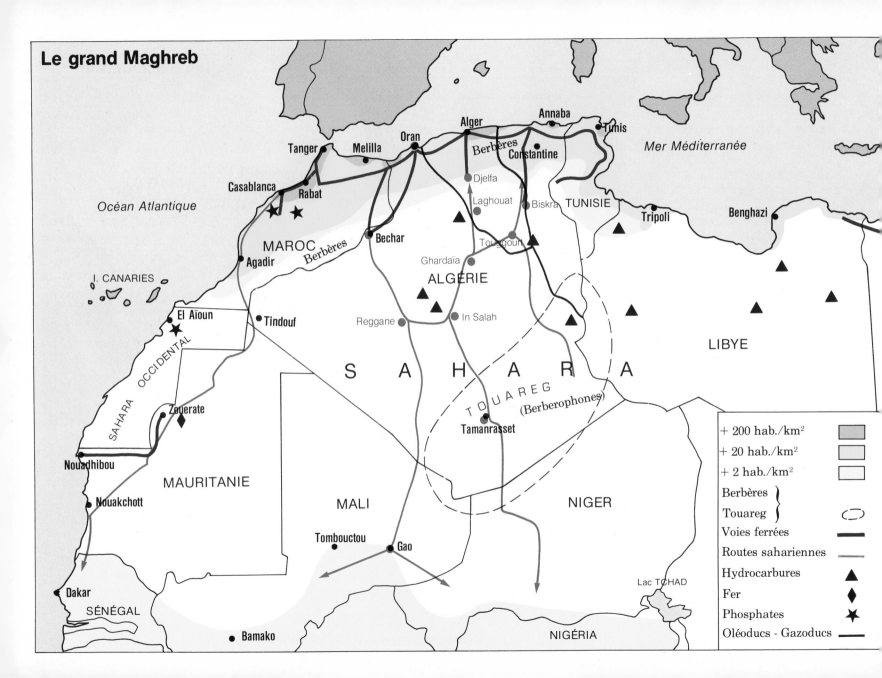

Le grand Maghreb

Mer Méditerranée

Océan Atlantique

I. CANARIES

Tanger
Melilla
Oran
Alger
Annaba
Tunis
Constantine
Berbères
Djelfa
Casablanca
Rabat
Laghouat
Biskra
TUNISIE
Tripoli
Benghazi
MAROC
Berbères
Bechar
Touggourt
Agadir
Ghardaïa
ALGERIE
El Aïoun
Tindouf
Reggane
In Salah
LIBYE
SAHARA OCCIDENTAL
S A H A R A
Zouerate
T O U A R E G
(Berberophones)
Tamanrasset
Nouadhibou
MAURITANIE
Nouakchott
MALI
NIGER
Tombouctou
Gao
Lac TCHAD
Dakar
SÉNÉGAL
Bamako
NIGÉRIA

+ 200 hab./km²	
+ 20 hab./km²	
+ 2 hab./km²	
Berbères }	
Touareg }	
Voies ferrées	
Routes sahariennes	
Hydrocarbures	▲
Fer	◆
Phosphates	★
Oléoducs - Gazoducs	

Le grand Maghreb s'étend, géographiquement, de la Mauritanie à la Libye. Peuplé d'Arabo-berbères, il dépasse les 50 millions d'habitants, dont la majorité sont concentrés sur la bande côtière ou sur les versants des Atlas. C'est, après l'Afrique australe, la région la plus riche d'Afrique (hydrocarbures, phosphates, fer, etc).

Objectif proclamé, l'unité maghrébine demeure hypothétique et dominée, depuis deux décennies, par la rivalité algéro-marocaine avivée par le conflit du Sahara occidental. L'un des enjeux de ce conflit est la première place à l'intérieur du Maghreb. Le Maroc s'assurerait un quasi monopole des phosphates du monde (Etats-Unis et URSS exceptés), l'Algérie obtiendrait indirectement une ouverture sur l'Atlantique tout en brisant définitivement les aspirations marocaines au "Grand Maroc".

Le Sahara espagnol (256.000 km²) a la particularité d'être le seul territoire africain décolonisé (avec l'Erythrée) à n'avoir pas bénéficié automatiquement de l'indépendance. Créé en 1973, le Front Polisario combat d'abord le colonialisme espagnol. En 1975, en se fondant sur ce qu'il estime être des droits historiques, le Maroc occupe les 2/3 du Sahara espagnol d'où Madrid vient de se retirer. La Mauritanie occupe (1975-1979) un tiers du pays puis y renonce. Largement épaulé par l'Algérie, le Polisario mène une guérilla efficace de 1976 à 1982, et se fait entre temps reconnaître, grâce à l'Algérie, par une large partie de l'OUA comme le représentant de la République arabe sahraouie démocratique.

Ni les Etats-Unis, ni l'URSS ne reconnaissent la RASD. La France pèse dans le sens d'un référendum.

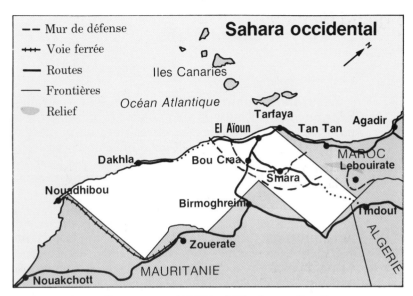

L'érection d'un mur (1979) délimitant le "pays utile" s'est révélée militairement efficace. Un second "mur de sécurité" de 700 km de long a été terminé en mai 1984.

Compte tenu du nomadisme et du nombre de réfugiés hors des frontières, ce référendum risque d'être contesté (dernier recensement espagnol: 73.500 habitants). Une estimation réaliste se situerait entre 100 et 150.000*.

La Libye, Etat pétrolier riche mais gravement sous-peuplé, n'a pas les moyens humains des ambitions du colonel Khadafi. Elle s'est cantonnée dans un rôle de perturbateur tant à l'échelle du monde arabe qu'à celui des confins sahariens. L'URSS y est active.

A l'exception de la Libye, tous les Etats du Grand Maghreb envoient une part considérable de leur main d'œuvre vers les pays européens.

* Le Front Polisario donne le chiffre de 300.000 sahraouis.

Le Moyen-Orient arabe

Zone intermédiaire entre l'Europe, l'Asie orientale et l'Afrique noire, le monde arabe jouit des avantages des points de passage obligés et en subit la vulnérabilité. L'importance stratégique et économique de cette plaque tournante n'a cessé d'être au centre des tensions mondiales depuis la fin de la Seconde Guerre mondiale.

La création d'Israël (1948), conséquence du nationalisme moderne, de l'antisémitisme et du génocide des juifs, provoque un refus arabe devant une immixtion d'origine européenne. A partir de 1967, un nationalisme palestinien s'exprime et pose non seulement un problème de réfugiés, mais aussi celui d'une structure étatique.

Le monde arabe, face à une nation israélienne moderne dotée d'une armée de pays industriel et appuyée par les Etats-Unis, s'est mobilisé et exalté autour des mots d'ordre d'unité et de revendication de la Palestine.

Les pays arabes, dont l'autonomie politique était réduite jusqu'en 1952 et même jusqu'en 1958, n'ont cessé de se fortifier pour devenir, à partir de 1973, un facteur (économique et financier) de l'équilibre mondial. Le nationalisme, naguère dominé par des courants socialisants (nassérisme et baathisme), est aujourd'hui surtout conservateur, compte tenu, notamment, du poids de l'Arabie saoudite. Militairement, la neutralisation de l'Egypte (1978) renforce de façon décisive la supériorité israélienne.

L'OLP n'a ni la force d'imposer ses revendications ni les moyens de négocier (la négociation étant perçue comme une trahison).

Israël, dont l'obsession de sécurité est grande et qui dispose de la supériorité militaire, a annexé le Golan (qui appartenait à la Syrie) et, par la multiplication de ses colonies de peuplement, montre sa volonté de conserver la Cisjordanie (Judée et Samarie). Le nombre des Palestiniens sous juridiction israélienne est de 2.000.000 (dont 1.400.000 en territoires occupés) pour 3.000.000 d'Israéliens juifs.

Les ressources minières du monde arabe sont considérables : plus de 50 % des réserves mondiales de pétrole et 25 % des réserves de gaz, un tiers des phosphates du monde et, en abondance, plusieurs minerais importants. Le secteur agricole reste faible. Et surtout, trop peu d'efforts concertés semblent faits pour tirer parti des ressources financières, afin de jeter les bases d'un développement agricole et industriel sérieux.

L'Islam, "religion et cité", se présente comme un fait culturel et social définissant l'ensemble des conduites. Il est interprété aujourd'hui non seulement comme religion, mais comme valeur nationale arabe. Il est exceptionnel qu'il ne soit pas religion d'Etat. Les valeurs nationales ont été souvent privilégiées au moment de l'affirmation du nationalisme arabe moderne. En période de crise comme aujourd'hui, l'intégrisme exerce une influence croissante.

Les sectes confessionnelles continuent de susciter de forts sentiments d'appartenance. En Syrie, par exemple, le pouvoir d'Etat est étroitement contrôlé par la minorité alaouite, en Irak par la minorité sunnite arabe.

La Syrie baathiste, rivale de l'Irak également baathiste, allié de l'URSS, est isolée. Elle n'a pu faire aboutir son projet de Grande Syrie, incluant le Liban et amenant la Jordanie dans sa mouvance. Le problème essentiel du pouvoir semble y être l'auto-conservation. Elle reste cependant très active dans la question libanaise, comme dans le contrôle du mouvement palestinien.

La Jordanie n'a cessé de se renforcer au cours de la dernière décennie, tant militairement qu'économiquement, surtout grâce à l'aide américaine. Etat souvent menacé, il est parvenu, grâce à l'habileté politique et à la détermination du roi Hussein, à durer. Le royaume hachémite a la particularité d'avoir une population composée aux deux tiers de Palestiniens. Une formule fédérale jordano-palestinienne a été maintes fois évoquée. Elle impliquerait, entre autre, le retrait israélien de Cisjordanie qui paraît exclu.

L'importance stratégique de la région implique le soutien des grandes puissances à leurs alliés respectifs. Malgré les efforts des Soviétiques, les Etats-Unis ont réussi à conserver leur prédominance dans la région. Il leur reste à concilier, autant que faire se peut, les aspirations divergentes sur le problème palestinien ou sur le statut de Jérusalem, d'une part de leur allié israélien, d'autre part de leur alliés arabes, et, au premier chef, de l'Arabie saoudite.

Le règlement du problème palestinien paraissant hautement improbable, les perspectives conflictuelles restent grandes au Moyen-Orient.

La ligue des Etats Arabes :
Créée en 1945. Comprend actuellement 21 pays, soit tous les Etats arabes moins le Sahara occidental (ex-Espagnol). Elle comprend un Etat non arabe : la Somalie. L'organisation de Libération de la Palestine (OLP) en fait également partie. Diverses associations économiques renforcent leur coopération.

Islam et sectes religieuses au Proche-Orient

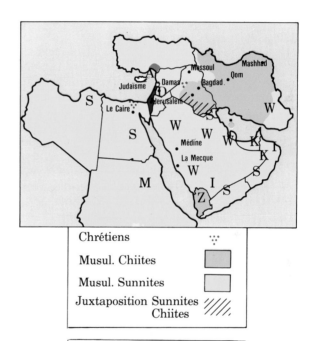

Chrétiens	⋰
Musul. Chiites	▓
Musul. Sunnites	☐
Juxtaposition Sunnites Chiites	▨

Sectes musulmanes	
Wahabites	(W)
Alaouites	(A)
Druses	(D)
Zaidis	(Z)
Sanoussis	(S)
Mahadistes	(M)
Ismaélites	(I)
Kharijites	(K)

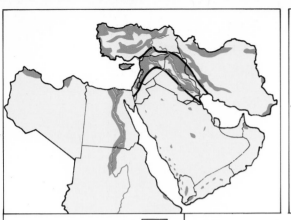

Régions cultivées █

Croissant fertile ▬

Moyen Orient
fertile

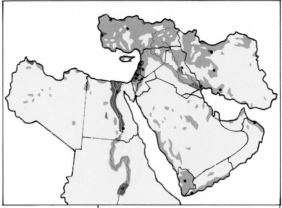

Plus de 100 hab/km² █

De 10 à 100 hab/km² █

De modestes densités
de population

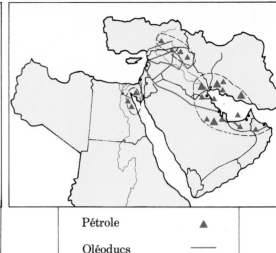

Pétrole ▲

Oléoducs ▬

Une ressource majeure :
le pétrole

Le pétrole du Golfe*

La péninsule arabique produit 85 % du pétrole du Moyen-Orient (1982) dont 65 % pour l'Arabie Saoudite.

Réserves : 54 %
total mond.

Arabie Saoudite	46 %
Emirats	9 %
Koweit	15 %
Iran	16 %
Irak	9 %
Qatar	1 %
Oman	0,5 %
Bahrein	0,1 %

* Le Golfe recèle 25 % des réserves mondiales de gaz.

La terre et l'eau	% de terres cultivées	% de terres cultivées irriguées
Iran	14	20
Turquie	34	7
Israël	20	40
Arabie Saoudite	1	80
Egypte	2,5	100
Irak	18	50
Libye	2	9
Syrie	35	10
Liban	27	20
Jordanie	11	7
Yémen du Nord	7	10
Yémen du Sud	1	80
Koweit	1	100
Emirats Arabes Unis	5	100
Oman	1	—
Moyenne pour l'ensemble	11	24

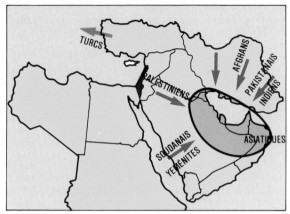

Immigration vers le Golfe

L'Occident est parvenu en une dizaine d'années, grâce à diverses économies et à des substituts, à restreindre d'environ 25 % sa consommation d'hydrocarbures.

La production de pétrole a dû être progressivement réduite à partir de 1979-80. En 1983, les prix du pétrole ont baissé. Au cours de la décennie 1973-1983, le pourcentage du pétrole en provenance du Golfe a été de 30 % pour les États-Unis, de 60 % pour l'Europe occidentale et de 70 % pour le Japon.

Population de la péninsule arabique

Arabie Saoudite	10,4 millions
Yémen du Nord	5,8 millions
Yémen du Sud	2,0 millions
Koweit	1,4 million
Oman	0,9 million
Emirats A.U.	0,8 million
Bahrein	0,4 million
Qatar	0,2 million
Total	21,9 millions

Cadres étrangers et main d'œuvre étrangère dans les pays arabes du Golfe

	Pop. act. totale	Pop. act. étrang.	%
Arabie Saoudite	2,384 M	1,3 M	57
Bahrein	0,060 M	30.000	50
Emirats	0,300 M	239.000	80
Koweit	0,304 M	211.000	75
Oman	0,350 M	70.000	20
Qatar	0,086 M	54.000	80

Origines :

Yéménites
Palestiniens
Egyptiens
Jordaniens
} 75 %

Pakistan
Inde
Autres pays d'Asie
} 25 %

La péninsule arabique est la région la plus vulnérable du Golfe. Cinq États (dont la réunion des Émirats) n'atteignent pas même 4 millions d'habitants. C'est essentiellement pour garantir la stabilité de l'Arabie Saoudite et de ces cinq États qu'a été mise sur pied la "Force de déploiement rapide" américaine. Une partie de cette force peut être articulée à partir de Diego Garcia (3700 km du Golfe) avec pour points d'appui les bases aéronavales de Massirah (Oman), Berbera (Somalie) et Monbassa (Kenya). La principale carence de la FDR pour l'instant, tient à des délais d'intervention trop longs (3 à 7 jours pour les premières forces). La conception même de cette "force" paraît trop lourde et trop puissante pour les opérations "coups de poing" infiniment plus probables qu'une intervention d'envergure classique.

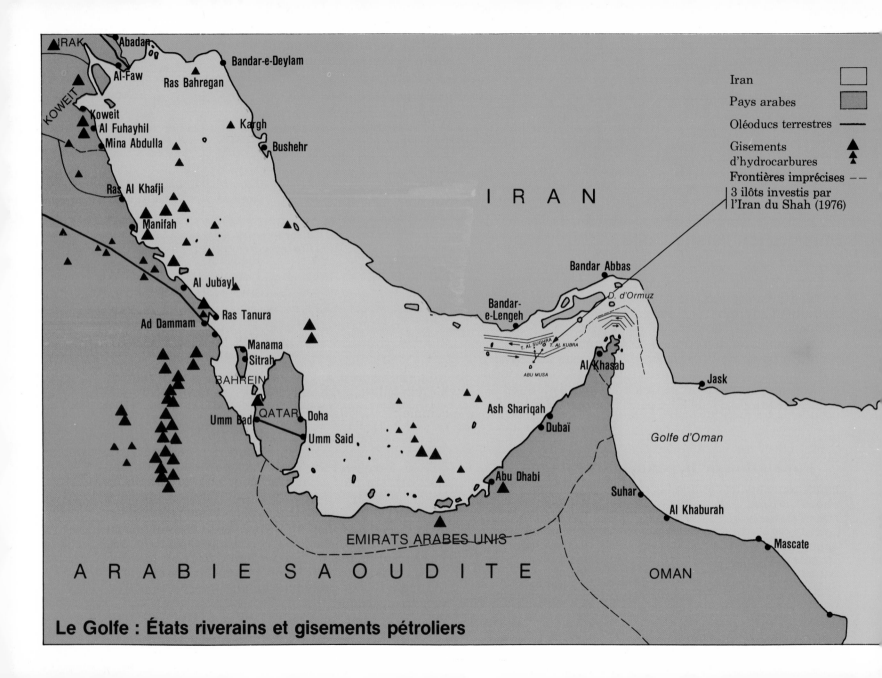

Le Golfe : États riverains et gisements pétroliers

Arabie Saoudite

En novembre 1973, l'Arabie Saoudite réduit sa production de pétrole de 30 % et bientôt quadruple son prix. En un an, son PNB augmente de 250 %. Depuis 1974, la position de l'Arabie Saoudite, déjà renforcée depuis 1967, devient prééminente. Durant la décennie précédente, le royaume wahabite fondé sur un islam intégriste et des structures tribales persistantes, s'était surtout préoccupé de contrecarrer les entreprises révolutionnaires se réclamant du socialisme au Moyen-Orient, et notamment le nassérisme. La défaite de l'Egypte en 1967, puis la montée au pouvoir de Sadate et la rupture avec l'URSS (1972) qu'elle encourage, permettent à l'Arabie Saoudite de passer à une attitude offensive en tant que chef de file des forces conservatrices au Moyen-Orient arabe.

Malgré un accroissement de ses capacités, notamment aériennes (base aérienne à Tabuk, non loin d'Israël), l'Arabie Saoudite demeure une puissance militaire de deuxième ordre. L'obsession de la sécurité et de la stabilité est grande chez les dirigeants d'un royaume sous-peuplé (environ 10 millions d'habitants), fabuleusement riche et fortement inégalitaire, au sein d'une région instable et convoitée. Le contrôle politique est extrêmement centralisé et serré, renforcé par la rigueur particulière du wahabisme. La famille royale (très vaste) qui incarne le régime craint à la fois toute modification importante du marché mondial pouvant engendrer aussitôt une dépression, et les effets d'une modernisation rapide au sein d'une société qui repose sur des valeurs traditionnelles, religieuses et tribales. L'occupation de la grande Mosquée, en 1979, donna la mesure de la relative fragilité du régime. La proportion de main d'œuvre immigrée est considérable, bien que celle-ci soit atomisée en ethnies diverses et à rotation rapide.

A l'extérieur, la présence soviétique en mer Rouge, le foyer révolutionnaire pro-soviétique du Yémen du Sud sont perçus comme des menaces sérieuses. La frontière sud est stratégiquement vulnérable.

Trop faible militairement pour peser sur ses voisins, l'Arabie Saoudite utilise ses considérables ressources financières comme moyen de sa politique extérieure. Son aide, très importante en volume, vise à assurer la stabilité des régimes arabes contigus qui lui sont favorables, à aider en général les Etats arabes (entre autres, dans leur lutte contre Israël), à lutter vigoureusement contre toute influence communiste et à encourager les Etats musulmans dans le monde (Afrique noire, Asie du Sud-Est comprises) à renforcer la place de l'Islam dans l'Etat et la société. De façon plus ambitieuse, l'Arabie Saoudite s'efforce de maintenir autant que faire se peut la stabilité du marché économique mondial, d'où son rôle modérateur au sein de l'OPEP. A cet égard, l'alliance avec les Etats-Unis est ressentie comme vitale et les intérêts des deux pays convergent (sauf sur Israël). Stabilité intérieure, régionale et mondiale sont au centre des préoccupations saoudiennes dans une période où la montée des périls est extrême.

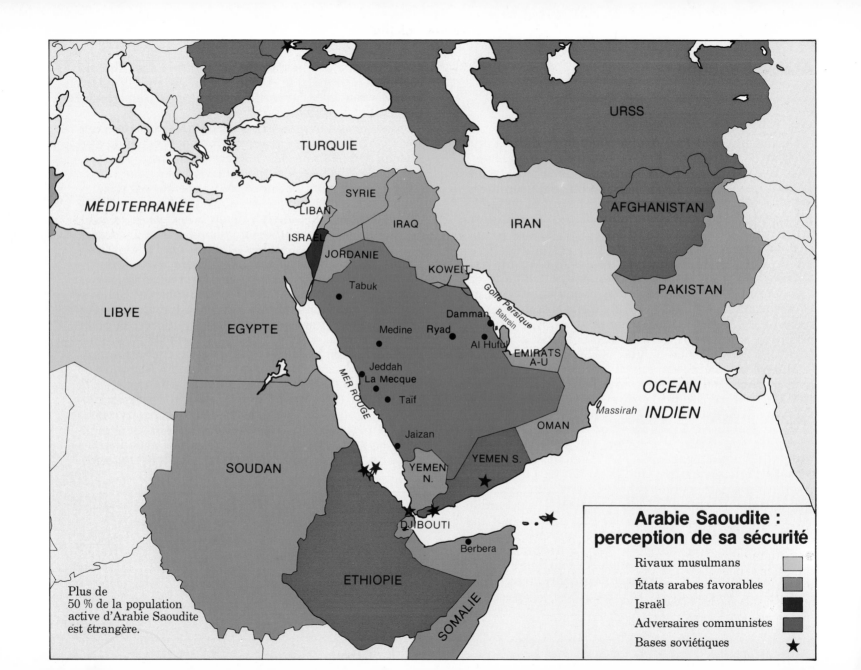

Arabie Saoudite : perception de sa sécurité

MÉDITERRANÉE

TURQUIE

URSS

SYRIE

LIBAN

ISRAEL

AFGHANISTAN

IRAQ

IRAN

JORDANIE

KOWEIT

PAKISTAN

LIBYE

Golfe Persique

EGYPTE

Tabuk

Damman

Bahrein

Medine

Ryad

Al Hufuf

EMIRATS
A-U

Jeddah

La Mecque

OCEAN

MER ROUGE

Taïf

Massirah

INDIEN

Jaizan

OMAN

SOUDAN

YEMEN
N.

YEMEN S.

DJIBOUTI

Berbera

SOMALIE

ETHIOPIE

Plus de
50 % de la population
active d'Arabie Saoudite
est étrangère.

Rivaux musulmans

États arabes favorables

Israël

Adversaires communistes

Bases soviétiques ★

L'Égypte coloniale

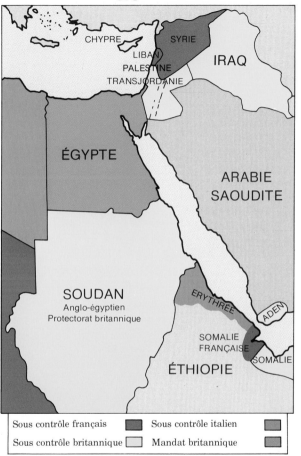

CHYPRE · SYRIE · LIBAN · PALESTINE · TRANSJORDANIE · IRAQ · ÉGYPTE · ARABIE SAOUDITE · SOUDAN Anglo-égyptien Protectorat britannique · ERYTHRÉE · ADEN · SOMALIE FRANÇAISE · SOMALIE · ÉTHIOPIE

Sous contrôle français ▮ Sous contrôle italien ▮
Sous contrôle britannique ▯ Mandat britannique ▮

L'Égypte nassérienne

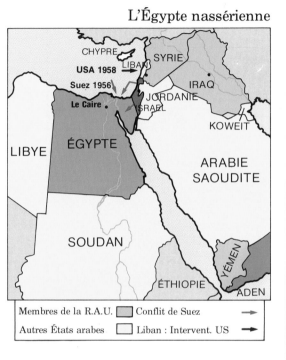

CHYPRE · SYRIE · LIBAN · USA 1958 · Suez 1956 · IRAQ · JORDANIE · ISRAEL · Le Caire · KOWEIT · LIBYE · ÉGYPTE · ARABIE SAOUDITE · SOUDAN · YÉMEN · ÉTHIOPIE · ADEN

Membres de la R.A.U. ▮ Conflit de Suez →
Autres États arabes ▯ Liban : Intervent. US ➤

Logique géopolitique de l'Égypte

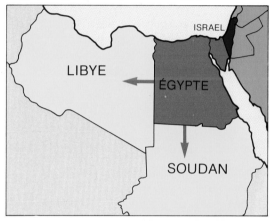

ISRAEL · LIBYE · ÉGYPTE · SOUDAN

L'Égypte

Centre du monde arabe dont il est l'État le plus peuplé (plus du tiers des Arabes sont égyptiens), l'Égypte est aussi la nation la plus ancienne et la plus homogène du monde arabe, avec la population rurale la plus chevillée au sol du Moyen-Orient. Malgré des ressources très limitées, l'Égypte reste, sur le plan humain, un facteur-clé de l'équilibre proche-oriental.

A l'époque de Nasser, des tentatives d'unité arabe regroupèrent autour de l'Egypte, dans le cadre de la République arabe unie (RAU), la Syrie (1958-61 et 1963), l'Irak et le Yémen du Nord (1963). Elles furent brèves et sans lendemain. Si l'on tient compte de ses intérêts géopolitiques régionaux plus que de l'utopie stimulante du pan-arabisme, tout devrait porter l'Egypte à exercer son influence d'une part vers le nilotique Soudan (aux terres fertiles et sous-peuplées) et vers la Libye riche en hydrocarbures et très sous-peuplée.

Aujourd'hui, depuis la conclusion d'un traité de paix (1978) qui a permis à l'Egypte de récupérer le Sinaï (1982), Le Caire occupe une position de neutralité dans d'éventuels conflits israléo-arabes. L'alliance américaine et l'aide saoudienne ne paraissent pas devoir résoudre la crise de la société égyptienne (en partie démographique), pas plus que hier le "socialisme" nassérien. Les ambitions géopolitiques pourraient à l'avenir apparaître comme une solution, à condition que le contexte régional le permette.

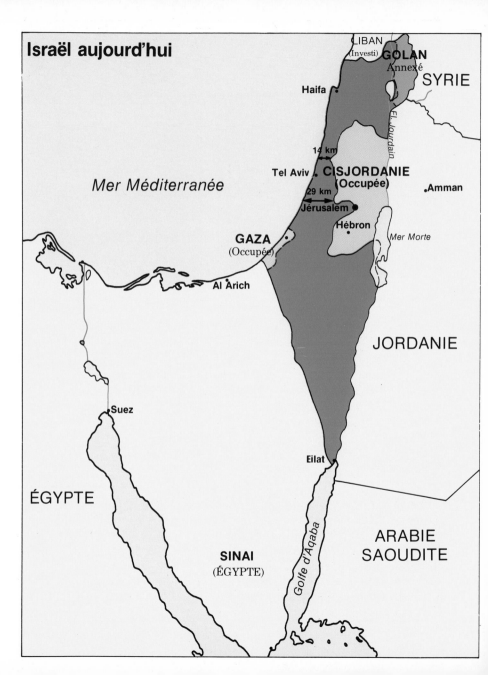

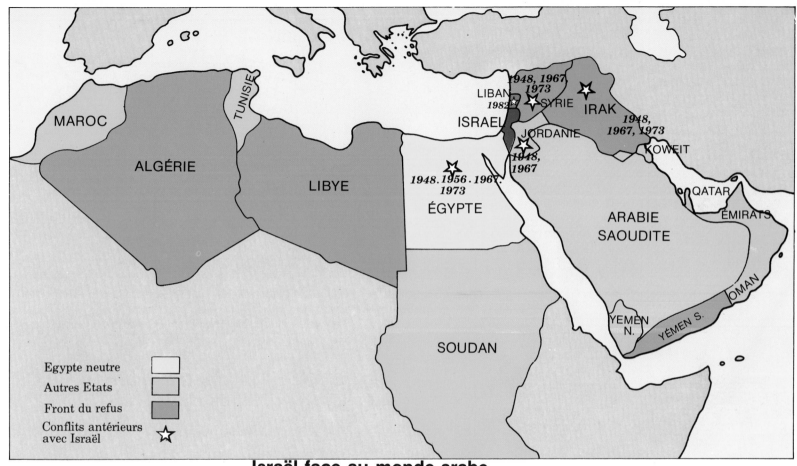

Israël face au monde arabe

Le Front de la fermeté, créé en décembre 1977, comprend : l'Algérie, la Libye, la Syrie, le Yémen du Sud, l'Irak et l'O.L.P.

Selon l'UNRWA, le nombre des réfugiés palestiniens (1982) est de 1.925.762.

La diaspora palestinienne (1980) est estimée à 2 millions :

Jordanie :	920.000
Liban :	420.000
Syrie :	250.000
Koweit :	200.000
Autres :	250.000

La participation de l'Irak aux guerres de 1967 et 1973 a été modeste.

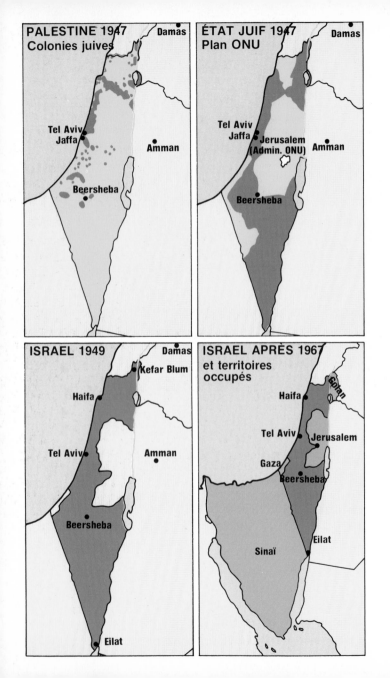

PALESTINE 1947
Colonies juives

Damas
Tel Aviv
Jaffa
Amman
Beersheba

ÉTAT JUIF 1947
Plan ONU

Damas
Tel Aviv
Jaffa
Jerusalem
(Admin. ONU)
Amman
Beersheba

ISRAEL 1949

Damas
Kefar Blum
Haifa
Tel Aviv
Amman
Beersheba
Eilat

ISRAEL APRÈS 1967
et territoires
occupés

Golan
Haifa
Tel Aviv
Jerusalem
Gaza
Beersheba
Sinaï
Eilat

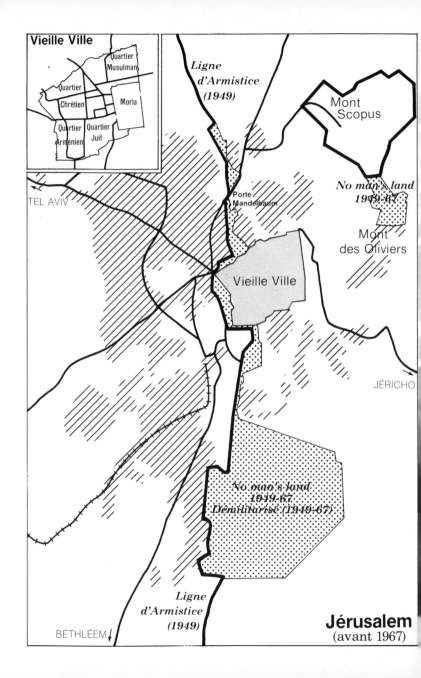

Vieille Ville

Quartier Musulman
Quartier Chrétien
Moria
Quartier Arménien
Quartier Juif

Ligne d'Armistice (1949)

Mont Scopus

No man's land 1949-67

Mont des Oliviers

TEL AVIV

Porte Mandelbaum

Vieille Ville

JÉRICHO

No man's land 1949-67
Démilitarisé (1949-67)

Ligne d'Armistice (1949)

BÉTHLÉEM

Jérusalem
(avant 1967)

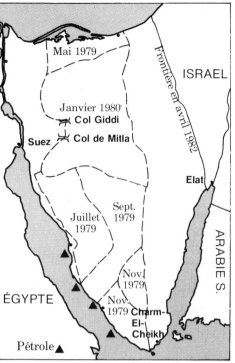

**Retrait israélien
du Sinaï
(1978-1982)**

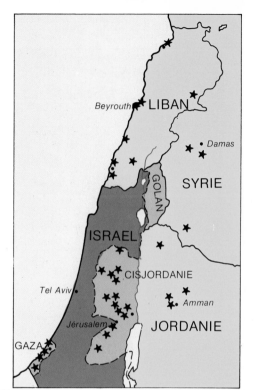

**Principaux camps de réfugiés
palestiniens ★**

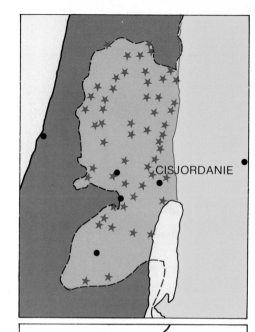

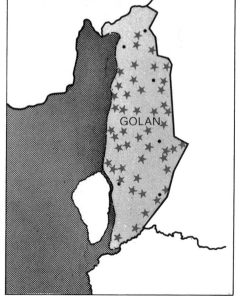

**Implantations israéliennes
en Cisjordanie
et sur le Golan**

★

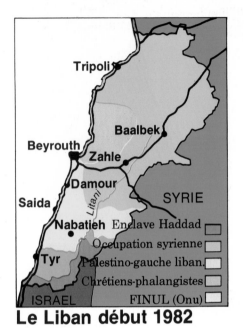

Le Liban début 1982

Enclave Haddad
Occupation syrienne
Palestino-gauche liban.
Chrétiens-phalangistes
FINUL (Onu)

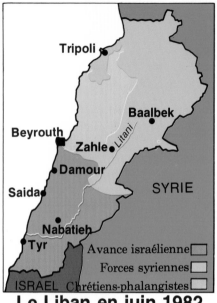

Le Liban en juin 1982

Avance israélienne
Forces syriennes
Chrétiens-phalangistes

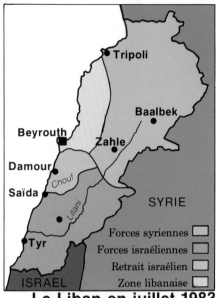

**Le Liban en juillet 1983
après le retrait israélien
du Chouf**

Forces syriennes
Forces israéliennes
Retrait israélien
Zone libanaise

Au lendemain de l'éviction des organisations palestiniennes de Jordanie (septembre 1970), le gros des forces palestiniennes se regroupe au Liban, Etat militairement le plus faible de la région. Leur présence rompt le fragile équilibre communautaire et politique libanais. La guerre civile éclate en 1975 et permet à la Syrie d'intervenir (1976), achevant de réduire la souveraineté libanaise, rapidement désintégrée en zones d'influences diverses. Les affrontements internes aboutissent à des partages de fait.

L'intervention israélienne (1982) jusqu'à Beyrouth modifie le rapport de forces à l'intérieur du pays en imposant le retrait des troupes de l'OLP. La souveraineté de l'Etat libanais reste pour l'instant nominale et les antagonismes toujours vivaces. Les laborieuses négociations sur le retrait des troupes israéliennes du Liban permettent de renvoyer à plus tard le problème, beaucoup plus important pour Israël, du statut de la Cisjordanie et de l'avenir de ses implantations de colonies.

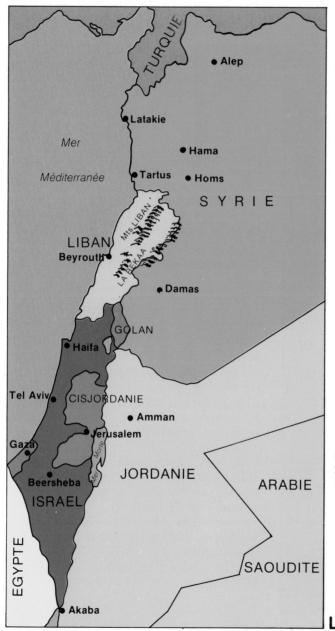

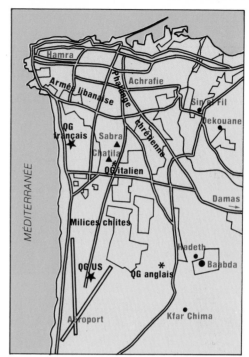

Beyrouth en octobre 1983

Au début de 1984, les forces occidentales stationnées à Beyrouth, après avoir subi des pertes, se sont retirées, ce qui a constitué un succès, notamment pour la Syrie. L'avenir du Liban reste incertain.

Le Liban et son environnement

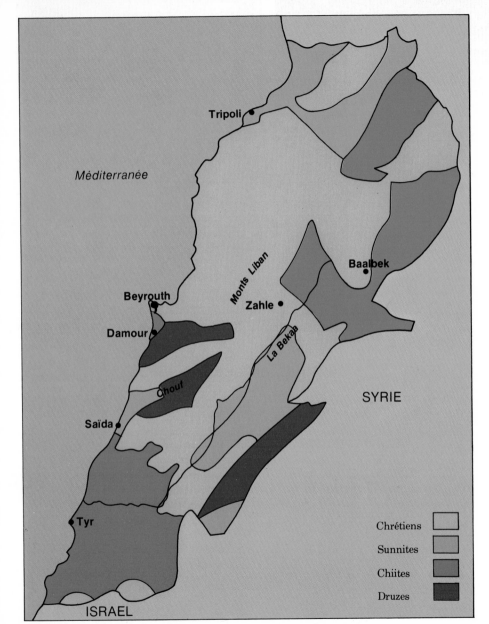

Méditerranée

Tripoli

Monts Liban

Baalbek

Beyrouth

Zahle

Damour

La Bekaa

Chouf

SYRIE

Saïda

Tyr

ISRAEL

Chrétiens

Sunnites

Chiites

Druzes

D'après Hérodote - n° 29/30 - 2e/3e trim. 1983

PRINCIPALES COMMUNAUTÉS confessionnelles du LIBAN

Chiites :	environ 600 - 650.000
Maronites :	environ 550 - 600.000
Sunnites :	environ 500.000
Grecs Orthodoxes :	environ 250 - 280.000
Grecs Catholiques :	environ 200 - 220.000
Druzes :	environ 150 - 180.000

* Les chiffres mentionnés de ces communautés, actives en tant que telles dans les conflits actuels, sont des estimations dans la mesure où il n'existe pas de recensement récent de ces sectes confessionnelles.

* Les chiites représentent un peuplement étalé et enveloppant qui entoure une bonne partie du pays. Ce sont en majorité des ruraux.

Les Sunnites sont des citadins de tradition (Beyrouth, Tripoli, Saïda,...). Ils occupent les régions rurales proches des villes, ainsi que la plaine de la Bekaa.

* Les communautés de rite grec-orthodoxe ou de rite grec-catholique sont constituées d'Arabes christianisés depuis des siècles. Elles sont de tradition citadine, particulièrement les grecs-orthodoxes.

* Les monts Liban et autres zones accidentées ont historiquement joué un rôle de refuge pour deux communautés menacées : les Maronites (chrétiens) et les Druzes (secte dissidente de l'Islam).

Les villages maronites tiennent les sorties routières des villes ainsi que les routes de montagne.

Les Druzes, outre les monts Liban, occupent le Chouf et le mont Hermon.

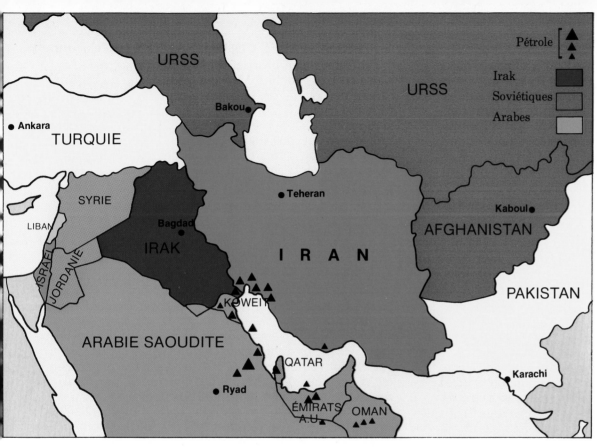

Perception par l'Iran des menaces extérieures

La chute du shah, au terme d'une révolution populaire (1979), prive les Etats-Unis d'un allié régional majeur. Aucune des forces hostiles au pouvoir de Khomeiny et des mollahs n'a pu s'imposer et les couches populaires continuent de soutenir un régime qui paraît devoir durer, sans doute même après la disparition de sa figure charismatique.

Mais l'hostilité à l'égard des Etats-Unis ne doit pas faire négliger le fait que c'est avec l'Union soviétique que l'Iran a une longue frontière commune et que sa souveraineté a longtemps été un objet de contestation entre la Russie et l'Angleterre, qui en tracèrent même un éventuel partage (1907). De surcroît, en ayant investi l'Afghanistan, l'URSS jouxte désormais la frontière orientale de l'Iran.

Dès 1979, les Kurdes (sunnites) revendiquent, dans le cadre de l'Iran, une autonomie qu'ils ont instaurée dans les faits et qu'ils défendent, depuis, par les armes.

Soudés par le chiisme et par la culture persane, tous deux expressions de leur identité, la majorité des Iraniens, portés par l'élan révolutionnaire et/ou le climat de patrie en danger, ont opposé une résistance acharnée à l'invasion irakienne (1980), aidés en cela par leur grande supériorité numérique (1 à 3).

Conflit Iran/Irak

La rivalité entre l'Irak et l'Iran — qui longtemps soutint les Kurdes d'Irak en lutte contre le pouvoir central —, s'est nourrie des concessions que l'Irak avait dû consentir en 1975 (Accords d'Alger) au profit de l'Iran pour que celui-ci retirât son soutien aux Kurdes, ce qui provoqua l'effondrement de ces derniers. Ces concessions portaient sur des problèmes de souveraineté dans le Chatt el Arab et sur la revendication irakienne concernant la province (ethniquement arabe) iranienne du Khouzistan.

Mettant à profit une paix civile restaurée et l'augmentation considérable des revenus des hydrocarbures, Sadam Hussein, l'homme fort d'un régime qui, depuis 1968, s'était attaché à construire et à consolider l'Etat, se lança dans un ambitieux programme de développement en Irak.

Profitant du désordre créé par le processus révolutionnaire en Iran, Sadam Hussein tentait, en envahissant l'Iran, de devenir la puissance régionale majeure du Moyen-Orient. N'utilisant pas la stratégie de l'offensive rapide menée par les blindés, l'Irak s'enlisa dans une guerre de positions. Bien que la population irakienne ne soit guère enthousiasmée par cette expédition militaire, la majorité, qui est chiite, n'a pas suivi les appels à la révolte lancés par l'ayatollah Khomeiny.

Etant parvenue au bout de deux ans à renverser la situation, malgré de grandes difficultés logistiques et en matériel de guerre, les forces iraniennes, qui ont pénétré en Irak, piétinent à leur tour. L'armature du parti Baas (environ 400.000 membres) paraît devoir tenir bon tandis que les soutiens extérieurs (France[*], pays arabes, dont l'Arabie saoudite, etc.) lui sont garantis.

Aucun Etat ne souhaite (à l'exception de la Syrie et d'Israël) l'effondrement du régime irakien et la modification d'un équilibre au profit de l'Iran. De toute façon, les conséquences économiques du conflit, sans parler des pertes humaines, sont lourdes pour les deux pays.

En mai 1984, au terme d'une série d'offensives, les troupes iraniennes acculaient l'Irak, désireuse d'arrêter le conflit, à une escalade afin que l'Arabie saoudite intervienne plus activement. Globalement cette escalade vise à provoquer des pressions pour amener l'Iran à composer.

[*] A l'automne 1983, la France livre à l'Irak 5 Super-Étendards.

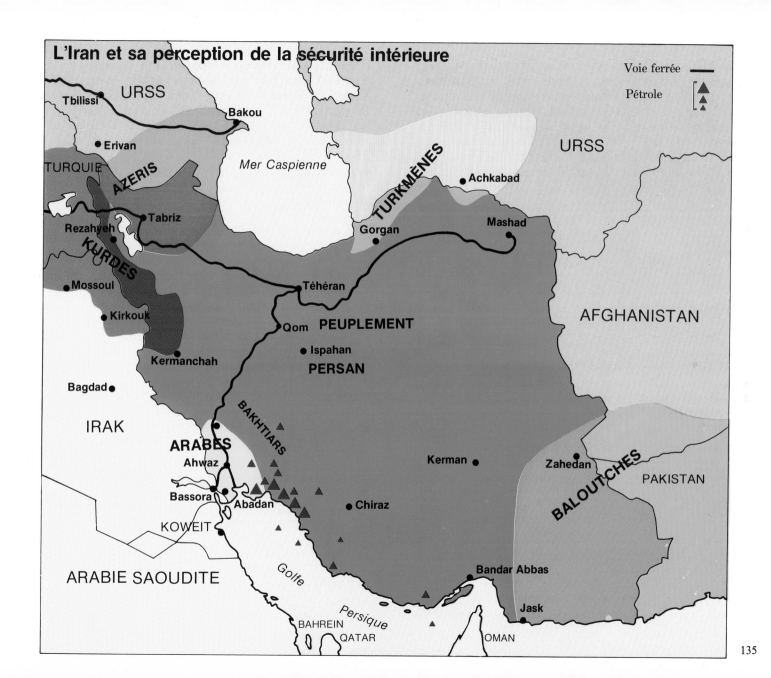

L'Iran et sa perception de la sécurité intérieure

Voie ferrée
Pétrole

URSS
Tbilissi
Bakou
Erivan
Mer Caspienne
TURQUIE
AZERIS
Tabriz
URSS
TURKMÈNES
Achkabad
Rezahyeh
Gorgan
Mashad
KURDES
Mossoul
Téhéran
AFGHANISTAN
Kirkouk
Qom
PEUPLEMENT
Kermanchah
Ispahan
PERSAN
Bagdad
BAKHTIARS
IRAK
ARABES
Ahwaz
Kerman
Zahedan
PAKISTAN
Bassora
Abadan
Chiraz
BALOUTCHES
KOWEIT
ARABIE SAOUDITE
Golfe
Bandar Abbas
BAHREIN
Persique
QATAR
OMAN
Jask

135

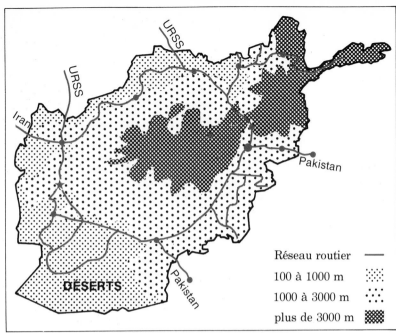

Le relief, obstacle aux communications

Une mosaïque de peuples

Réseau routier ——
100 à 1000 m
1000 à 3000 m
plus de 3000 m

Baloutches
Ouzbeks
Tadjiks
Hazaras
Pachtounes
Turkmènes

Afghanistan

L'intervention soviétique en Afghanistan représente, depuis le début de la guerre froide, la première intervention militaire de l'URSS hors des pays du Pacte de Varsovie.

Le pouvoir issu du coup d'État d'inspiration marxiste-léniniste (1978) s'était rapidement heurté à une insurrection massive aux causes diverses. L'occupation soviétique est facilitée par la continuité territoriale. L'intervention de l'URSS s'ajoute aux initiatives soviétiques en Angola (1975) et en Ethiopie (1977) qui ont mis à profit des vides stratégiques et l'affaiblissement de la volonté américaine au lendemain de la guerre du Viêt-Nam et de la chute du Shah (1979).

Le rôle traditionnel d'Etat-tampon de l'Afghanistan appartient désormais au passé. L'URSS vient de faire passer l'Afghanistan dans son glacis. Les troupes soviétiques ne se retireront pas d'un pays considéré comme faisant partie de l'aire géostratégique de l'URSS*.

Mal organisés mais très motivés, les résistants afghans, massivement soutenus par la population, tiennent les campagnes, disposent d'aides extérieures

_____
* Le temps où l'URSS dut quitter l'Azerbaïdjan iranien (1946) est révolu.

Turquie

et de toutes les conditions permettant une résistance de longue durée.

Base logistique de la résistance, le Pakistan, qui a accueilli environ 2 millions de réfugiés*, est particulièrement vulnérable, bien que soutenu par les Etats-Unis et la Chine, ainsi que par l'Arabie Saoudite.

En occupant l'Afghanistan, les Soviétiques ont transformé de façon totale la perception de la sécurité du Pakistan, hier encore essentiellement préoccupé par sa rivalité avec l'Inde.

Avec trente ans d'avance sur l'Egypte nassérienne, les Turcs, au lendemain de l'effondrement d'un Empire ottoman miné par les questions nationales, parviennent, grâce à Mustapha Kemal et à l'armature militaire d'une société à tradition étatique, à éviter l'asservissement et à créer avec la Turquie moderne le premier Etat-nation vraiment indépendant du monde afro-asiatique, après le Japon. Mais sa modernisation intègre surtout les formes extérieures des institutions européennes et non ses fondements économiques, tout en demeurant tributaire de fortes pesanteurs sociologiques.

Membre de l'OTAN, membre de l'OCDE et du Conseil de l'Europe, la Turquie est le seul Etat du Proche-Orient à être lié à l'Occident par un pacte militaire. La Turquie se veut européenne et souhaite devenir membre du Marché commun. Au Proche-Orient, son passé impérial, ses spécificités et ses orientations politiques l'isolent de ses voisins.

C'est le seul pays du Proche-Orient, en dehors de l'Egypte, à reconnaître l'Etat d'Israël. Traditionnellement, l'adversaire majeur des Turcs est le "moscof". Les élites turques savent depuis longtemps l'importance que leur voisin septentrional attache à la position géostratégique essentielle de l'Asie mineure. La chute du shah d'Iran, qui prive les Etats-Unis d'un allié régional majeur, augmente encore le prix de l'alliance avec la Turquie et le souci de l'Occident (Etats-Unis et Allemagne fédérale au premier chef) de contribuer à aider économiquement un pays dont la stabilité est nécessaire à l'OTAN.

---

* Le chiffre officiel de 4 millions est largement surévalué.

137

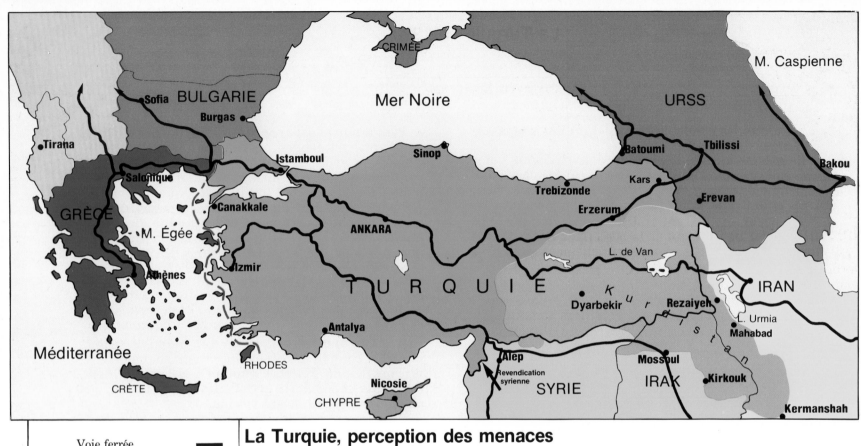

La Turquie, perception des menaces

Légende :

Voie ferrée

URSS et alliés

Grèce (antagonisme)

Pays arabes

Peuplement kurde

Après la défaite de l'Empire ottoman, une éphémère Arménie indépendante est créée et reconnue dans les frontières tracées par le Président Wilson (dans les années 1915-17, environ un million d'Arméniens périssent au cours des déportations ordonnées par les Jeunes Turcs). Les Kurdes paraissent devoir obtenir un statut d'autonomie. Les Grecs envahissent l'Anatolie.

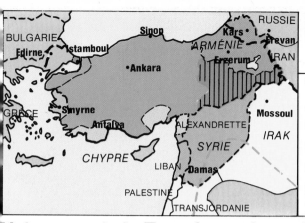

La Turquie en 1920

Turquie (Tr. Sèvres 1920)	
Arménie	
Occupé par Grecs	
Occupé par France et Italie	
Cédé à France (SDN)	
Cédé à G. Bretagne (SDN)	
Zone prévue pour autonomie Kurde	

Naissance de la Turquie moderne (1919-1922)

La Turquie moderne s'est bâti sur l'élimination physique des Arméniens et la reconquête du nord-est anatolien, l'expulsion des Grecs d'Asie mineure après la défaite grecque (suivie d'un échange de populations), et un processus d'intégration/répression à l'égard d'une large minorité kurde dénuée de tous droits en tant que groupe ethnique.

Empire ottoman 1914

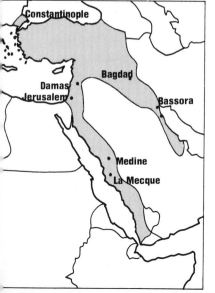

Chypre

L'intervention turque à Chypre (1974), où se heurtent les communautés grecque (82 %) et turque (18 %), ravive un contentieux aux multiples aspects entre Grèce et Turquie, toutes deux, par ailleurs, membres de l'OTAN. Ce contentieux concerne notamment les contestations turques au sujet du plateau continental de la mer Egée.

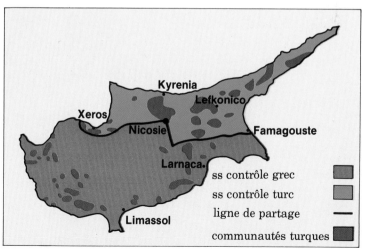

ss contrôle grec	
ss contrôle turc	
ligne de partage	
communautés turques	

Une «république turque de Chypre du nord» a été unilatéralement proclamée en novembre 1983.

L'Éthiopie, le monde musulman et la présence soviétique

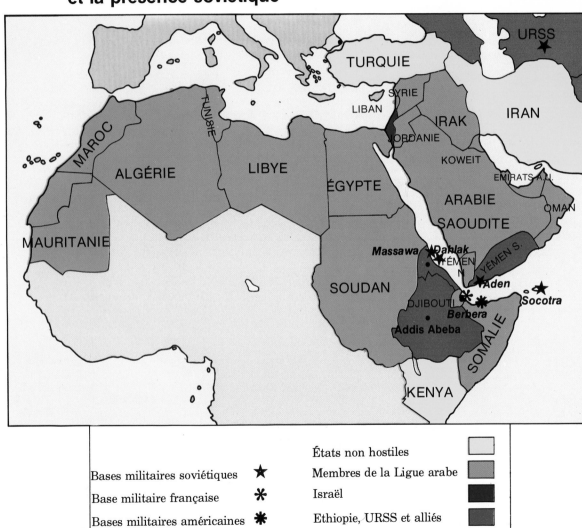

Bases militaires soviétiques ★

Base militaire française ✳

Bases militaires américaines ✱

États non hostiles

Membres de la Ligue arabe

Israël

Ethiopie, URSS et alliés

Les ethnies en Éthiopie

Si les régions côtières de la Corne sont colonisées à la fin du XIXe siècle par les puissances européennes, l'Etat éthiopien, érigé sur le haut plateau intérieur, demeure aux mains des Amharas chrétiens. Profitant des rivalités inter-européennes, l'Ethiopie réussit à se tailler un vaste empire qui englobe, notamment au sud, des populations non-chrétiennes. L'antagonisme entre Ethiopiens chrétiens et Somalis musulmans, déjà traditionnel, va se nourrir de l'inclusion de l'Ogaden, peuplé de Somalis, dans l'Empire.

Après le renversement de l'empereur Hailé Selassié, longtemps allié privilégié des Etats-Unis dans la région (1974), l'Ethiopie se radicalise et se proclame marxiste-léniniste.

Confrontée aux revendications territoriales de la Somalie (militairement liée par pacte avec l'URSS), affaiblie par la guerre civile, elle ne peut l'emporter dans la guerre de l'Ogaden (1977-78) que grâce à la vol-

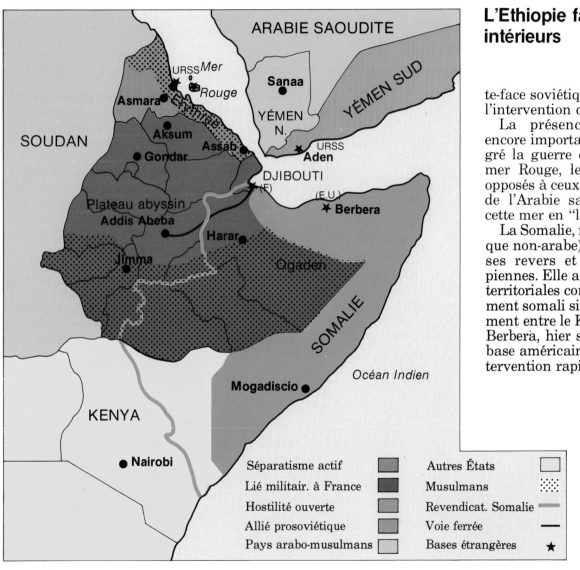

L'Ethiopie face à ses problèmes intérieurs

te-face soviétique à l'égard de la Somalie et à l'intervention de troupes cubaines.

La présence soviéto-cubaine demeure encore importante tandis que le régime, malgré la guerre d'Erythrée, s'est renforcé. En mer Rouge, les intérêts de l'Ethiopie sont opposés à ceux du monde arabe qui, à l'instar de l'Arabie saoudite, voudrait transformer cette mer en "lac arabe".

La Somalie, membre de la Ligue arabe (bien que non-arabe) est sérieusement affaiblie par ses revers et subit des incursions éthiopiennes. Elle a suscité, par ses revendications territoriales concernant les régions de peuplement somali situées au Kenya, un rapprochement entre le Kenya et l'Ethiopie. La base de Berbera, hier soviétique, est aujourd'hui une base américaine utilisable par la "Force d'intervention rapide"*.

* Force de déploiement rapide :
    Effectifs : 200.000
    Divisions : 5-6
    Avions de combat : 360
    Navires de guerre : 20-30

Légende de la carte

ARABIE SAOUDITE — SOUDAN — YÉMEN N. — YÉMEN SUD — Sanaa — URSS *Mer Rouge* — Asmara — Erythrée — Aksum — Assab — Gondar — URSS Aden — DJIBOUTI (F) — (E.U.) — Berbera — Plateau abyssin — Addis Abeba — Harar — Jimma — Ogaden — SOMALIE — Océan Indien — Mogadiscio — KENYA — Nairobi

Séparatisme actif — Autres États
Lié militair. à France — Musulmans
Hostilité ouverte — Revendicat. Somalie
Allié prosoviétique — Voie ferrée
Pays arabo-musulmans — Bases étrangères ★

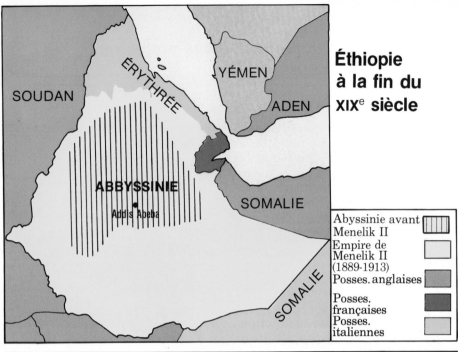

Éthiopie à la fin du XIXe siècle

SOUDAN

ÉRYTHRÉE

YÉMEN

ADEN

ABBYSSINIE

Addis Abeba

SOMALIE

SOMALIE

Abyssinie avant Menelik II

Empire de Menelik II (1889-1913)

Posses. anglaises

Posses. françaises

Posses. italiennes

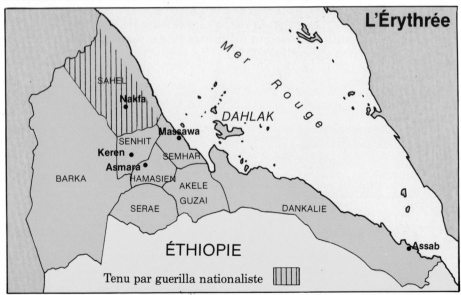

L'Érythrée

Mer Rouge

SAHEL

Nakfa

DAHLAK

Massawa

SENHIT

Keren

SEMHAR

Asmara

HAMASIEN

BARKA

AKELE GUZAI

SERAE

DANKALIE

ÉTHIOPIE

Assab

Tenu par guerilla nationaliste

Érythrée

Colonie italienne jusqu'à la Seconde Guerre mondiale, administrée ensuite par les Britanniques (1941-1952), l'Erythrée n'a pas accédé, comme les autres colonies italiennes, à l'indépendance. Sur décision de l'ONU, elle est rattachée à l'Empire éthiopien en tant que territoire autonome (1952). Dix ans plus tard, l'empereur intègre l'Erythrée comme province. A partir de 1961, un mouvement séparatiste armé se développe, musulman à l'origine puis s'étendant aux chrétiens (chaque groupe religieux représentant environ 50 % de la population totale) et appuyé par les Etats arabes.

La chute de Hailé Selassié ne modifie pas le caractère impérial de l'Ethiopie. Malgré l'aide soviéto-cubaine, le Front populaire de libération de l'Erythrée (marxiste-léniniste) résiste aux offensives d'Addis Abeba. Pour l'Ethiopie, l'Erythrée représente l'accès à la mer. L'URSS s'est assurée de bases maritimes en Erythrée. Le Soudan, hier ouvertement hostile à Addis Abeba, doit tenir compte du renforcement du régime de Mengistu et de l'aide que celui-ci fournit aux dissidents du Sud-Soudan (1982).

La Chine et son environnement

Une puissance "endiguée" par l'URSS et ses alliés

La Chine est un vaste pays stratégiquement isolé. Au Nord, l'URSS avec laquelle subsiste un vieux contentieux territorial. Dans le cadre des traités inégaux (ceux signés au détriment de la Chine par les divers pays occidentaux sont depuis longtemps caducs), la Chine concédait (1853) à la Russie 2,5 millions de km² (à l'est de l'Oussouri jusqu'aux provinces côtières). Absorbées grâce à la continuité territoriale, ces régions (qui n'étaient pas peuplées de Chinois) sont restées soviétiques, tandis que Pékin les revendiquait dès les débuts du conflit sino-soviétique*. Des combats ont alors lieu entre Chinois et Russes sur l'Oussouri (1969). Au terme d'une décennie de relations sino-américaines, la Chine, déçue dans son espoir de faire concourir les Etats-Unis à la modernisation de son matériel militaire, recherche un statu quo avec l'URSS. Une normalisation des relations lui permettrait de se consacrer aux problèmes économiques internes pressants: agriculture, industrie, technologie et modernisation des forces armées.

Au Sud, la Chine est hostile à l'hégémonie vietnamienne sur la péninsule indochinoise et souhaite voir, à Vientiane comme à Pnom Penh, un pouvoir hostile aux Vietnamiens dont l'alliance avec Moscou est ressentie comme un encerclement. Le seul allié de la Chine en Asie du Sud-Est est un Pakistan affaibli. L'Inde, au-delà de la barrière himalayenne, lui demeure hostile, tandis qu'elle entretient de bonnes relations avec l'URSS.

Héritière d'une civilisation considérable qui a profondément influencé ses voisins (Viêt-Nam, Corée, Japon) et conquis un vaste empire à l'ouest et au nord

de la Chine dite des 18 provinces, la République populaire est forte d'une population homogène (92 % de Hans) aux capacités exceptionnelles, dont l'enthousiasme initial a été largement corrodé par une quinzaine d'années de luttes politiques et de piétinement économique aggravé par les pesanteurs bureaucratiques. Pour l'instant, le statut de Hong Kong, comme celui de Macao, est utile aux échanges de la Chine. Taïwan reste un problème secondaire. Quant à la politique extérieure, notamment à l'égard du tiers monde, après de nombreuses années marquées par des échecs, elle se définit aujourd'hui sur des bases plus réalistes. C'est essentiellement en comptant sur ses propres capacités organisationnelles et productives que la Chine, en ménageant sa sécurité par une politique prudente et souple, peut espérer se hisser, au terme d'un long effort, au rang de grande puissance auquel aucun Etat n'est pressé de la voir accéder.

Céréales : 18 % de la production mondiale
sur la base de 7 céréales principales.

Blé :	12,5 % (3e rang)
Maïs :	13 % (2e rang)
Riz :	35 % (1er rang)
Orge :	11 %
Millet :	20 % (1er rang)
Pommes de terre :	6 %
Soja :	9 % (3e rang)
Arachides :	20 % (2e rang)
Coton :	19 % (2e rang)
Porcs :	38 % (1er rang)

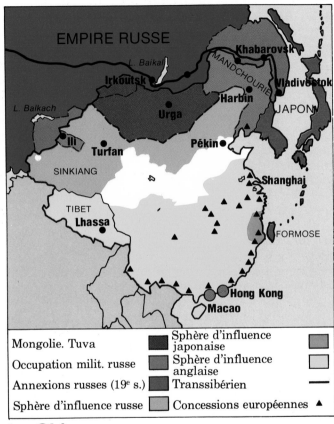

Mongolie. Tuva	Sphère d'influence japonaise
Occupation milit. russe	Sphère d'influence anglaise
Annexions russes (19e s.)	Transsibérien
Sphère d'influence russe	Concessions européennes ▲

La Chine
sous influence étrangère (1904)

* La Mongolie, sous-peuplée, dont la situation stratégique entre la Chine et l'URSS est évidente, avec ses 3.000 km de frontières, craint surtout, notamment pour des raisons démographiques, les Chinois.

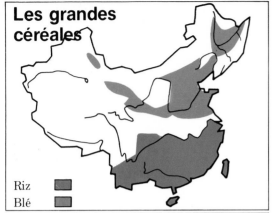

Les grandes céréales

Riz
Blé

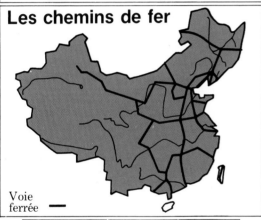

Les chemins de fer

Voie
ferrée ▬

Hong Kong

Guangzhou (Canton)
Hong Kong
Kowloon
Victoria
Macao (Portug.)

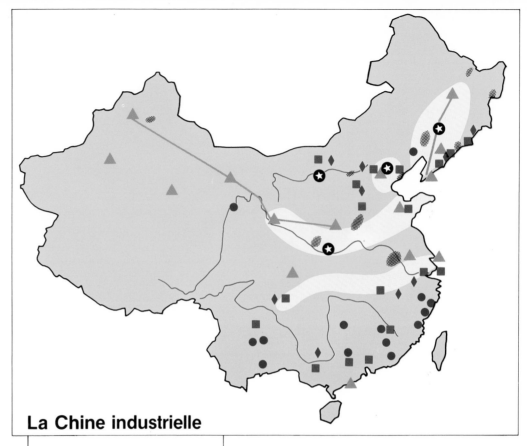

La Chine industrielle

Régions industrialisées	▭
Centres industriels	■
Électricité nucléaire	✪
Fer	◆
Autres minerais	●
Hydrocarbures	▲
Charbon	▨

Ressources du sous-sol :

Charbon + Lignite	24 % (prod. mond.)	Réserv. 28 %
Pétrole	3 % (prod. mond.)	Réserv. 3 %
Fer	6 % (prod. mond.)	Réserv. 4 %
Boron		Réserv. 38 %
Manganèse	6 % (prod. mond.)	
Tungstène	26 % (prod. mond.)	Réserv. 47 %
Vanadium	14 % (prod. mond.)	Réserv. 13 %
Antimoine	18 % (prod. mond.)	Réserv. 39 %

Manque de données pour de nombreuses productions.

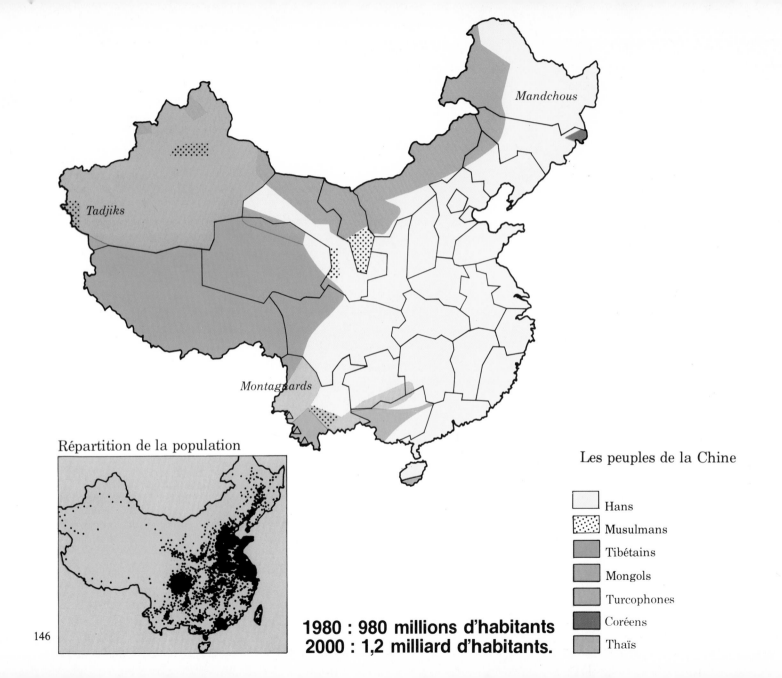

Mandchous

Tadjiks

Montagnards

Répartition de la population

**1980 : 980 millions d'habitants
2000 : 1,2 milliard d'habitants.**

Les peuples de la Chine

Hans

Musulmans

Tibétains

Mongols

Turcophones

Coréens

Thaïs

146

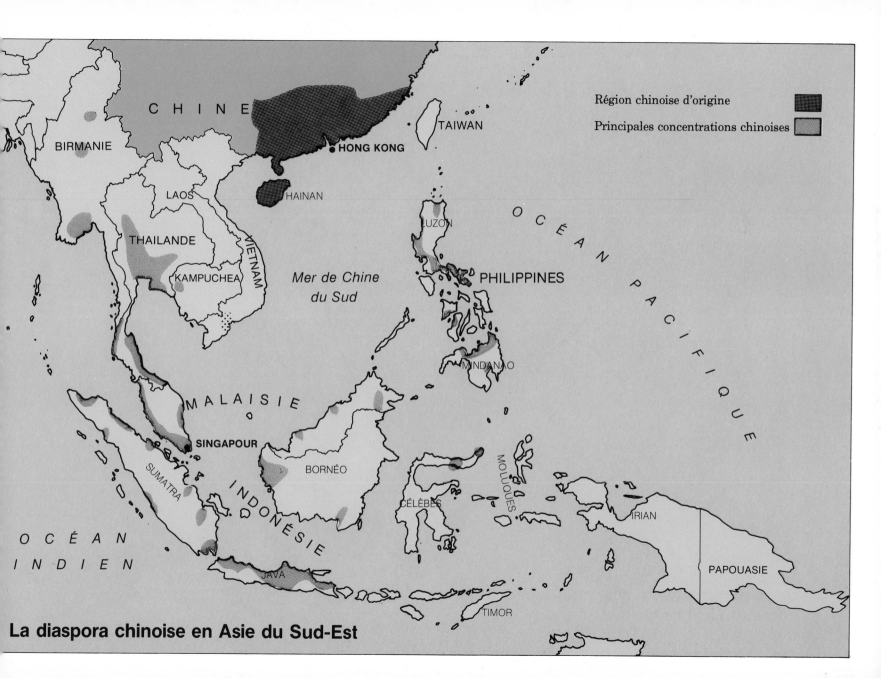

La diaspora chinoise en Asie du Sud-Est

Région chinoise d'origine
Principales concentrations chinoises

CHINE

BIRMANIE

TAIWAN

HONG KONG

LAOS

HAINAN

THAILANDE

KAMPUCHEA

VIETNAM

Mer de Chine du Sud

LUZON

PHILIPPINES

OCÉAN PACIFIQUE

MINDANAO

MALAISIE

SINGAPOUR

BORNÉO

INDONÉSIE

SUMATRA

MOLUQUES

CÉLÈBES

IRIAN

PAPOUASIE

OCÉAN INDIEN

JAVA

TIMOR

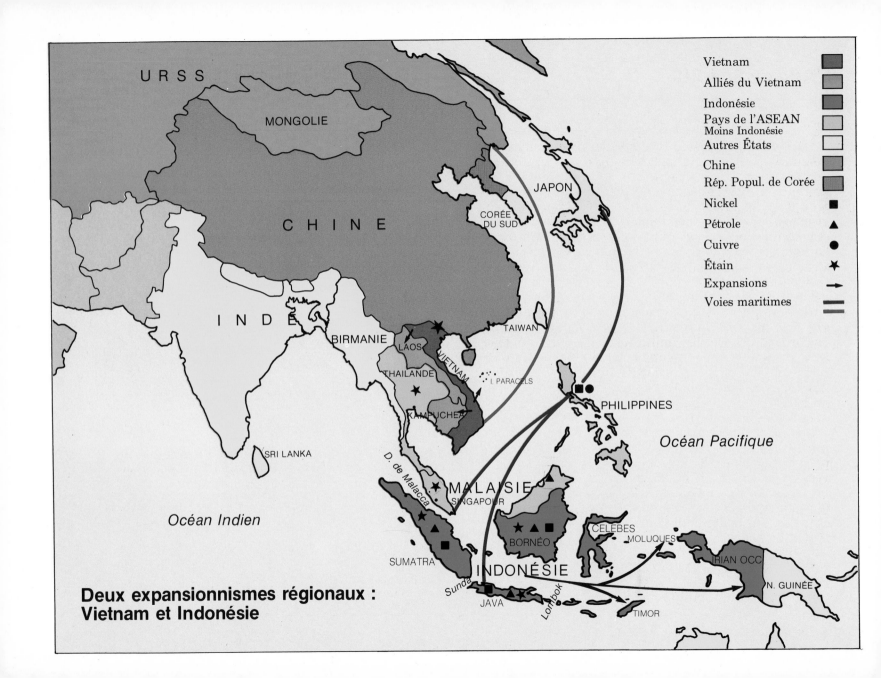

**Deux expansionnismes régionaux :
Vietnam et Indonésie**

Légende :

Vietnam
Alliés du Vietnam
Indonésie
Pays de l'ASEAN Moins Indonésie
Autres États
Chine
Rép. Popul. de Corée
Nickel ■
Pétrole ▲
Cuivre ●
Étain ★
Expansions →
Voies maritimes

URSS
MONGOLIE
CHINE
INDE
BIRMANIE
LAOS
THAILANDE
VIETNAM
KAMPUCHEA
SRI LANKA
CORÉE DU SUD
JAPON
TAIWAN
I. PARACELS
PHILIPPINES
Océan Pacifique
Océan Indien
D. de Malacca
MALAISIE
SINGAPOUR
SUMATRA
BORNÉO
CÉLÈBES
MOLUQUES
IRIAN OCC
N. GUINÉE
INDONÉSIE
JAVA
Sunda
Lombok
TIMOR

L'Asie du Sud-Est

L'Asie des moussons est surtout péninsulaire et insulaire et représente une zone de passage. Comme l'ensemble de l'Asie orientale, c'est une zone à forte production agricole (riziculture) et de forte démographie (sauf le Laos). Sans unité ni ethnique, ni religieuse (hindouisme, bouddhisme, islam, confucianisme et catholicisme), l'Asie du Sud-Est, comme l'Extrême-Orient, est caractérisée par des sociétés fortement structurées, à formation nationale souvent ancienne et d'une considérable épaisseur culturelle.

La victoire des Vietnamiens (du Nord) en 1975 et l'intervention au Kampuchea (1978), qui marque l'hégémonie du Viêt-Nam sur la péninsule indochinoise, ont provoqué l'hostilité militante de la Chine, qui s'est traduite par un affrontement armé sino-vietnamien (1979) et par l'appui accordé aux diverses forces khmères qui luttent contre le régime installé par Hanoï au Kampuchea, par la Thaïlande et la Malaisie, membres de l'ASEAN.

Le retrait des troupes vietnamiennes, dont la supériorité militaire est évidente, est exclu tant qu'il n'est pas garanti que le Kampuchea sera dirigé par un gouvernement favorable à Hanoï. La puissance chinoise est ressentie comme une menace par les Vietnamiens qui estiment que leur hégémonie sur la péninsule indochinoise leur confère un statut de puissance militaire régionale qu'il n'est pas possible de négliger.

La Chine se sent à son tour menacée par l'alliance entre l'URSS et le Viêt-nam. Malgré l'existence de guérillas chroniques (Thaïlande, Malaisie, Birmanie, Cambodge, Laos, Philippines), aucun des régimes en place ne semble menacé par celles-ci. Sur le plan économique, les Etats les plus dynamiques sont : Singapour, Thaïlande et Malaisie. Mais il est intéressant de noter que les deux puissances régionales qui ont connu des expansions territoriales sont le Viêt-Nam et l'Indonésie (Moluques, 1950-52 ; Irian, 1961-62 ; Timor oriental, 1976-77), cette dernière ayant aussi des prétentions sur Nord-Bornéo.

L'Association des Nations du Sud-Est Asiatique (ASEAN) :
Fondée en 1967. Association à caractère politique et économique comprenant : Indonésie, Malaisie, Philippines, Singapour et Thaïlande.

Population (millions d'h.)

	1950	1980	2000
Indonésie	77	148	216
Malaisie	6,1	14	21
Philippines	20	49	77
Singapour	1	2,4	3
Thaïlande	20	47	68
Viêt-Nam	30	55	88
Kampuchea	4	6,9	10
Laos	2	3,4	5
Birmanie	19	35	54
Hong Kong	2	5,1	6
Taïwan	8	18	25

L'Asie orientale est une des rares régions du Tiers-Monde à croissance rapide et soutenue.

(% croissance annuelle)

	1980	1985 (prévisions)
Corée du Sud	3,5	6
Hong Kong	9	9,6
Indonésie	9,3	9,6
Malaisie	8	9,5
Philippines	5,2	8,2
Taïwan	6,4	8
Thaïlande	6,3	8

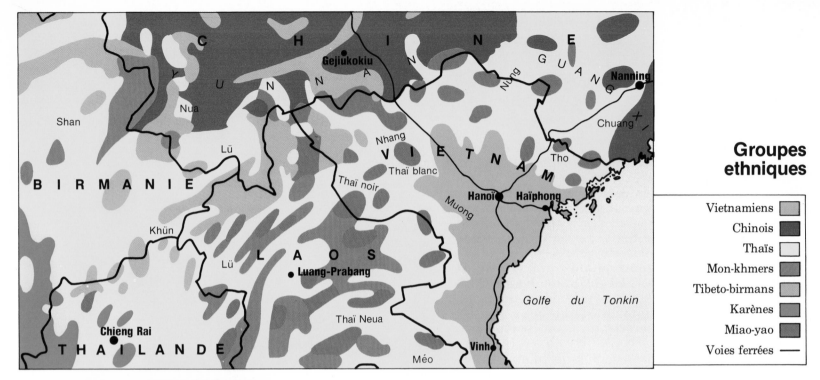

Groupes ethniques

Vietnamiens
Chinois
Thaïs
Mon-khmers
Tibeto-birmans
Karènes
Miao-yao
Voies ferrées ——

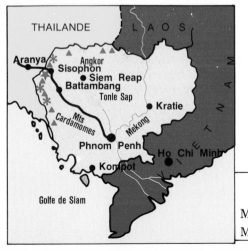

Kampuchea (Cambodge)

Voie ferrée ——
Khmers rouges ▲
Maquis Son Sann ✳
Maquis Sihanouk ★

Zone de fluidité géopolitique

Aux confins de la Chine et de plusieurs pays d'Asie du Sud-Est, la profusion des minorités, leur imbrication et leur présence quasi exclusive rendent la situation géopolitique particulièrement fluide. Guérillas politiques plus ou moins manipulées par une puissance ou l'autre (Chine, Etats-Unis, etc.) et bandes irrégulières se livrant au trafic de l'opium n'ont cessé d'y trouver bases de départ ou refuges.

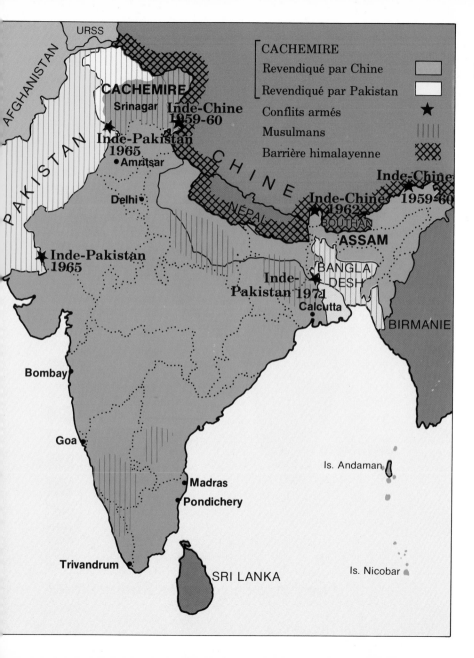

L'Inde, perception de sa sécurité

L'Inde est avec la Chine la seule grande puissance régionale d'Asie. Puissance quasi-industrielle appartenant au club nucléaire (1974), l'Inde a davantage à craindre de ses disparités et distorsions internes, avivées par une démographie quasi incontrôlable, que de ses voisins.

L'Inde n'est pas une nation mais une civilisation. La langue administrative depuis l'indépendance reste l'anglais. A ses divisions linguistiques et ethniques, particulièrement nord-sud, s'ajoute le problème de sa très importante minorité religieuse musulmane (près de 20 %). Les clivages sociaux, en partie rigidifiés par le système des castes, marginalisent 105 millions d'"intouchables", en dépit de la législation.

Deux fois battue par la Chine (1959, 1962), l'Inde s'est depuis renforcée et la Chine ne paraît pas devoir, dans un avenir prévisible, rééditer des incursions qui, de toute façon, sur le plan logistique, pourraient difficilement être massives.

Le Pakistan, qui revendique le Cachemire peuplé de musulmans, est aujourd'hui, au terme de plusieurs conflits, très affaibli par sa défaite au Bangla-Desh face aux troupes indiennes et par la proximité, à la frontière afghane, de troupes soviétiques. L'Inde a toujours entretenu d'excellents rapports avec l'URSS (notamment en matière de fourni-

tures militaires) tout en restant un modèle de
non-alignement. La trop grande proximité
des troupes soviétiques pourrait cependant
inquiéter une élite politique habile et cons-
ciente de ses intérêts.

La diaspora indienne est nombreuse tout le
long de la façade orientale de l'Afrique, du
Kenya à l'Afrique du Sud, ainsi qu'à l'Est de
l'océan Indien (Malaisie, Singapour, etc).
L'Inde est un des très rares pays du tiers
monde à avoir les moyens de réaliser des pro-
jets industriels sud/sud. Compte tenu de ses
ambitions à l'échelle de l'océan Indien, un renforcement de ses capacités maritimes, déjà
non négligeables, paraît nécessaire.

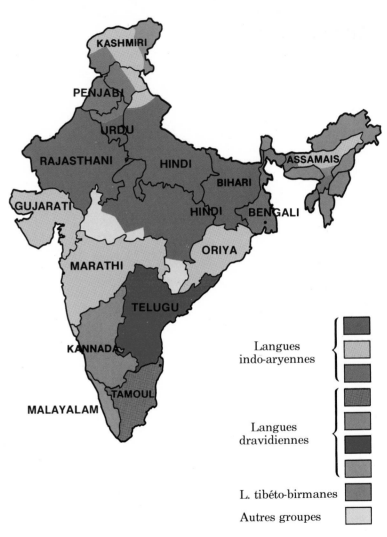

Langues
indo-aryennes

Langues
dravidiennes

L. tibéto-birmanes

Autres groupes

Les grands groupes linguistiques

L'Inde économique

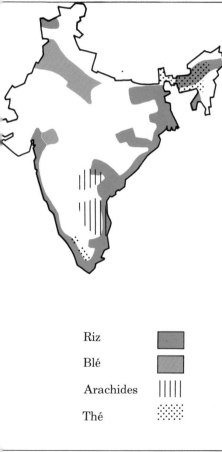

Riz

Blé

Arachides |||||

Thé ::::

randes ressources de l'agriculture

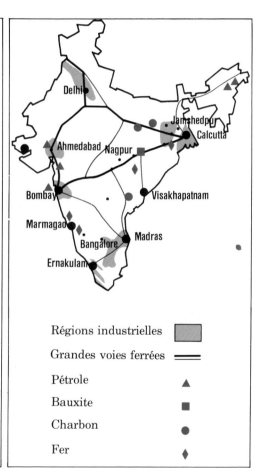

Delhi

Jamshedpur

Calcutta

Ahmedabad Nagpur

Bombay

Visakhapatnam

Marmagad

Bangalore Madras

Ernakulam

Régions industrielles

Grandes voies ferrées ——

Pétrole ▲

Bauxite ■

Charbon ●

Fer ◆

L'industrie

Céréales

9 % de la production mondiale
sur la base de 7 céréales
principales

Riz :	20 %
Blé :	8 %
Millet :	35 %
Manioc :	6 %
Sucre :	5 %
Pommes de terre :	4 %
Arachides :	31 %
Coton :	10 %

Ressources énergétiques et minières :

Charbon :	4 % prod. mondiale
Fer (minerai) :	5 % prod. mond. (5,5 % réserv.)
Manganèse :	6 % prod. mondiale
Ilménite (titane) :	20 % (réserves)
Thorium :	30 % (réserves)

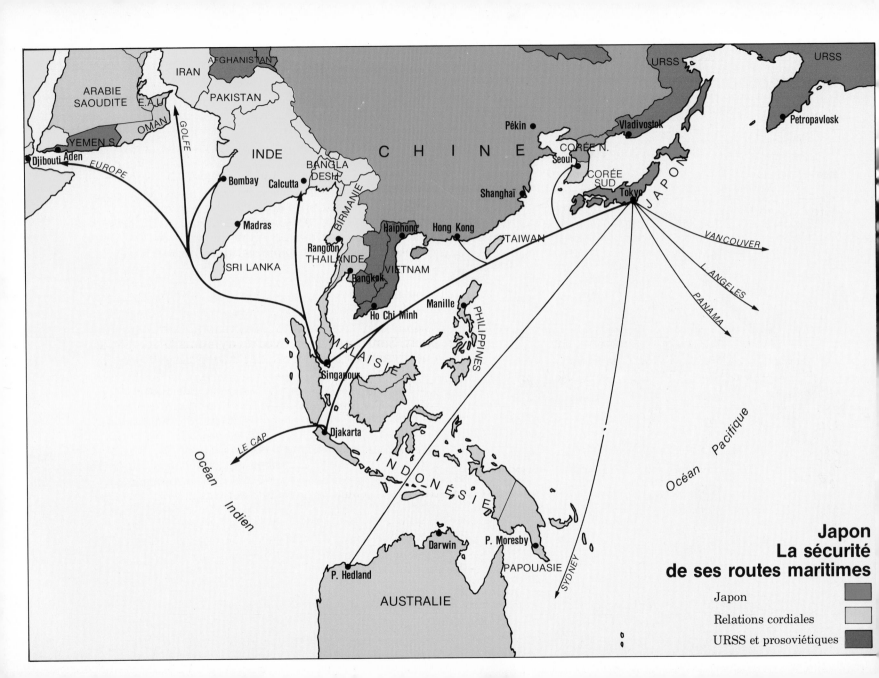

Japon
La sécurité
de ses routes maritimes

Japon

Relations cordiales

URSS et prosoviétiques

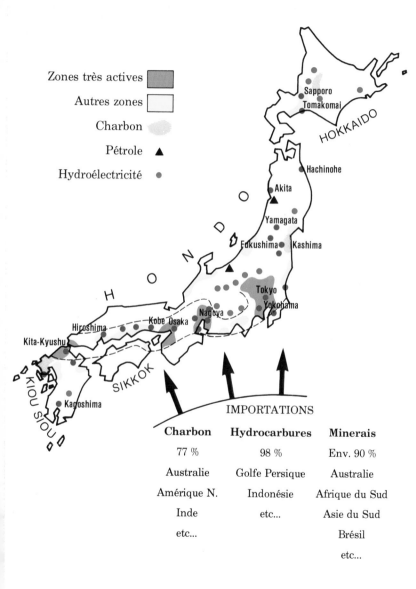

Zones très actives
Autres zones
Charbon
Pétrole ▲
Hydroélectricité •

HOKKAIDO

Sapporo
Tomakomai

Hachinohe

Akita

Yamagata

Fukushima   Kashima

H O N D O

Tokyo

Kobe Osaka Nagoya Yokohama

Hiroshima

Kita-Kyushu

SIKKOK

KIOU SIOU

Kagoshima

IMPORTATIONS

Charbon	Hydrocarbures	Minerais
77 %	98 %	Env. 90 %
Australie	Golfe Persique	Australie
Amérique N.	Indonésie	Afrique du Sud
Inde	etc...	Asie du Sud
etc...		Brésil
		etc...

Le Japon, puissance industrielle

Unique pays du monde afro-asiatique ayant su répondre au défi occidental et réussir une révolution industrielle entreprise à partir de 1868, le Japon n'a cessé, depuis lors, de pratiquer une marche forcée pour survivre indépendant. A la fin d'une guerre où il a imposé à l'Asie orientale sa dure loi, le Japon connaît la tragédie nucléaire (Hiroshima, Nagasaki).

Doté d'institutions démocratiques durant l'occupation américaine, le Japon, démilitarisé*, réoriente son énergie, ses capacités organisationnelles, sa cohésion (fondée, entre autres, sur un peuplement dont l'homogénéité est soigneusement préservée) et sa discipline sociale vers des objectifs économiques et commerciaux. Sans ressources, avec un dynamisme relayé par une organisation moderne de l'entreprise et le consensus des salariés, le Japon a réussi, en trois décennies, à surclasser presque tous les pays industriels pour devenir un compétiteur irrésistible. Militairement, le Japon est d'une grande vulnérabilité, mais celle-ci est encore plus grande économiquement dans la mesure où ce pays dépend étroitement du marché mondial : une rupture des approvisionnements en provenance du tiers monde ou l'érection de barrières dans les pays industriels où il écoule ses produits seraient graves. La compétitivité du Japon tend à provoquer ici et là des mesures protectionistes. La sécurité du Japon, à l'heure actuelle, repose sur le maintien, autant que faire se peut, de la liberté des échanges.

---

* Le Japon est militairement lié aux Etats-Unis.

Ayant contrôlé sa démographie dans les années cinquante, disposant d'une agriculture productive, pratiquant la pêche à grande échelle et doté d'une population active et policée, le Japon a la détermination nécessaire pour faire face à tous les défis. Ses lignes de communications, vitales, notamment à partir du Golfe, sont assurées par une flotte marchande considérable. Dans le cadre d'une autre règle du jeu auquel il s'est adapté, le Japon semble avoir réalisé nombre des objectifs qui furent les siens durant les années impériales.

Zones urbanisées du Sud

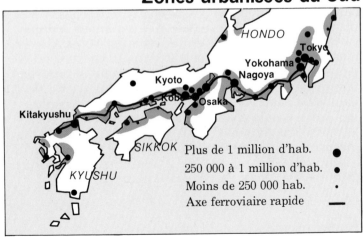

Plus de 1 million d'hab. ●

250 000 à 1 million d'hab. ∙

Moins de 250 000 hab. ·

Axe ferroviaire rapide ▬

Densité de la population

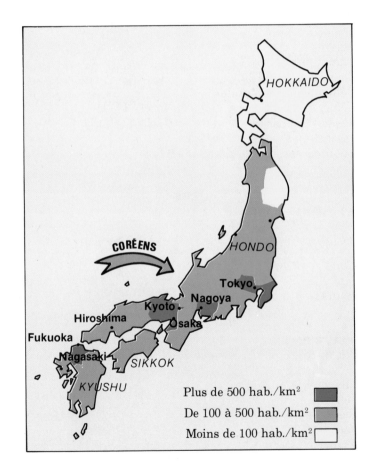

Plus de 500 hab./km²

De 100 à 500 hab./km²

Moins de 100 hab./km²

Puissance industrielle : % de la population mondiale

Production

Acier :	14 %
Cuivre :	11,5 %
Aluminium :	7 %
Construct. navales :	54 %
Véhicules automobiles :	24,5 %
Véhicules utilitaires :	42 %
Résines et plastiques : (pétrochimie)	14 %
Caoutchouc synthétique :	11 %
Textiles artificiels :	13 %

Ressources :

Agro-alimentaires

Riz :	envir. 13 Mt
Pêche :	15 % (total mond.)

Combustibles - Minerais

Charbon :	12 % du total consommé
Hydroélectr. :	13 % total électric. consommé

Dépendances :

Importations

Blé, céréales, produits agricoles :	25 % des besoins
Cuivre :	100 % des besoins
Charbon :	88 % des besoins
Pétrole :	99 % des besoins
Uranium :	100 % des besoins
Fer :	92 % des besoins

Autres minerais : 90 % et plus (sauf plomb, zinc, argent)

Le commerce extérieur japonais (1982) en %

Exportations		Importations
26,4	Etats-Unis	18,4
15	Europe occidentale	7,5
12,3	dont CEE	5,7
14	OPEP	35
18	Extrême-Orient	15
138	Valeur totale	131
	(en milliards de dollars)	

Australie

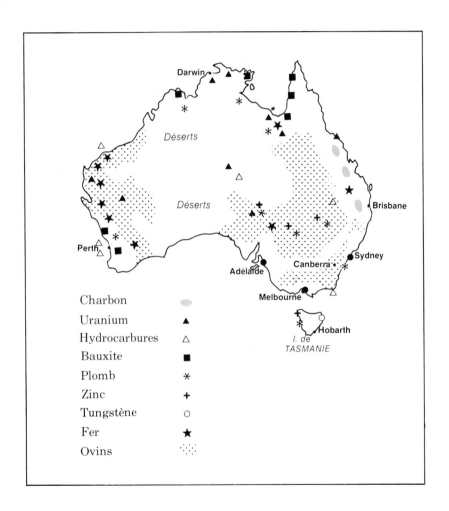

Charbon

Uranium ▲

Hydrocarbures △

Bauxite ■

Plomb *

Zinc +

Tungstène ○

Fer ★

Ovins

Elle coopère militairement avec les Etats-Unis au sein de l'ANZUS (Etats-Unis, Australie, Nouvelle-Zélande) ainsi qu'avec Singapour et la Malaisie dans le cadre de l'accord des cinq nations (Grande-Bretagne, Australie, Nouvelle-Zélande, Singapour, Malaisie). Elle participe aux forces aéronavales et navales détachées par la 7e Flotte américaine dans l'océan Indien.

L'Australie occupe une position géostratégique exceptionnelle entre l'océan Indien et le Pacifique. Etat le plus vaste du Pacifique, elle souhaite jouer un rôle de puissance régionale. Ses ressources minérales sont considérables ; elle possède du pétrole "off shore" ; de surcroît, elle est un grand exportateur mondial de céréales.

Partenaire privilégiée du Japon auquel elle fournit de nombreuses matières premières, l'Australie cherche à s'associer avec la Nouvelle-Zélande qui joue un rôle plus effacé.

Ovins :   12 % (cheptel mondial) 2e rang

Uranium :   6 % (prod. mond.) Rés. 7 %
Fer :   10,5 % (prod. mond.) Rés. 11 %
Manganèse :   7,5 % (prod. mond.) Rés. 6 %
Tungstène :   6 % (prod. mond.) Rés. 4 %
Cobalt :   6 % (prod. mond.) Rés. 11 %
Bauxite :   27 % (prod. mond.) Rés. 20 %
Plomb :   11,5 % (prod. mond.) Rés. 14 %
Zinc :   8,5 % (prod. mond.) Rés. 10 %

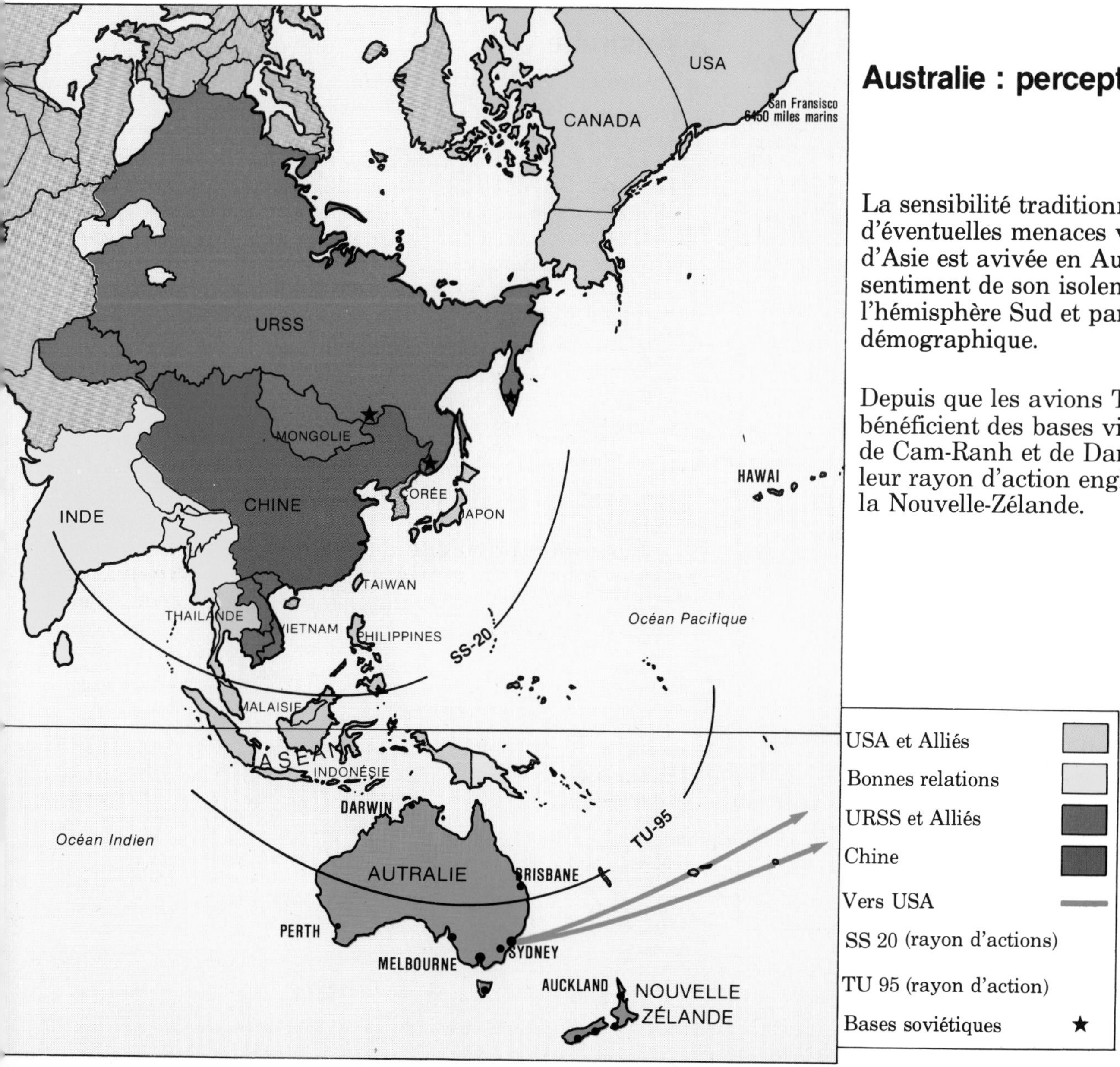

Australie : perception de sa sécurité

La sensibilité traditionnelle à d'éventuelles menaces venues d'Asie est avivée en Australie par le sentiment de son isolement dans l'hémisphère Sud et par sa faiblesse démographique.

Depuis que les avions TU-95 bénéficient des bases vietnamiennes de Cam-Ranh et de Danang, leur rayon d'action englobe la Nouvelle-Zélande.

USA

CANADA

San Fransisco
6450 miles marins

URSS

MONGOLIE

HAWAI

INDE

CHINE

CORÉE

JAPON

TAIWAN

THAILANDE

VIETNAM

PHILIPPINES

Océan Pacifique

SS-20

MALAISIE

ASEAN

INDONÉSIE

DARWIN

Océan Indien

TU-95

AUTRALIE

BRISBANE

PERTH

MELBOURNE

SYDNEY

AUCKLAND

NOUVELLE ZÉLANDE

USA et Alliés	
Bonnes relations	
URSS et Alliés	
Chine	
Vers USA	
SS 20 (rayon d'actions)	
TU 95 (rayon d'action)	
Bases soviétiques	★

Amérique Latine

Dominée économiquement par les Etats-Unis, l'Amérique latine est liée à ceux-ci par le Traité de Rio (1947) qui est un traité de défense mutuelle inter-américaine, et par l'Organisation des Etats américains (1948) dont Cuba a été exclu en 1962, à l'époque de la grave crise des fusées.

Les Etats-Unis défendent leur aire géostratégique : Guatémala (1954), Baie des Cochons (1961), et, à partir de la radicalisation de Cuba, par une combinaison de l'"Alliance pour le Progrès", fondée sur l'assistance économique, et de la formation de troupes latino-américaines anti-guérilla (toutes les guérillas des années soixante sont vaincues). Brésil (coup d'Etat, 1964) ; intervention à Saint Domingue (1965) ; déstabilisation et chute du gouvernement Allende (1973).

Pour l'essentiel, le monde latino-américain est plus stable qu'il n'y paraît ; en trois décennies, le continent ne connaît que deux changements politiques radicaux : Cuba (1959) et le Nicaragua (1979).

L'Amérique latine a connu une progression démographique exceptionnellement rapide : 132 millions en 1945 ; 303 en 1975 ; 600 selon les prévisions en 2000. En dehors du Brésil, la domination de la langue espagnole sur l'ensemble de l'Amérique latine ne doit pas faire oublier l'existence de

Brésil, une puissance régionale

3 puissances moyennes

l'Argentine, le Mexique et le Venezuela

Densité population ●
Pétrole ▲

Argent ★

C. des Andes ⬛

larges populations indiennes (Bolivie, Pérou, Equateur, Guatémala, Honduras, Mexique, etc.), presque toujours marginalisées. En dehors du Brésil, les populations noires ou mulâtres sont concentrées dans le bassin des Caraïbes.

Ni l'intégration, ni les distorsions sociales porteuses de crise ne sont encore résolues, malgré des sentiments nationalistes vifs et des problèmes sociaux dont l'Eglise s'est fait l'écho. Le catholicisme est une force avec laquelle il faut compter et, à la fin du siècle, la majorité des catholiques dans le monde seront latino-américains.

Les ressources du continent sont substantielles, bien qu'un seul pays soit en mesure d'exporter un surplus en agriculture ou en élevage (Argentine) et qu'un seul (Brésil) dispose de ressources minières vraiment importantes. Le pétrole — en quantité modeste — est exploité au Mexique, au Vénézuéla et en Equateur. Si le Pérou dispose de 5 minerais majeurs, le Chili (cuivre), la Bolivie (étain), la Jamaïque (bauxite) n'ont qu'un seul minerai. Bien que des zones de stagnation, notamment parmi les pays andins et l'Amérique centrale, semblent avoir des perspectives bloquées, l'ensemble de l'Amérique latine est dans une situation globale bien meilleure que la majeure partie de l'Asie et que l'Afrique.

La crise actuelle et les guerres d'Amérique centrale sont perçues par les Etats-Unis comme un test de volonté politique et tout semble devoir être fait pour que la *Pax americana* triomphe à terme.

Il y a trois décennies, l'Argentine paraissait avoir, compte tenu de son niveau culturel et grâce à ses richesses agricoles et en élevage, un avenir de puissance majeure. Ni sur le plan du développement, ni sur le plan démographique, ni dans ses institutions, l'Argentine n'a tenu ses promesses. Le coup de dés des Fal-kland, sous-estimant la capacité de réponse du gouvernement de Mme Thatcher, a accentué, après la défaite, la crise de la société argentine. Les relations conjoncturelles entre des militaires d'extrême droite et l'Union soviétique depuis 1980, dans le cadre d'intérêts communs, sont perçues avec agacement à Washington que la crise des Falkland a placé devant la nécessité de soutenir la Grande-Bretagne.

Pays peu peuplé, le Vénézuéla ne peut prétendre jouer un rôle de puissance régionale modeste que grâce au pétrole. Sa position géostratégique est liée à l'ensemble caraïbe et son intérêt est d'y voir la stabilité maintenue. La limite des 200 miles nautiques permet au Vénézuéla d'exercer des droits sur une partie importante des Caraïbes. La délimitation du plateau continental pose problème avec son rival colombien (qui exporte au Vénézuéla une importante partie de sa main d'œuvre).

Le Mexique, hier considéré comme une puissance régionale montante, a démontré sa fragilité en 1982 lors de l'effondrement de sa monnaie. Contrairement à ce qu'il prétend depuis quelques décennies, le Parti révolutionnaire institutionnel (PRI) au pouvoir depuis un demi-siècle n'a pas su moderniser les structures du pays. La corruption, caractéristique du système, s'est encore accrue depuis le boom pétrolier. Le Mexique est confronté aujourd'hui à une crise dont les conséquences sociales peuvent être graves.

Le Brésil : perception sud/sud

L'Organisation des Etats Américains (O.E.A.)
Créée en 1948, réaffirme une coopération dans tous les domaines (premier Congrès des Etats américains : 1889), de même que le traité inter-américain d'assistance réciproque (Traité de Rio) signé en 1947.

Etats membres :
Les Etats-Unis.
Tous les Etats d'Amérique du Sud, sauf la Guyane ex-britannique et la Guyane département français.
Le Mexique et tous les Etats d'Amérique Centrale.
Dans les Antilles, à l'exception de Cuba qui n'en fait plus partie : Jamaïque, Haïti, République Dominicaine, Antigua et Barbuda, Dominique, Sainte Lucie, Saint Vincent et les Grenadines, Les Barbades, Grenade, Trinidad et Tobago.
Diverses associations économiques regroupent certains de ces pays : groupe andin, pays du bassin caraïbe, l'Association d'intégration latino-américaine (ALADI).

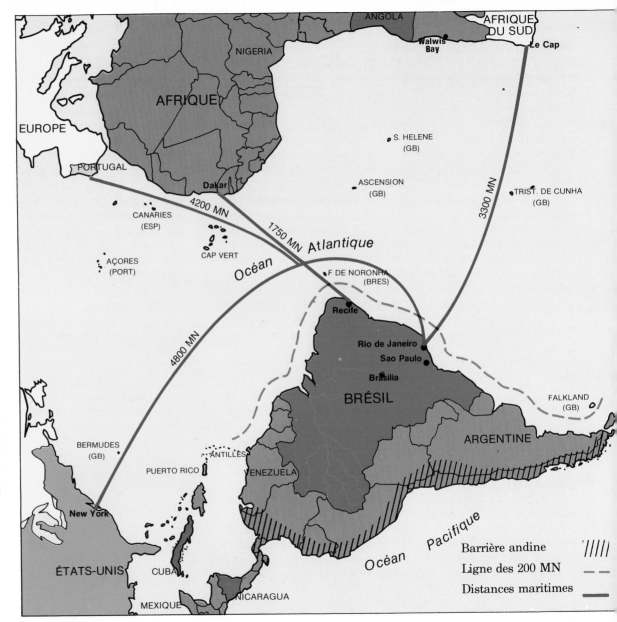

Brésil : occupation du territoire

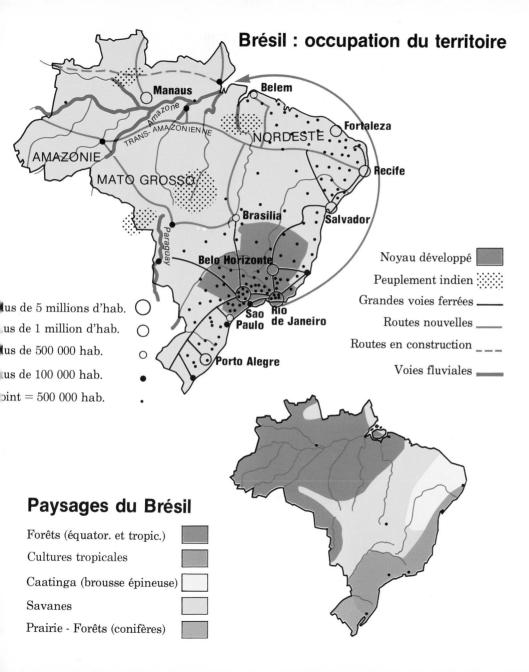

Manaus

Belem

Fortaleza

NORDESTE

AMAZONIE

Recife

MATO GROSSO

Brasilia

Salvador

Paraguay

Belo Horizonte

Sao Paulo

Rio de Janeiro

Porto Alegre

...lus de 5 millions d'hab.

...lus de 1 million d'hab.

...lus de 500 000 hab.

...lus de 100 000 hab.

...oint = 500 000 hab.

Noyau développé

Peuplement indien

Grandes voies ferrées

Routes nouvelles

Routes en construction

Voies fluviales

Maïs :	6 %
Manioc :	20 %
Soja :	17 %
Sucre :	20 %
Bovins :	7 %
Porcins :	5 %

Hydroélectricité :	6 % (prod. mond.)
Fer :	8 % (prod. mond.) rés. 20 %
Manganèse :	8 % (prod. mond.)
Niobium :	87 % (prod. mond.) rés. 23 %
Bauxite :	5 % (prod. mond.) rés. 10,5 %
Rutile :	rés. 74 %
Thorium :	rés. 6 %
Tantale :	25,5 % (prod. mond.)

Paysages du Brésil

Forêts (équator. et tropic.)

Cultures tropicales

Caatinga (brousse épineuse)

Savanes

Prairie - Forêts (conifères)

Le Brésil et ses ressources

Le Brésil, dont la perception du monde est orientée sud-sud, occupe une position de promontoire à la pointe du continent sud-américain, à moins de 3.000 km de Dakar. Seul Etat lusophone d'Amérique latine, il en est aussi le plus peuplé et en constitue la seule puissance régionale. Ses ambitions sont d'ailleurs considérables et n'ont pas encore les fondements économiques permettant de les concrétiser.

Le développement du Brésil est soumis à la conquête et au contrôle de son propre espace et à sa capacité — aujourd'hui incertaine — de conserver une croissance dynamique.

Quelles que soient cependant ses difficultés, le Brésil à la chance de pouvoir compter sur une masse de ressources inexploitées considérables et la fuite en avant lui est mieux qu'à d'autres permise.

Société multiraciale fondée sur une "domination cordiale" et sur le métissage, il peut connaître, malgré les apparences, des problèmes raciaux qui sont aussi des problèmes sociaux.

Hier tenté d'axer sa politique africaine sur l'Afrique du Sud, le Brésil a recadré ses relations en direction des Etats lusophones et du Nigeria. La création d'une marine à la mesure de ses ambitions devrait être un objectif prioritaire.

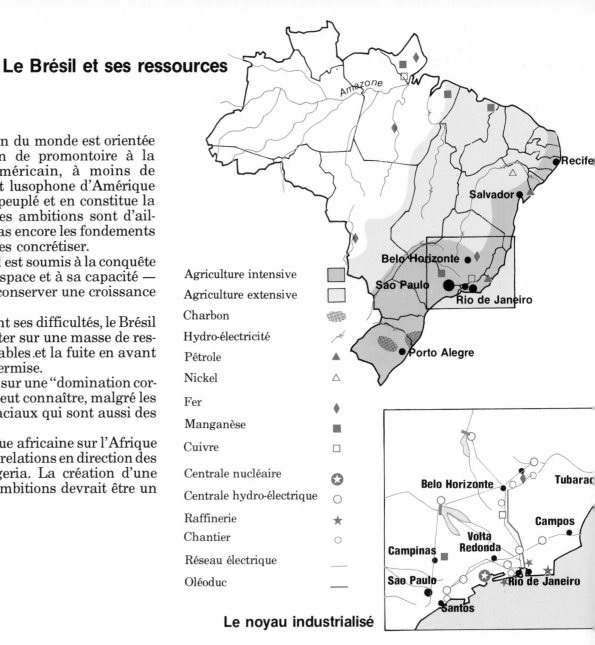

Agriculture intensive

Agriculture extensive

Charbon

Hydro-électricité

Pétrole

Nickel

Fer

Manganèse

Cuivre

Centrale nucléaire

Centrale hydro-électrique

Raffinerie

Chantier

Réseau électrique

Oléoduc

Le noyau industrialisé

Le Brésil et ses aspirations géopolitiques

"*Le Portugal et ses colonies occupent, dans ce monde au large de l'Amérique du Sud, une situation enviable qu'on ne mettra jamais assez en relief. Autant d'ailleurs dans l'Atlantique Nord où les Açores, Madère et le Cap Vert sont d'inégalables avancées défensives, que dans le sud de l'Afrique où l'Angola et le Mozambique dessinent presque un équateur lusitanien bien en face du principal noyau de pouvoir que nous représentons, et cela sans parler de la Guinée, cet autre Dakar...**

Cette aire crée, de par sa situation prééminente dans le demi-cercle le plus proche, vital pour la sécurité de l'Amérique du Sud et du Brésil, une responsabilité portugaise que nous devons être prêts à reconnaître et assumer à tout moment.

Le monde latin, à son tour, par le truchement de liens cependant plus lâches, élargit la sphère de solidarités que nous devons consciemment admettre à une grande partie de la péninsule européenne et à presque toute l'Afrique occidentale. Ceci du fait que nous sommes un pays latin par notre origine et par notre culture, d'une singulière et vigoureuse puissance démographique". (Golbery do Couto e Silva, Conjuntura politica nacional o poder executivo e geopolitico do Bresil, *Livraria José Olympio editore, Rio, 1981, p. 195, traduction d'Alain Mangin*).

* *Écrit en 1959.*

Amérique centrale : la zone de conflits

L'Amérique centrale, émiettée en micro-Etats, est traditionnellement une aire géographique contrôlée par les Etats-Unis dont les interventions ont été nombreuses de 1903 (Panama) à 1965 (Saint-Domingue). En marge de conflits locaux, l'Amérique centrale est à l'heure actuelle une zone d'affrontements Est/Ouest. Les marines sont intervenus à la Grenade en 1983.

Les situations au Nicaragua, Salvador, Guatemala et Honduras sont interdépendantes. Les Etats-Unis aident le Salvador et le Guatemala à combattre leurs insurrections et utilisent le Honduras comme plaque tournante, notamment pour épauler les mouvements anti-sandinistes du Nicaragua. Allié des Cubains et des Soviétiques, le Nicaragua alimente la guérilla au Salvador. Les luttes armées au Guatelama (auxquelles les Indiens participent) et au Salvador, d'inspiration marxiste, sont bien organisées. Mais leurs succès et l'extension de mouvements révolutionnaires dans la région ne peuvent être tolérés par les Etats-Unis.

Les zones tenues par la guérilla salvadorienne, Morazan et Chalatenango, sont pauvres et relativement peuplées, malgré les exodes causés par la guerre.

De plus en plus le pays est coupé en deux, sans qu'il paraisse possible, d'un côté comme de l'autre, de déboucher sur une victoire militaire.

Plus riche et plus peuplé, le Guatemala fait face à une insurrection à laquelle participe une forte population indienne. Ce fait constitue peut-être la nouveauté majeure de la décennie.

L'élection de Napoléon Duarte en 1984 renforce la position des Etats-Unis. Le Nicaragua subit de fortes pressions militaires destinées à faire cesser l'aide qu'il apporte aux guérilleros du Salvador.

Panama : zone du canal

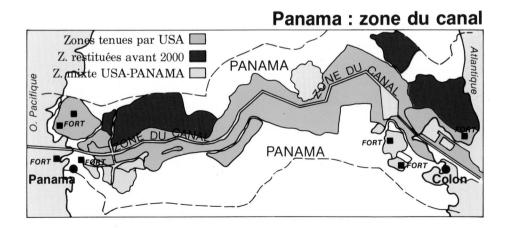

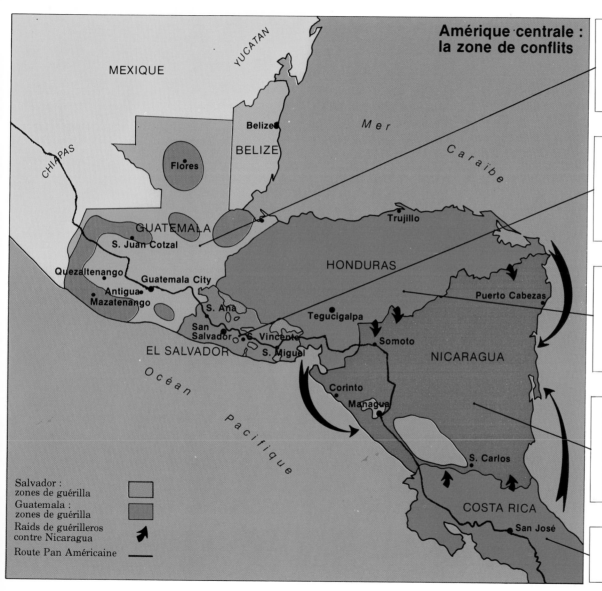

**Amérique centrale :
la zone de conflits**

MEXIQUE

YUCATAN

Mer

Caraïbe

CHIAPAS

Belize

BELIZE

Flores

Océan

Pacifique

GUATEMALA

S. Juan Cotzal

Quezaltenango

Guatemala City

Antigua

Mazatenango

S. Ana

San Salvador

S. Vincente

EL SALVADOR

S. Miguel

Trujillo

HONDURAS

Tegucigalpa

Somoto

Puerto Cabezas

NICARAGUA

Corinto

Managua

S. Carlos

COSTA RICA

San José

Salvador :
zones de guérilla

Guatemala :
zones de guérilla

Raids de guérilleros
contre Nicaragua

Route Pan Américaine

GUATEMALA
109 000 km^2 - 7 millions d'habitants
Indiens : 55 à 60 % de population
Population urbaine : 30 %
Forces de sécurité : 45 000 hommes
dont armée : 23 000 hommes
Guérilleros : 4 à 6 000 hommes

EL SALVADOR
21 000 km^2 - 4,5 millions d'habitants
Indiens : 55 à 60 % de population
Population urbaine : 40 %
Forces de sécurité : 25 000 hommes
dont armée : 16 000 hommes
Guérilleros : 5 à 7 000 hommes
Conseillers américains : 55

HONDURAS
112 000 km^2 - 3,7 millions d'habitants
Indiens, : 30 à 35 % de population
Population urbaine : 35 %
Forces de sécurité : 25 000 hommes
dont armée : 15 000 hommes
Conseillers américains : 120
Guérilleros : quelques centaines (?)

NICARAGUA
130 000 km^2 - 2,6 millions d'habitants
Indiens : 5 à 10 % de population
Population urbaine : 57 %
Forces de sécurité et milices : 45.000 hommes
Armée : 25 000 hommes
Conseillers soviétiques ou cubains : 2 000 (?)
Commandos antisandinistes : 8 à 9 000 hommes

COSTA RICA
51 000 km^2
2,2 millions d'habitants
Population urbaine : 46 %

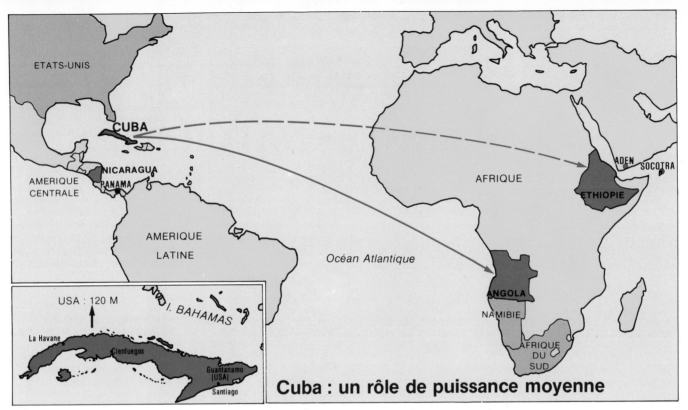

Cuba : un rôle de puissance moyenne

Malgré son exiguïté, Cuba joue un rôle de puissance moyenne, mais celui-ci dépend étroitement de la logistique soviétique.

Même si elle existe sous une forme réduite dans un certain nombre d'autres Etats africains, la présence cubaine n'influe de façon directe que sur la situation politique en Angola et en Ethiopie, du fait de l'intervention massive de troupes cubaines en 1975 et 1977.

Pour une nation de quelque dix millions d'habitants, Cuba dispose, avec environ 25.000 militaires, d'une présence en Afrique proportionnellement très élevée (à l'échelle des USA, elle équivaudrait à près de 600.000 hommes).

Après ses échecs des années 60 en Amérique latine, Cuba y retrouve un rôle actif avec le pouvoir sandiniste au Nicaragua, et influe désormais sur les conflits en Amérique centrale (Savaldor, Guatemala...).

Présence cubaine importante :
Angola : 12-18.000
Ethiopie : 7-9.000
Autres pays africains : plus de 3.000 dont environ 1.000 au Mozambique et 800 au Congo.

LES CONTRAINTES NATURELLES

Les contraintes naturelles déterminent la densité de l'occupation humaine, l'exploitation éventuelle ou la mise en valeur de produits miniers ou agricoles. Elles représentent des obstacles ou des atouts favorables en temps de guerre ou de guérilla. La nature, comme contrainte autant que comme ressource, est un élément de la stratégie.

Données de bases

Répartition des sols dans le monde (%)

	Terres cultivées	Pâturages	Forêt	Terres incultes
URSS	10 %	17 %	41 %	32 %
Amér. Nord	14 %	13 %	34 %	39 %
Amér. Sud	7 %	26 %	51 %	16 %
Afrique	8 %	30 %	23 %	39 %
Moy. Orient	7 %	16 %	12 %	65 %
Asie (sauf URSS et M. Orient)	33 %	4 %	40 %	23 %
Europe (sauf URSS)	26 %	19 %	33 %	22 %
Océanie	6 %	60 %	18 %	16 %

Forêts

Surfaces couvertes en	1978	2000
URSS	785 Mha	775 Mha
Amérique du Nord	470 Mha	464 Mha
Amérique du Sud	550 Mha	329 Mha
Afrique	188 Mha	150 Mha
Asie (sans URSS)	361 Mha	181 Mha
Europe (sans URSS)	140 Mha	150 Mha
Japon Nouvelle Zélande Australie	69 Mha	68 Mha
Total	2.563 Mha	2.117 Mha

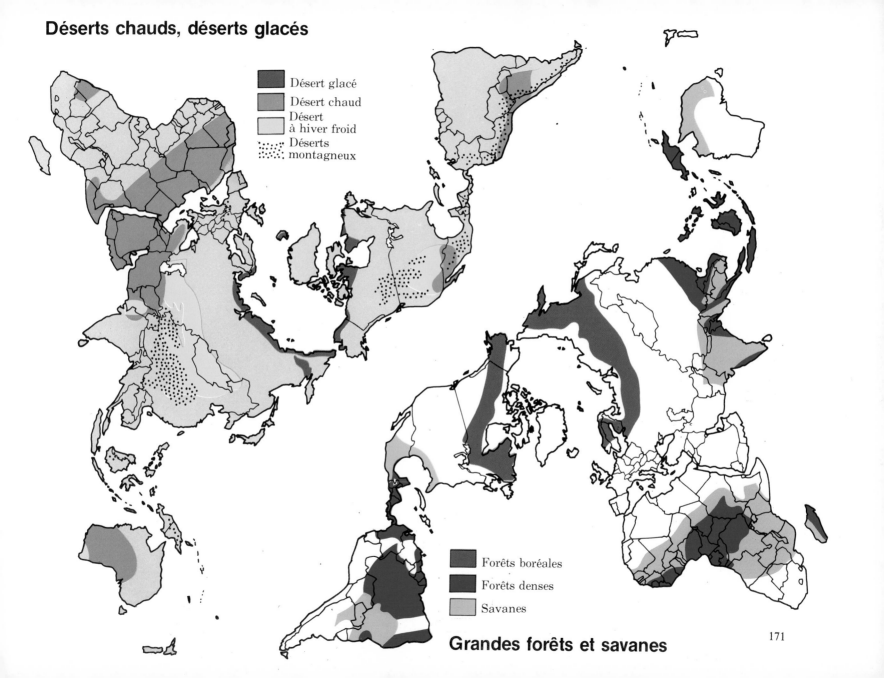

Déserts chauds, déserts glacés

Désert glacé
Désert chaud
Désert à hiver froid
Déserts montagneux

Forêts boréales
Forêts denses
Savanes

Grandes forêts et savanes

171

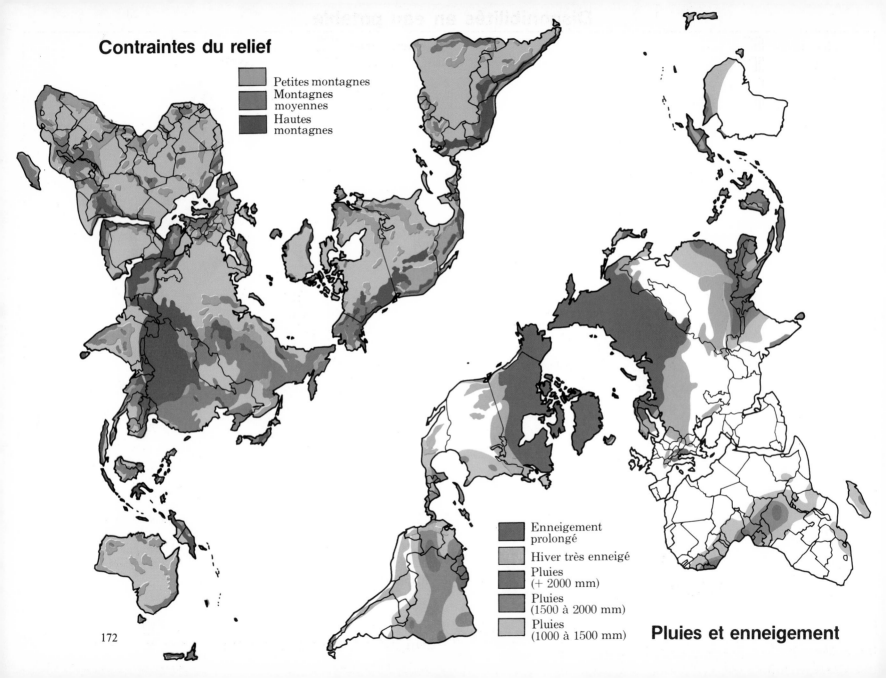

Contraintes du relief

Petites montagnes

Montagnes
moyennes

Hautes
montagnes

Enneigement
prolongé

Hiver très enneigé

Pluies
(+ 2000 mm)

Pluies
(1500 à 2000 mm)

Pluies
(1000 à 1500 mm)

Pluies et enneigement

172

Disponibilités en eau potable

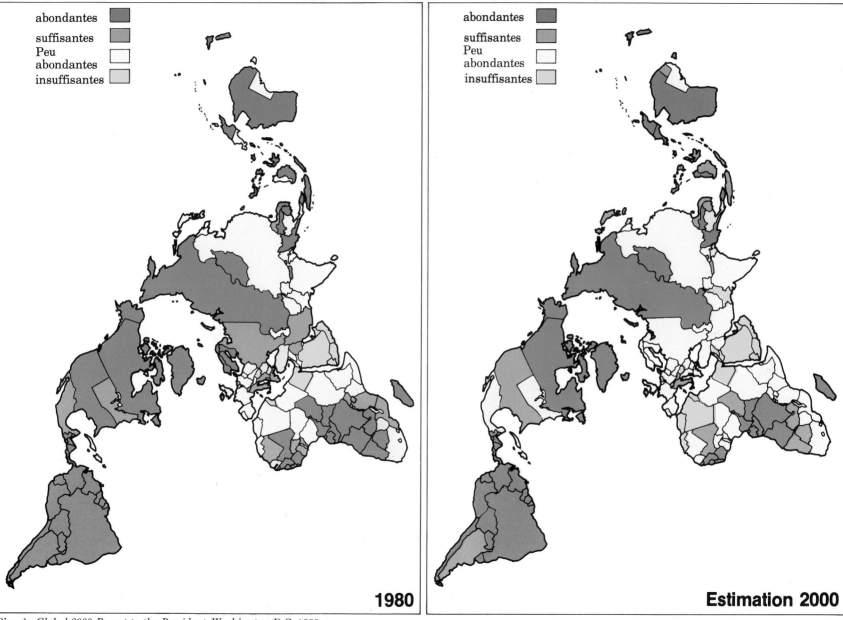

abondantes
suffisantes
Peu abondantes
insuffisantes

abondantes
suffisantes
Peu abondantes
insuffisantes

1980

Estimation 2000

D'après *Global 2000 Report to the President,* Washington D.C. 1980.

LES DONNÉES ÉCONOMIQUES

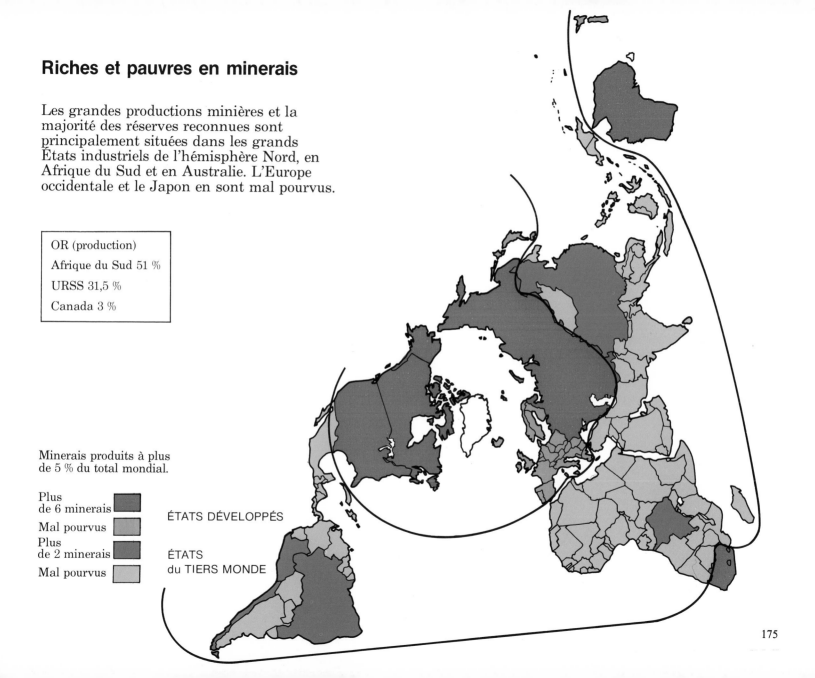

Riches et pauvres en minerais

Les grandes productions minières et la majorité des réserves reconnues sont principalement situées dans les grands États industriels de l'hémisphère Nord, en Afrique du Sud et en Australie. L'Europe occidentale et le Japon en sont mal pourvus.

OR (production)

Afrique du Sud 51 %

URSS 31,5 %

Canada 3 %

Minerais produits à plus de 5 % du total mondial.

Plus de 6 minerais

Mal pourvus

ÉTATS DÉVELOPPÉS

Plus de 2 minerais

Mal pourvus

ÉTATS du TIERS MONDE

175

Les minerais et les principaux producteurs (% total mondial)

P : production / R : réserves	Fer P	Fer R	Cobalt P	Cobalt R	Chromite P	Chromite R	Manganèse P	Manganèse R	Molybdène P	Molybdène R	Nickel P	Nickel R	Tungstène P	Tungstène R	Vanadium P	Vanadium R	Bauxite P	Bauxite R
Puissances minières																		
Afrique du Sud					34	67	23	41							30,5	42		
Australie	10,5	11	6	11			7,5	6					6				28,5	21
Canada	5,5	8,5							10,5	7	26,5	15		15				
États-Unis	8,5	5							65	54			6	8	13,5			
URSS/Pays de l'Est	28	30	13	13	37,5	?	39	44	11	9	24	14	17	7,5	30,5	39	5,5	
Producteurs importants																		
Bolivie													6					
Brésil	11,5	20					8										5	11
Chili									11	25								
Chine	8						6						26	47	14	13		
Inde	5,5	5,5					6											
Mexique																		
Pérou																		
Zaïre			51	38														
Autres producteurs																		
Algérie																		
Botswana			5															
Cuba											5,5	5,5						
Espagne																		
Finlande															7			
Gabon							6											
Guinée																	16	26
Indonésie																		
Jamaïque																	14	9
Malaisie																		
Norvège																		
N. Calédonie (Fr.)											7	25						
Philippines					6													
Thaïlande																		
Zambie			9	12														
Zimbabwe					6	30												
Total en % prod. et rés. mondiales	77,5	80	84	74	83,5	97	95,5	91	97,5	95	63	64,5	61	77,5	81,5	94	69	67

Notes :
- Seules les productions et les réserves dépassant 5 % du total mondial sont prises en compte.
- (?) production ou réserve probablement importante : absence de données (principalement URSS et Chine).

P : production R : réserves	Cuivre P	Cuivre R	Étain P	Étain R	Plomb P	Plomb R	Zinc P	Zinc R	Argent P	Argent R	Gr. Platine P	Gr. Platine R	Antimoine P	Antimoine R	Mercure P	Mercure R	Titane R (Ilménite)	Titane R (Rutile)
Puissances minières																		
Afrique du Sud											45	81	16	7			15	5
Australie					11,5	14	8,5	10									7	7
Canada	9	7			10,5	13	17	26	10,5	19	5						25	
États-Unis	19,5	18			13	27		20	10,5	21					14,5	7	6	
URSS/Pays de l'Est	12	7	15	10	17	11	17	9	14,5	30	48	16	12	20	32,5	11	?	?
Producteurs importants																		
Bolivie			10										23,5	8				
Brésil																		74
Chili	13,5	19																
Chine				15									18	39		?		
Inde																	20	
Mexique							5,5		14	13								
Pérou		6			6		8,5		13									
Zaïre	6																	
Autres producteurs																		
Algérie															15	8		
Botswana																		
Cuba																		
Espagne															15	33		
Finlande																		
Gabon																		
Guinée																		
Indonésie			13	16														
Jamaïque																		
Malaisie			25	12														
Norvège																	21	
N. Calédonie (Fr.)																		
Philippines																		
Thaïlande			14	12														
Zambie	7,5	6																
Zimbabwe																		
Total en % prod. et rés. mondiales	67,5	63	77	65	58	65	56,5	65	62,5	83	98	97	69,5	74	77	59	94	86

● Le manque de données ou leur imprécision ont écarté de ce tableau nombre de minerais utiles (boron, lithium, magnésium, niobium, strontium, tantale, thorium...).
● Les minerais fertiliseurs (potasse, phosphate...) ne figurent pas.
● Titane : issu notamment de 2 minerais : ilménite et rutile (données des productions fragmentaires).

Source : d'après US Bureau of Mines.

Ressources énergétiques et minières des Océans

Les dépôts miniers "off shore" comme les gisements pétroliers sous-marins sont toujours associés au plateau continental. Peu à peu, les techniques en se développant permettent d'opérer à des profondeurs de plus en plus grandes. Le nombre des gisements en exploitation s'accroît spectaculairement depuis une quinzaine d'années (de 70 puits de pétrole en 1965 à plus de 400 en 1980).

Les recherches océanographiques ont depuis 1950 fait apparaître les richesses minières des profondeurs marines qui se présentent sous forme de boues métallifères et de nodules polymétalliques. L'importance de ces dépôts est prometteur pour un avenir peu éloigné.

Principaux minerais exploités : fer, titane, étain, chrome, zircon...

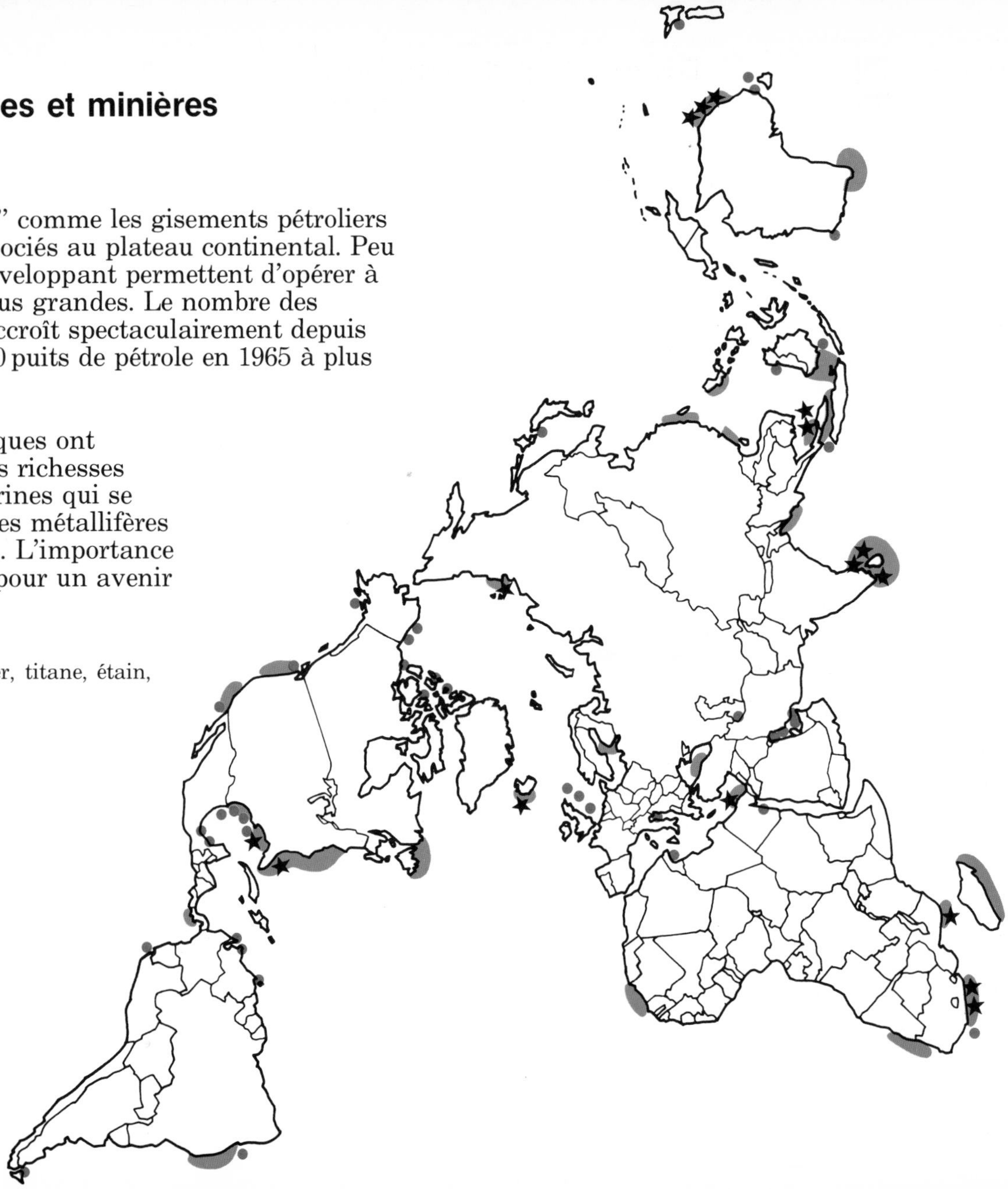

Zones de gisements

Minerais en exploitation

Hydrocarbures exploités

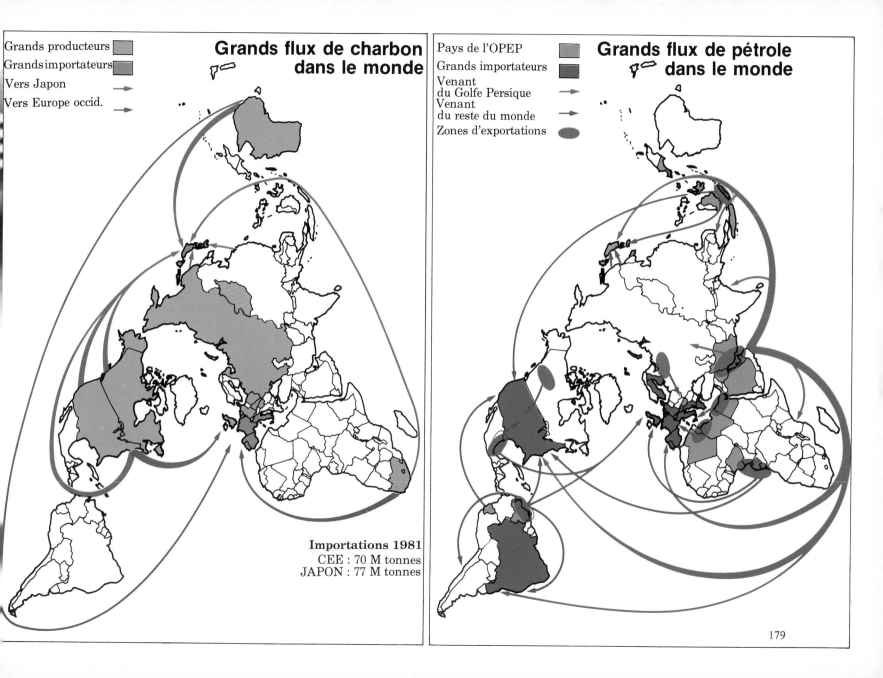

Grands flux de charbon dans le monde

Grands producteurs
Grands importateurs
Vers Japon
Vers Europe occid.

Importations 1981
CEE : 70 M tonnes
JAPON : 77 M tonnes

Grands flux de pétrole dans le monde

Pays de l'OPEP
Grands importateurs
Venant du Golfe Persique
Venant du reste du monde
Zones d'exportations

179

Pétrole

Depuis les "chocs" pétroliers des années 70, la demande de pétrole s'est considérablement ralentie. La consommation de l'Occident a baissé de 25 % en dix ans. La production stagne désormais aux environs de 3 milliards de tonnes. Les pays producteurs à forte population du tiers monde (Nigéria, Indonésie, Mexique, etc.) connaissent, après quelques années fastes, une dure récession. L'Arabie saoudite reste à la fois le producteur essentiel et le régulateur du marché grâce à sa puissance financière.

Production mondiale :

1955 : 772 millions de t.
1970 : 2,28 milliards de t.
1978 : 3,09 milliards de t.
1981 : 3,05 milliards de t.

Réserves recensées :

(90 milliards de t.)

Moyen-Orient :	54 %
dont :	
Arabie Saoudite :	25 %
Koweit :	10 %
Iran :	8 %
Irak :	5 %
URSS :	12 %
Mexique :	9 %
Etats-Unis :	4 %

Producteurs :

URSS :	21 %
Total Moyen-Orient* :	32 %
Arabie Saoudite :	17 %
Irak :	1 %
USA :	16 %
Venezuela :	4 %
Mexique :	4 %
Chine :	3 %
Nigéria :	2 %

* Dont Iran, Koweit, Bahrein, Emirats arabes unis, Oman.

Charbon

Production :		Réserves :	
Etats-Unis :	25 %	Etats-Unis :	31 %
URSS :	19 %	URSS :	19 %
Chine* :	24 %	Chine :	25 %
Pologne :	5 %	Royaume-Uni :	9 %
Royaume-Uni : 4 à 5 %		RFA :	4 %

* Charbon et lignite confondus.

Lignite

Production mondiale :		Réserves :	
RDA :	26 %	URSS :	65 %
URSS :	16 %	Etats-Unis :	7 %
RFA :	13,5 %	RDA :	10 %
Tchécoslovaquie : 10 %		RFA :	16 %

La hausse des prix pétroliers a, depuis 1973, relancé la production de charbon qui progressait modérément depuis 1955.

1955 : 1,6 miliard de t.
1973 : 2,3 milliards de t.
1980 : 3,3 milliards de t.

Les réserves sont énormes, sans doute 80 % de toutes les réserves d'énergie fossiles.

L'apparition de techniques nouvelles permettant la combustion du charbon dans les gisements eux-mêmes paraît ouvrir des possibilités neuves.

Pays membres de l'OPEP
(Organisation des Pays Exportateurs de Pétrole) :
13 pays membres. Les pays arabes y forment l'OPAEP (Organisation des pays arabes exportateurs de pétrole).
Membres initiaux : Irak, Iran, Koweit, Libye, Arabie saoudite, Vénézuéla (1960).
Autres adhérents : Qatar (1961), Indonésie (1962), Abou Dhabi et Emirats arabes unis (1967), Algérie (1969), Nigéria (1971), Equateur (1973), Gabon (1975).
Les treize Etats fournissent plus de 50 % de la production mondiale de pétrole brut.

Électricité*

Hydroélectricité

Etats-Unis : 20 %
Canada :   16 %
URSS :   10 %
Brésil
Japon
Norvège   } 4 à 5 % chacun
France
Suède

Electricité d'origine nucléaire**
% du total mondial

	1980	Eval. 1990
Etats-Unis	37,5	28,5
Japon	11,7	7,7
URSS	10	17,5
France	8,7	12,8
RFA	6,2	5,4
Canada	5,7	3,2

* L'électricité fournie par les centrales thermiques utilisant des combustibles fossiles (charbon, pétrole, etc.) n'est pas prise en compte.

**En dépit des contestations et des résistances, la progression des implantations de centrales à travers le monde est spectaculaire.

Gaz naturel

Production :

Etats-Unis :	35 %
URSS :	30 %
Pays-Bas :	5 %
Canada :	3 %

Réserves :

URSS :	40 %
Iran :	18 %
Etats-Unis :	7 %
Algérie :	4 %
Europe occidentale	5 %

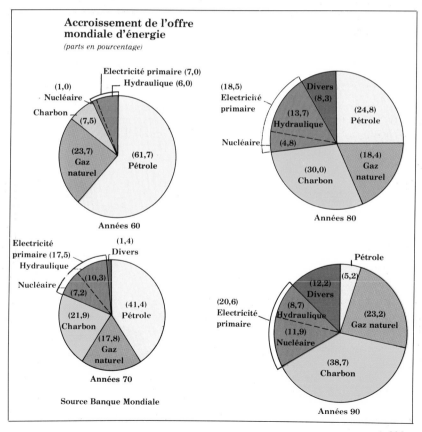

Accroissement de l'offre mondiale d'énergie
(parts en pourcentage)

Années 60
Années 80
Années 70
Années 90

Source Banque Mondiale

181

Consommation d'énergie par habitant

(en tonne équivalent pétrole)

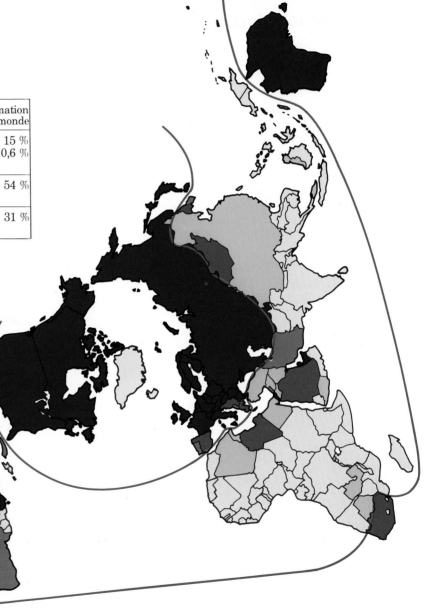

Part de la Production d'énergie dans le monde		Part de la Consommation d'énergie dans le monde
30 %	Tiers Monde	15 %
10 %	dont Etats Pétroliers exportateurs	0,6 %
38 %	Pays développés occidentaux (Japon inclus)	54 %
32 %	Pays de l'Est (Chine incluse)	31 %

+ 6 tep

3 à 6 tep

1,5 à 3 tep

0,5 à 1,5 tep

— de 0,5 tep

Ligne Nord-Sud

Niveaux technologiques

Les industries de pointe mettent en œuvre des technologies nouvelles et hautement avancées, étroitement dépendantes de la recherche et ne sont produites que par un nombre très restreint de pays industrialisés désireux d'en conserver le quasi monopole afin de garantir leur suprématie : aéronautique et aérospatiale, télécommunications et télématique, nucléaire, informatique, bio-industrie, etc.

Informatique (à titre d'exemple)

Ordinateurs en service aux États-Unis % du total mondial		
1975 0,22 millions 65 %	1980 1,25 millions 65 %	2000 (prévis.) 2,85 millions 40 %

Marché mondial informatique (1981)
Etats-Unis : 73 %
Japon : 10 %
CEE : 16 %

Marché mondial des composants électroniques (1981)
Etats-Unis : 48 %
Japon : 27 %
CEE : 23 %

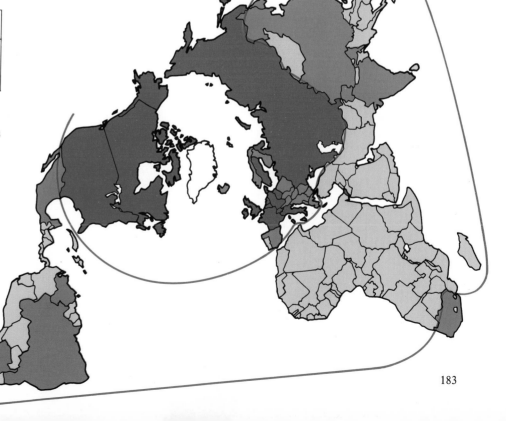

Haut niveau

Niveau classique

Dépendance technologique

Lignes Nord-Sud

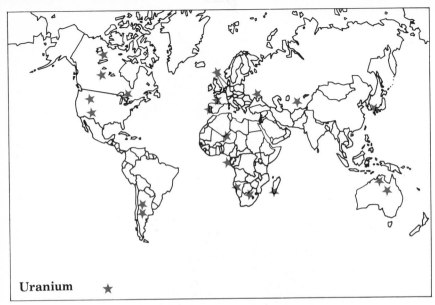

Uranium ★

Répartition en %
de la puissance industrielle
mondiale 1980

(en % de la valeur des productions
minière et manufacturière additionnées).

18,5 URSS

2 Chine (?)

6 Europe Est

16 Autres

10 Japon

24,5 CEE*

23 USA

* CEE dont RFA 9 %, France 5,5 %, Royaume-Uni 4,5 %.

Uranium

Absence de données valables concernant la Chine, l'URSS et les Etats de l'Est européen.

Les Etats grands producteurs et possesseurs de réserves importantes* sont peu nombreux et concentrés en Amérique du Nord et dans l'hémisphère austral.

Production :

Etats-Unis :	33 %
Canada :	17 %
Afrique du Sud :	13 %
Namibie :	9 %
Niger :	10 %
France :	6 %
Australie :	6 %

Réserves (recensées)

Evaluation : 5 millions de t. (sauf URSS, Chine, Pays de l'Est qui auraient des réserves situées entre 3,5 et 7 millions de tonnes).

Etats-Unis :	37 %
Canada :	19 %
Afrique du Sud :	11 %
Australie :	7 %
Suède :	6 %
Niger :	5 %

---

* Le thorium, substitut utilisé parfois à la place de l'uranium, est abondant en Inde (30 %), au Canada (20 %), au Brésil (6 %).

Mouvement des céréales dans le monde

Grands exportateurs (% total exporté)	
Etats-Unis :	54 %
Canada :	12 %
Argentine :	9 %
France :	7 %
Australie :	6 %

Producteurs-exportateurs

Importateurs

Flux principaux

Sous-alimentation chronique. *

Source : Banque Mondiale

185

Les producteurs de céréales dans le monde*

Etats-Unis :   18 %
Chine :   17 %
URSS :   10 %
Inde :   9 %
France :   3 %
Canada :   3 %

Soja :
Etats-Unis : 63 %
Brésil :   17 %
Chine :   9 %

Grandes céréales

Blé :
URSS :   19 %
Etats-Unis : 14,5 %
Chine :   12 %
Maïs :
Etats-Unis : 46 %
Chine :   13 %
Brésil :   5 %
Riz :
Chine :   35 %
Inde :   20 %
Indonésie : 8 %

---

* Calculé sur la base de 8 céréales : blé, riz, maïs, orge, seigle, avoine, sarrasin, millet.

Les engrais

L'utilisation des engrais chimiques est désormais intensive dans les pays à agriculture moderne afin d'assurer des rendements élevés et réguliers, mais aussi de combattre la dégradation des sols.

Les grands producteurs d'engrais sont : les Etats-Unis, l'URSS, la CEE (plus de 50 % du total) et le Canada.

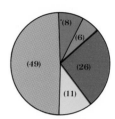

Importations mondiales de céréales par groupe de pays, 1970 et 1980

(parts en pourcentage)

(8) (6) (26) (11) (49)

1970 = 109 millions de tonnes

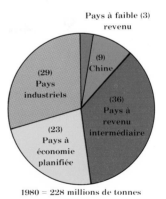

Pays à faible (3) revenu

(9) Chine

(29) Pays industriels

(36) Pays à revenu intermédiaire

(23) Pays à économie planifiée

1980 = 228 millions de tonnes

Source Banque Mondiale

Elevage

La valeur réelle d'un cheptel reste difficile à comparer, tant est grande la variété des espèces et des méthodes d'élevage. Rien de commun entre l'élevage bovin danois à haute productivité et le cheptel de l'Inde, par exemple.

Depuis deux décennies, l'élevage intensif industriel, sur des espaces limités, des volailles et des porcs, a connu un essor considérable dans les pays développés, excluant en grande partie les élevages traditionnels.

Bovins		Ovins		Porcins	
Inde :	15 %	URSS :	13 %	Chine :	38 %
URSS :	10 %	Australie :	12 %	URSS :	10 %
Etats-Unis :	9 %	Chine :	9 %	États-Unis :	8,5 %
Brésil :	7,5 %	Nlle-Zélande :	6 %	Brésil :	5 %
Chine :	5 %				
Argentine :	5 %				

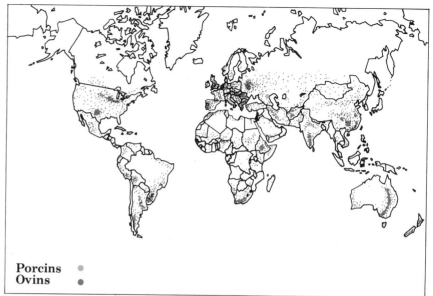

Porcins
Ovins

Zones de pêche
Bovins

Pêche

Japon :	14,6 %
URSS :	12,5 %
Chine :	5,8 %
Etats-Unis :	5 %
Chili :	4 %
Pérou :	4 %
Norvège :	4 %

Elle couvre à peu près 10 % des besoins en protéines de l'humanité. Parallèlement à l'alimentation, la pêche industrielle produit un ensemble de denrées utilisées dans l'industrie : farines, graisse, etc.

Si les Etats maritimes étendent la limite de leurs eaux territoriales à 200 milles nautiques, la pêche industrielle et la pêche hauturière des Etats qui la pratiquent risquent de se trouver gravement handicapées.

LES FACTEURS DÉMOGRAPHIQUES

Population par grandes régions du monde dans la seconde moitié du XXᵉ siècle
1950-1975 Estimation 2000

D'après *Global 2000 Report to the President*, Washington D.C. 1980 et Banque Mondiale.

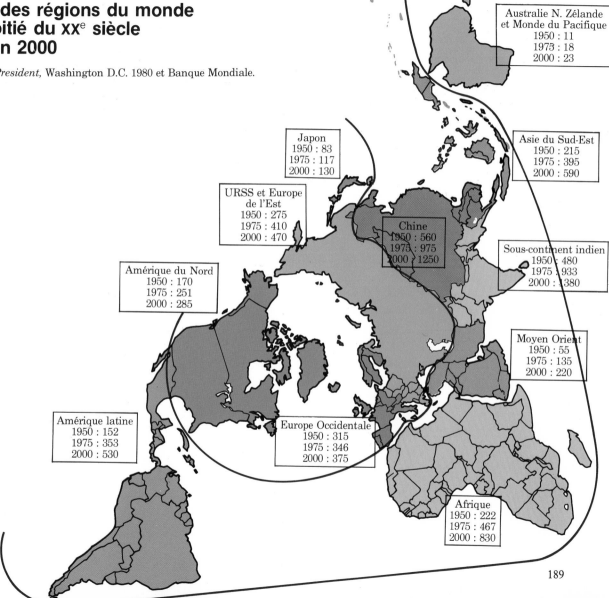

Population mondiale 1800-2000

année	en millions
1800	900 M
1850	1100 M
1900	1600 M
1950	2600 M
1980	4400 M
2000	6100 M

Australie N. Zélande et Monde du Pacifique
1950 : 11
1975 : 18
2000 : 23

Japon
1950 : 83
1975 : 117
2000 : 130

Asie du Sud-Est
1950 : 215
1975 : 395
2000 : 590

URSS et Europe de l'Est
1950 : 275
1975 : 410
2000 : 470

Chine
1950 : 560
1975 : 975
2000 : 1250

Sous-continent indien
1950 : 480
1975 : 933
2000 : 1380

Amérique du Nord
1950 : 170
1975 : 251
2000 : 285

Moyen Orient
1950 : 55
1975 : 135
2000 : 220

Amérique latine
1950 : 152
1975 : 353
2000 : 530

Europe Occidentale
1950 : 315
1975 : 346
2000 : 375

Afrique
1950 : 222
1975 : 467
2000 : 830

États les plus peuplés
Évolution de leur population
de 1930 à 2000 (estimat.)

	1930	1950	1980	2000
Chine.........	430	540	970	1240
Inde	335	370	673	975
URSS	160	180	265	315
États-Unis	120	155	227	260
Indonésie	60	77	146	220
Brésil	40	53	119	177
Bangla Desh ..		40	92	148
Pakistan		35	82	141
Nigéria	19	28	85	161
Japon	64	84	117	130
Mexique	16	26	67	110
Vietnam	22	25	54	88
Philippines....	12	20	48	75
Thaïlande.....	11	19	46	68
Turquie	11	21	45	70
Iran	14	20	38	64
Égypte........	14	21	40	61
Italie	41	47	57	61

Évolution des rythmes d'accroissement mondial
(taux annuel moyen)

1800-1850 : 0,55 % env.

1850-1900 : 0,57 % env.

1900-1950 : 0,83 %

1950-1980 : 1,87 %

1980-2000 : 1,80 % estimation.

Age et sexe de la population mondiale, 1975 et 2000

Les pays développés

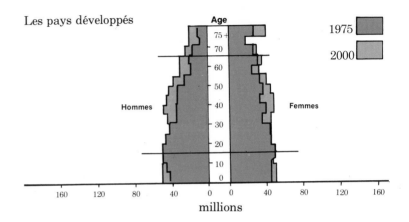

Le monde sous-développé

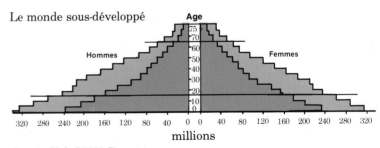

d'après Global 2000 Report to
the President, Washington D.c 1980

Urbanisation des États du monde

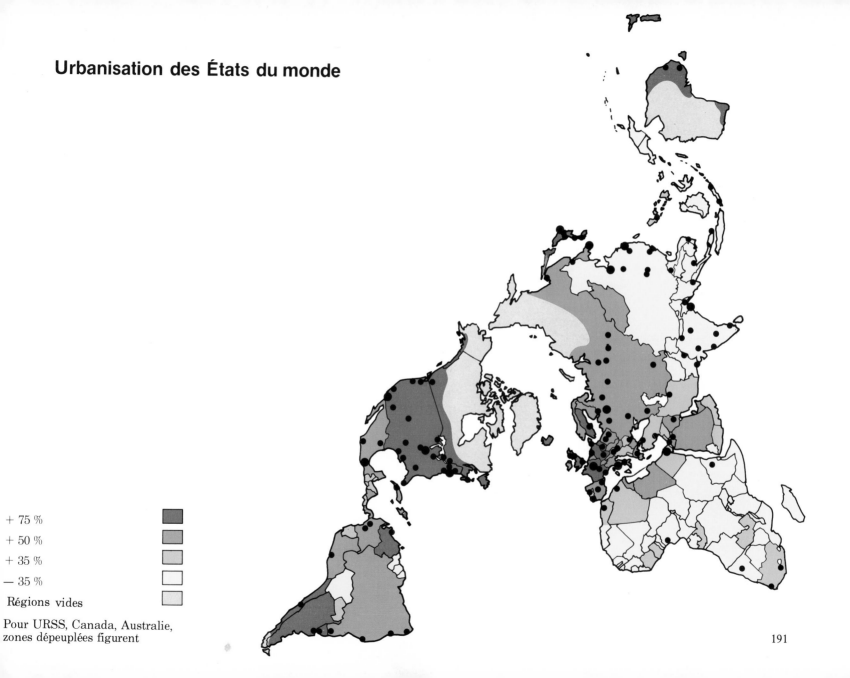

+ 75 %

+ 50 %

+ 35 %

— 35 %

Régions vides

Pour URSS, Canada, Australie,
zones dépeuplées figurent

191

L'urbanisation

Les grandes villes ou agglomérations du monde

1900		1950		2000 (estimat.)	
Londres	6,4	New York	12,3	Mexico	31
New York	4,2	Londres	10,4	S. Paulo	25,8
Paris	3,9	Rhin-Ruhr	6,9	Shanghai	23,7
Berlin	2,4	Tokyo	6,7	Tokyo-Yokohama	23,1
Chicago	1,7	Shanghai	5,8	New York	22,4
Vienne	1,6	Paris	5,5	Pékin	20,9
Tokyo	1,4	Buenos Aires	5,3	Rio	19
St-Petersbourg	1,4	Chicago	4,9	Bombay	16,8
Philadelphie	1,4	Moscou	4,8	Calcutta	16,4
Manchester	1,2	Calcutta	4,6	Djakarta	15,7
Birmingham	1,2	Los Angeles	4	Los Angeles	13,9
Moscou	1,2	Osaka	3,8	Séoul	13,7
Pékin	1,1	Milan	3,6	Le Caire	12,9
Calcutta	1	Bombay	3	Madras	12,7
Boston	1	Mexico	3	Buenos Aires	12,1
Glasgow	1	Philadelphie	4	Karachi	11,6
Liverpool	0,98	Rio	2,9	Delhi	11,5
Osaka	0,95	Detroit	2,8	Manille	11,4
Constantinople	0,92	Naples	2,6	Téhéran	11,1
Hambourg	0,9	Leningrad	2,5	Bagdad	11

(en millions d'habitants ; les villes des puissances industrielles sont soulignées).

Population urbaine

Source Banque Mondiale

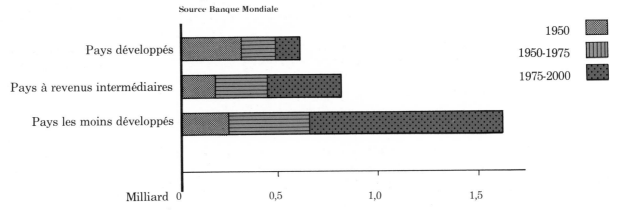

1950

1950-1975

1975-2000

Pays développés

Pays à revenus intermédiaires

Pays les moins développés

Milliard 0 — 0,5 — 1,0 — 1,5

NORD/SUD

En même temps qu'il introduisait des éléments modernisateurs, le capitalisme disloquait les économies traditionnelles des pays dominés. Ces distorsions sont à l'origine de ce que l'on nomme le sous-développement. Dans les faits, le tiers-monde recouvre des réalités fortement diversifiées, bien qu'il soit possible de dégager un certain nombre de traits communs : prépondérance du secteur agricole, démographie très forte, distorsions économiques et sociales très marquées, etc. Le tiers-monde a enregistré, au cours des deux dernières décennies, des différenciations qui tiennent à la fois au niveau des forces productives locales et/ou à l'importance des ressources minérales, notamment en hydrocarbures. En dehors d'une poignée de pays qui ont connu de fortes croissances, la majeure partie des pays du tiers-monde a peu progressé et a en général stagné ou même régressé. Dans une majorité de pays, l'agriculture, occupant pourtant la plus grande partie de la population, ne suffit pas aux besoins locaux. La détérioration des termes de l'échange qui a caractérisé les trois décennies qui ont suivi la Seconde Guerre mondiale continue de peser. Seuls les pays de l'OPEP, producteurs d'hydrocarbures, ont pu modifier les lois du marché durant la décennie 1973-1983.

La progression démographique qui n'a cessé, depuis le début du siècle, de connaître une forte poussée dans le tiers-monde, continue à un rythme approchant 3 %. La population mondiale, estimée à 4 milliards il y a une douzaine d'années, va dépasser les 6 milliards à la fin du siècle. A cette date, la population du tiers monde représentera 80 % du globe, alors qu'elle n'en représentait que 65 % en 1970. Les conditions d'existence des 2,5 milliards d'habitants qui peuplent le tiers monde n'ont guère progressé en vingt ans, tandis que 800 millions d'entre eux sont considérés comme connaissant des conditions très au-dessous du minimum requis. Les réformes proposées par les organisations internationales concernées par le développement se heurtent à la fois à un système Nord-Sud inégal et aux blocages politiques constitués par les couches dirigeantes du tiers monde. Jusqu'à présent, les pays qui ont enregistré une croissance notable sont d'une part les pays producteurs d'hydrocarbures, surtout lorsqu'ils sont sous-peuplés comme le Koweit, l'Arabie Saoudite, les Emirats arabes unis, la Libye, etc., d'autre part quelques rares pays, tels le Brésil ou le Gabon (sous-peuplé), disposant de ressources minières considérables, enfin une série de pays asiatiques où la qualité de la main d'œuvre et les capacités marchandes sont notoires : Taïwan, Singapour, Corée du Sud, Thaïlande, etc.

Aujourd'hui, on distingue trois catégories de pays dans le tiers monde : ceux, peu nombreux, qui connaissent une croissance élevée ou relativement élevée et dont certains disposent déjà d'une infrastructure industrielle non négligeable ; une importante proportion de pays moyens, se développant plus ou moins malgré une forte croissance démographique ; enfin, une cinquantaine de pays dits "pays moins avancés" (PMA) dont la situation est tragique. La crise actuelle frappe très durement le tiers monde. L'Afrique paraît particulièrement menacée à tous égards : stagnation, sinon régression de la croissance, poussée démographique galopante, corruption et inefficacité de l'écrasante majorité des couches dirigeantes. En Amérique andine (Equateur, Pérou, Bolivie, etc), la situation n'est guère meilleure et les perspectives ne sont guère différentes. En Asie du Sud-Est, en marge de croissances non négligeables et de secteurs industriels dynamiques, il reste, surtout dans le sous-continent indien (Bangladesh, Inde, Pakistan), des zones massives de misère et de malnutrition.

**Evolution du PNB
par grandes
régions du monde.
1975 - Estimation 2000**

(en dollars par habitant)

D'après *Global 2000 Report to the President*, Washington D.C. 1980.

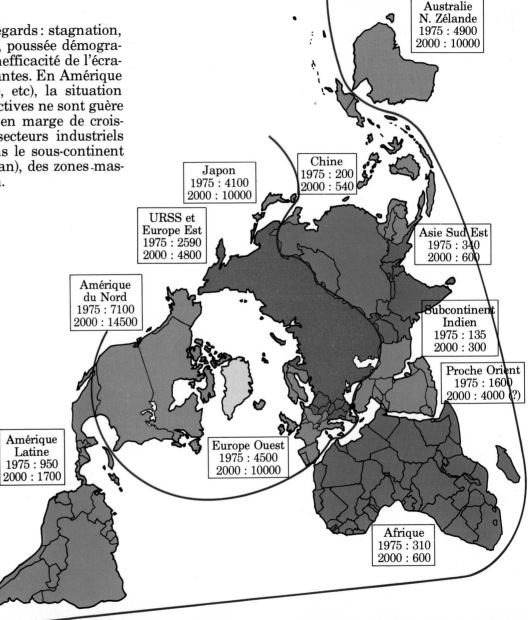

Australie
N. Zélande
1975 : 4900
2000 : 10000

Japon
1975 : 4100
2000 : 10000

Chine
1975 : 200
2000 : 540

Asie Sud Est
1975 : 340
2000 : 600

URSS et
Europe Est
1975 : 2590
2000 : 4800

Subcontinent
Indien
1975 : 135
2000 : 300

Amérique
du Nord
1975 : 7100
2000 : 14500

Proche Orient
1975 : 1600
2000 : 4000 (?)

Amérique
Latine
1975 : 950
2000 : 1700

Europe Ouest
1975 : 4500
2000 : 10000

Afrique
1975 : 310
2000 : 600

Revenu
Santé
Education
1950-1980

Revenu

PNB par habitant (dollars de 1980)	1950	1960	1980
Pays industriels	4 130	5 580	10 660
Pays à revenu intermédiaire	640	820	1 580
Pays à faible revenu	170	180	250

Croissance annuelle moyenne (pourcentage)	1950–60	1960–80
Pays industriels	3,1	3,3
Pays à revenu intermédiaire	2,5	3,3
Pays à faible revenu	0,6	1,7

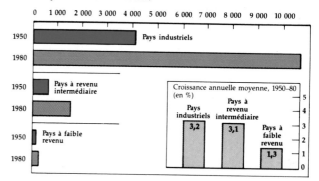

PNB par habitant (dollars de 1980)

Santé

Espérance de vie à la naissance (nombre d'années)

	1950	1960	1979	Augmentation 1950–79
Pays industriels	67	70	74	7
Pays à revenu intermédiaire	48	53	61	13
Pays à faible revenu	37	42	51	14
Pays à économie planifiée	60	68	72	12

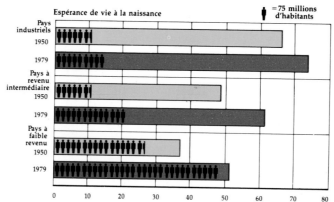

Education

Taux d'alphabétisation des adultes (pourcentage)

	1950	1960	1976
Pays industriels	95	97	99
Pays à revenu intermédiaire	48	53	72
Pays à faible revenu	22	28	39
Pays à économie planifiée	97	97	99

Note : Chine non comprise.

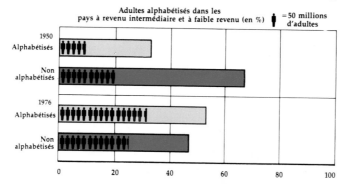

Source : Banque Mondiale

Évolution de la ration alimentaire (1970-1980)

    800 millions d'hommes dans le Tiers Monde, selon la Banque mondiale, vivent en-dessous du seuil de la pauvreté absolue et souffrent de sous-alimentation absolue ou de malnutrition grave, plus particulièrement en Asie et en Afrique subtropicale.

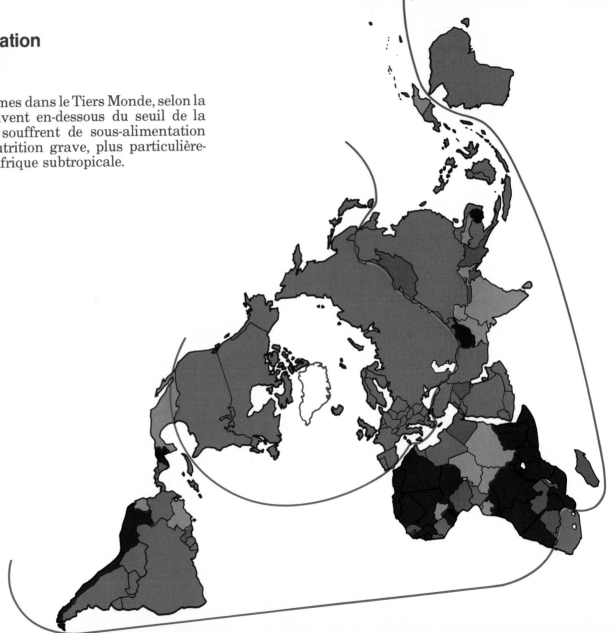

Augmentation

Stagnation

Diminution (0-10 %)

Diminution (+ 10 %)

Ligne Nord-Sud

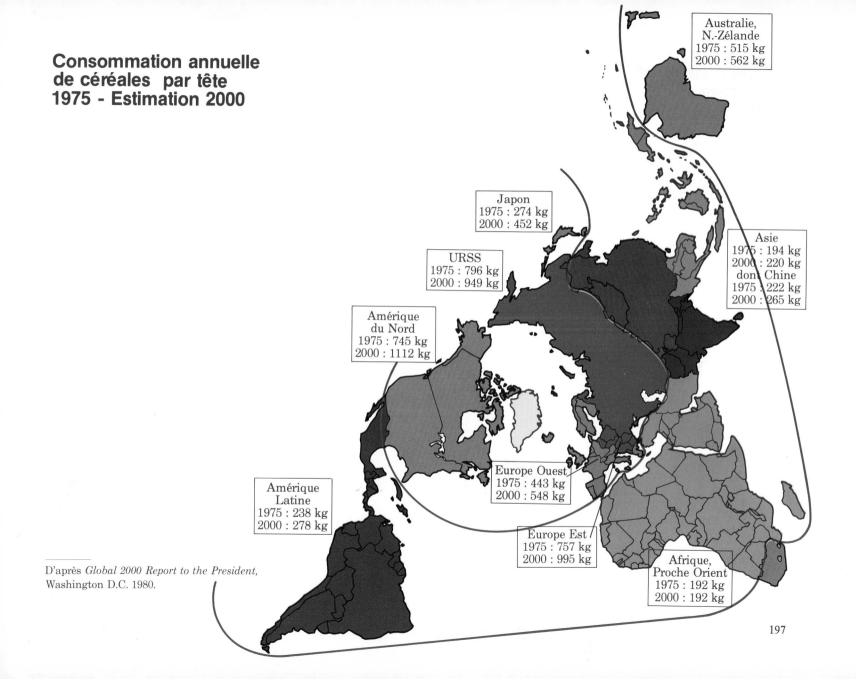

**Consommation annuelle
de céréales par tête
1975 - Estimation 2000**

Australie,
N.-Zélande
1975 : 515 kg
2000 : 562 kg

Japon
1975 : 274 kg
2000 : 452 kg

Asie
1975 : 194 kg
2000 : 220 kg
dont Chine
1975 : 222 kg
2000 : 265 kg

URSS
1975 : 796 kg
2000 : 949 kg

Amérique
du Nord
1975 : 745 kg
2000 : 1112 kg

Amérique
Latine
1975 : 238 kg
2000 : 278 kg

Europe Ouest
1975 : 443 kg
2000 : 548 kg

Europe Est
1975 : 757 kg
2000 : 995 kg

Afrique,
Proche Orient
1975 : 192 kg
2000 : 192 kg

D'après *Global 2000 Report to the President,*
Washington D.C. 1980.

197

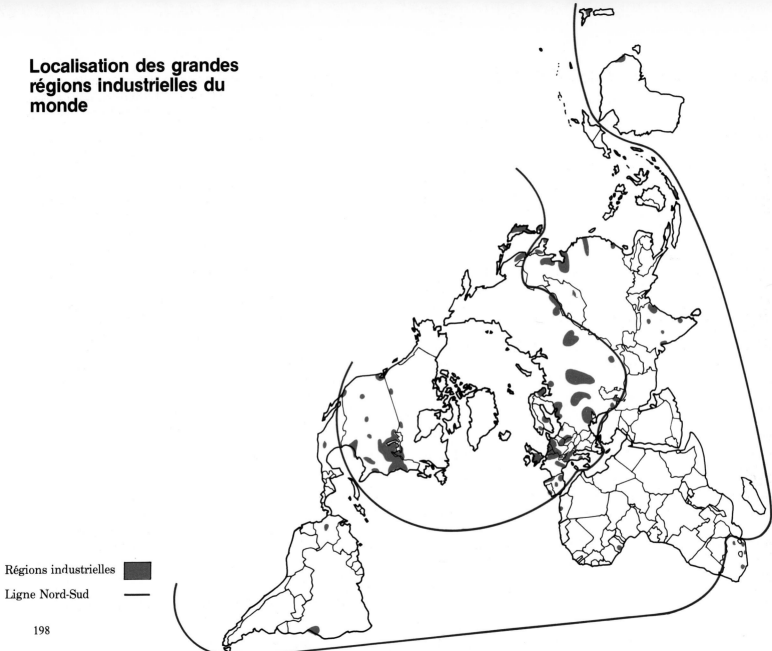

Localisation des grandes régions industrielles du monde

Régions industrielles ▮

Ligne Nord-Sud ——

198

Le Tiers Monde : enjeu Est-Ouest

Quel est le bilan provisoire de la compétition Est-Ouest dans le Tiers Monde ?

L'immédiat après-guerre est favorable aux forces communistes en Asie: en Chine de façon totale, en Corée à demi. Au terme d'un long combat retardateur mené par les Français et les Américains, les tenants du "marxisme-léninisme" enregistrent un important succès dans la péninsule indochinoise, qui profite au premier chef au Viêt-Nam.

En revanche, en 1965, c'est, en Indonésie, l'élimination radicale du plus important parti communiste d'Asie. Au fil du temps, la situation économique des alliés régionaux des Etats-Unis s'améliore: Taïwan, Singapour, Corée du Sud, Thaïlande, Malaisie.

La reconnaissance de la Chine en 1971 (après une décennie de conflit sino-soviétique), grâce à l'initiative Nixon-Kissinger, permet aux Etats-Unis de mener un jeu tripolaire qui leur est favorable.

Au Moyen-Orient, les reculs occidentaux par rapport à la période du Pacte de Bagdad (Turquie, Irak, Iran, Pakistan) sont sensibles. La chute du shah est un échec important pour les Etats-Unis. Mais, après la longue alliance de la période nassérienne, la rupture provoquée par l'Egypte (1972) est tout aussi grave pour l'URSS dont la politique arabe s'est heurtée à des déboires (Irak) et ne pèse que très partiellement (Syrie, OLP) dans une situation où, jusqu'à présent, les Etats-Unis continuent d'être en position d'arbitrage. Israël, allié privilégié des Etats-Unis, reste la puissance militaire majeure de la région, tandis que l'Arabie saoudite, dont la stabilité est essentielle pour l'Occident, a joué un rôle modérateur au sein des pays producteurs de pétrole.

L'occupation de l'Afghanistan, en revanche, affaiblit l'allié des Etats-Unis qu'est le Pakistan, tandis que l'Inde a réussi depuis Nehru à utiliser au mieux le délicat concept de non-alignement.

La chasse gardée occidentale qu'était l'Afrique jusqu'en 1975, malgré diverses tentatives soviétiques (de la Guinée, 1959, jusqu'au Soudan et à la Somalie au début des années soixante-dix) est désormais partie intégrante de la confrontation Est-Ouest. En Angola (1975) et en Ethiopie (1977), la présence de troupes cubaines confère une toute autre dimension à la présence soviétique. Cependant, en 1984, les pressions militaires directes et indirectes de l'Afrique du Sud ont amené à composer le Mozambique et l'Angola, alliés de l'URSS.

D'autres pays africains, parfois classés comme alliés de l'URSS, paraissent connaître une situation beaucoup plus ambiguë : Congo, Guinée-Bissau, Madagascar, etc. Les positions occidentales continuent, à l'échelle continentale, d'être largement prépondérantes.

En Amérique latine, les Etats-Unis (sauf sous l'administration Carter) ont essentiellement maintenu leur rôle de gendarme : directement ou indirectement, la politique du "gros bâton" a été utilisée au Guatémala (1954), sans succès à Cuba (1961), en République dominicaine (1965), dans la formation de forces contre-insurrectionnelles à l'échelle continentale pour répondre aux guérillas des années soixante, ainsi qu'au Brésil (1964), au Chili (1973) et à la Grenade (1983).

Le fait nouveau est, depuis la victoire des sandinistes au Nicaragua (facilitée par la neutralité américaine) en 1979, la multiplication de luttes armées d'envergure en Amérique centrale (Salvador, Guatémala). Ces guérillas, nées de situations socio-économiques locales, permettent à l'URSS et à Cuba de défier Washington dans leur "arrière-cour" : le bassin caraïbe, vital pour la sécurité géostratégique des Etats-Unis.

Au total, c'est moins le recul, relatif et somme toute normal — compte tenu du fait que les Etats-Unis détenaient une hégémonie quasi globale dans une situation de supériorité militaire totale — que la transformation de l'URSS de puissance régionale en puissance véritablement mondiale, qui est la modification majeure des trois dernières décennies.

Dans ce cadre nouveau, il va de soi que la situation de crise mondiale, particulièrement sensible dans le tiers monde et aggravée par l'incurie des couches dirigeantes de nombreux pays et par la pesée démographique, va rendre les affrontements plus âpres.

LE MOUVEMENT DES NON-ALIGNÉS

Créé en 1961 à la conférence de Belgrade.
Regroupe en Amérique latine : Argentine, Bolivie, Pérou, Equateur, Panama, Nicaragua, Cuba, Jamaïque, Guyana (ex-britannique), Surinam, Trinidad et Tobago, Grenade, La Barbade et Sainte Lucie.
En Afrique : tous les Etats à l'exception de : Namibie, Afrique du Sud et Sahara occidental (ex-espagnol) ; les îles du Cap Vert, Sao Tomé et Principe, Maurice, Comores, Seychelles.
En Europe : la Yougoslavie, Malte et Chypre.
Au Moyen-Orient : tous les Etats arabes, l'Iran, l'Afghanistan.
Dans le sous-continent indien : Pakistan, Inde, Népal, Bhoutan, Bangla Desh, Sri Lanka, les Maldives.
En Asie orientale : Laos, Viêt-Nam, Kampuchéa, Malaisie, Indonésie, Singapour, Corée du Nord.
Le groupe des 77, organisation d'ordre économique concernée par les rapports Nord/Sud, comprend 120 membres (1980) regroupant tous les pays du Tiers-Monde moins la Chine, la Namibie, le Sahara occidental (ex-espagnol) et la Turquie.
Sont également membres : Yougoslavie, Roumanie.

Ventes d'armes aux pays du Tiers monde

Les principaux exportateurs d'armes dans le monde sont : Etats-Unis (37 %), URSS (30 %), France (8 %), Grande-Bretagne et RFA (5 % chacune).

Les importateurs d'armes majeurs se situent au Moyen-Orient (40 %). Si l'on exclut les Etats membres de l'OTAN (12 %) et ceux du Pacte de Varsovie (12 %), les autres importateurs sont : Afrique (17 %), Asie (11 %), Amérique latine (5 %). Par ordre d'importance, les principaux acheteurs sont : Arabie saoudite, Jordanie, Irak, Syrie, Libye, Corée du Sud, Inde, Israël, Viêt-Nam, Maroc, Ethiopie. Cette douzaine de pays (avec l'Iran*) achètent près du tiers du total des armes vendues en Asie, en Afrique et en Amérique latine.

L'endettement, facteur d'accroissement de la crise

Total 1/1/82 de la dette publique*
des pays du Tiers Monde : 575 milliards $
(1973 : 98 milliards $)

Etats les plus endettés
(dette publique et garantie en milliards de dollars)

Brésil :	43,8	Algérie :	14,4
Mexique :	42,7	Egypte :	13,8
Pologne :	27 (?)	Turquie :	13,8
Corée du Sud :	20	Israël :	13,8
Inde :	18	Venezuela :	11,3
Indonésie :	15,5	Argentine :	10

Pays d'Europe orientale
Dette publique : 80 milliards $
(1973 : 8 milliards $)

---

* Il est difficile de savoir à quelle place se situe l'Iran à l'heure actuelle.

** Les paiements d'intérêts — soit 31 milliards de dollars en 1980 — ont doublé entre 1978 et 1980.

« Les changements intervenus dans la structure de la dette des pays en développement contrastent avec la stabilité de sa répartition. Depuis 1973, ce sont les mêmes douze principaux emprunteurs qui doivent près des deux tiers de la dette et du service de la dette, chacun d'eux ayant actuellement une dette qui dépasse 12 milliards de dollars. Cinq de ces débiteurs — l'Algérie, l'Egypte, l'Indonésie, le Mexique et le Venezuela — sont des pays exportateurs de pétrole. Les sept autres — l'Argentine, le Brésil, la Corée, l'Inde, Israël, la Turquie et la Yougoslavie — sont d'importants exportateurs de produits manufacturés.

Ce sont les pays à revenu intermédiaire qui entraient pour la majeure partie de la dette des pays en développement (349 milliards de dollars sur un total de 410 milliards de dollars) à la fin 1980. Environ 70 % de leur dette ont été contractés auprès de sources privées.

Par contre, à la fin 1980, 87 % de la dette des pays à faible revenu étaient contractés auprès de sources publiques ; sur les transferts nets de 5 milliards de dollars effectués en faveur de ces pays au cours de 1980, les sources publiques de financement en ont fourni 88 %. Alors que le montant total des engagements envers ces pays a augmenté de 55 % en 1980 pour atteindre 13,5 milliards de dollars, ceux qui ont été effectués par les institutions multilatérales ont presque doublé (et ont atteint 6,4 milliards de dollars). »

Source : Banque Mondiale.

Dette extérieure publique

(En % du produit national brut des Etats de chaque groupe)
Pays pauvres : 19,2 % (1970 : 15,6 %)
Pays à revenus intermédiaires :
(Import. pétrole) : 15,4 % (1970 : 10,7 %)
(Export. pétrole) : 21,3 % (1970 : 14 %)
Pays de l'Est : (manque de données)
Yougoslavie : 6,6 % (1970 : 8,8 %).
80 % des créances du système bancaire privé aux pays en voie de développement sont détenues par vingt pays développés et 50 % par cinq d'entre eux seulement : États-Unis - Canada - Royaume-Uni - France - R.F.A.

Envois de fonds reçus par des pays exportateurs de main d'œuvre

Principaux :	Montant en milliards de dollars	Envoi de fonds en pourcentage des exportations de marchandises
Yougoslavie	4,8	70
Turquie	2	71
Italie	3,2	2
Algérie	0,5	3
Espagne	1,2	6
Tunisie	0,3	17
Inde	1,2	18
Pakistan	2	80
Grèce	1	26
Maroc	1	44
Portugal	2,9	64
Jordanie	0,8	138
Egypte	2,6	220
Sud Yemen	0,3	715
Nord Yemen	1,3	995

Source OCDE 1980.

LE RAPPORT DES FORCES MILITAIRES

Le rapport des forces militaires

Etablir le bilan d'un rapport de forces à l'aide de tableaux décomptant les panoplies des protagonistes ne représente qu'une approche (1). Ce décompte statique, par ailleurs fort utile, n'est qu'une des données, essentielle d'un rapport où les facteurs socio-politiques, les attitudes et les volontés restent fondamentaux. Traditionnellement, les décomptes sont mesurés par des experts, les stratégies se gagnent avec des peuples et des dirigeants.

Depuis trente-cinq ans, la guerre généralisée a été écartée par l'équilibre de la terreur. Les conflits se sont déroulés dans le cadre de stratégies indirectes, par guerres classiques locales, plus souvent encore par guérillas ou par gestion de crises sans conflit ouvert (Berlin, Cuba).

Au cours des vingt dernières années, depuis la crise des fusées à Cuba (1962), l'URSS a considérablement augmenté sa puissance militaire, tant dans l'espace aérien et maritime que du point de vue nucléaire.

En l'état actuel des choses, tandis que la guerre nucléaire paraît encore hautement improbable, les Etats doivent faire comme si elle était possible (du moins par accident): d'où la nécessité, dans la course aux armements, de faire sans cesse progresser leur panoplie.

S'il est en somme admis que la guerre nucléaire, déclenchée de sang froid, n'est pas à l'heure actuelle (pour combien de temps ?) concevable, il s'agit néanmoins de répondre aux anticipations de l'autre. A cet égard, hier comme aujourd'hui, la stratégie reste une "dialectique des incertitudes" (Lucien Poirier).

Mais la stratégie n'est pas limitée à la guerre, il s'en faut. Elle vise d'abord à produire des effets psychologiques sur les peuples.

En marge d'une éventuelle reprise des discussions sur la réduction et le contrôle des armements (SALT I, 1972), tout se passe aujourd'hui comme si l'installation des SS-20 par les Soviétiques (1977) était une stratégie de coercition destinée, à travers la perception de la menace d'une guerre nucléaire, à entraîner la neutralisation de l'Europe occidentale par rapport aux Etats-Unis, ce qu'on appelle en jargon le découplage politique.

Le SS-20 (2) n'est pas une arme de dissuasion mais de pression sur l'Europe occidentale, et tout particulièrement sur l'Allemagne Fédérale, celle-ci en étant le talon d'Achille. En ce sens, le débat sur l'installation des Pershing 2 est d'abord un problème de détermination politique pour les Européens.

---

(1) De surcroît, les chiffres vieillissent vite. On se référera au "Military Balance" de l'Institut international des études stratégiques, Londres, qui, chaque année, fournit les données de l'équilibre militaire du monde, Etat par Etat.
(2) Les SS 20 portent chacun trois têtes nucléaires à trajectoire indépendante, d'une grande puissance de tir. Transportant 150 kilotonnes par tête nucléaire, le SS 20 a une portée de 2.700 milles marins. Actuellement, l'URSS dispose de 360 SS-20. Les experts estiment que 150 SS-20 pourraient détruire l'ensemble du système de défense de l'OTAN en Europe.

Les arsenaux nucléaires stratégiques

	Etats-Unis	URSS
Missiles inter-continentaux Charges nucléaires	1045 2152	1398 5230
Missiles stratégiques balistiques mer/sol Charges nucléaires	568 à bord de 34 sous-marins à propulsion nucléaire 4768	980 à bord de 80 sous-marins à propulsion nucléaire 1752
Missiles stratégiques continentaux sol-sol	(1)	600 dont 66 % à l'ouest de l'Oural
Bombardiers stratégiques	356 dont 272 à long rayon d'action	143 à long rayon d'action + 455 bombardiers moyens

Source : Military Balance (1983-1984)

---

(1) 376 Pershing-2 et missiles de croisière terrestres (GLCM) devraient, en principe, être mis en place en République Fédérale allemande, Grande-Bretagne, Italie, Belgique et aux Pays-Bas.
La France dispose de 80 missiles stratégiques balistiques mer-sol (portée : 3000 km avec une charge nucléaire par engin, à bord de 5 sous-marins à propulsion nucléaire). Elle dispose également de 18 missiles stratégiques de portée continentale (3.500 km) et de 36 bombardiers stratégiques. La Grande-Bretagne possède 64 missiles stratégiques balistiques mer-sol (por-

	Alliance atlantique	Pacte de Varsovie
Sous-marins nucléaires d'attaque	90	99
Tonnage des bâtiments de combat	3.385 (1)	2.685
Porte-aéronefs Navires de plus de 2.000 tonnes	18 348	4 139
Tonnage des navires amphibies	759 (1)	141 (1)
Aéronautique navale	2.600	7.50

(1) En millions de tonnes.

En matière de potentiels aéroterrestres, les comparaisons ne reflètent que très imparfaitement les forces réelles, y compris du point de vue numérique. Les divisions blindées et aéroportées américaines et soviétiques ont des compositions sensiblement différentes. En fait, personne ne met en doute la supériorité des forces classiques des pays du Pacte de Varsovie sur le théâtre européen.
Du point de vue du potentiel naval, la supériorité de l'Alliance atlantique ne fait pas de doute, la maîtrise des mers étant essentielle à l'Occident.

tée : 4.000 km avec trois charges thermonucléaires par missile, à bord de 4 sous-marins à propulsion nucléaire).
En ce qui concerne les forces nucléaires tactiques, l'Alliance atlantique possède 348 missiles sol-sol contre 1980 pour les pays du Pacte de Varsovie, et 603 avions contre 2.650.

Déploiement des forces navales des États-Unis

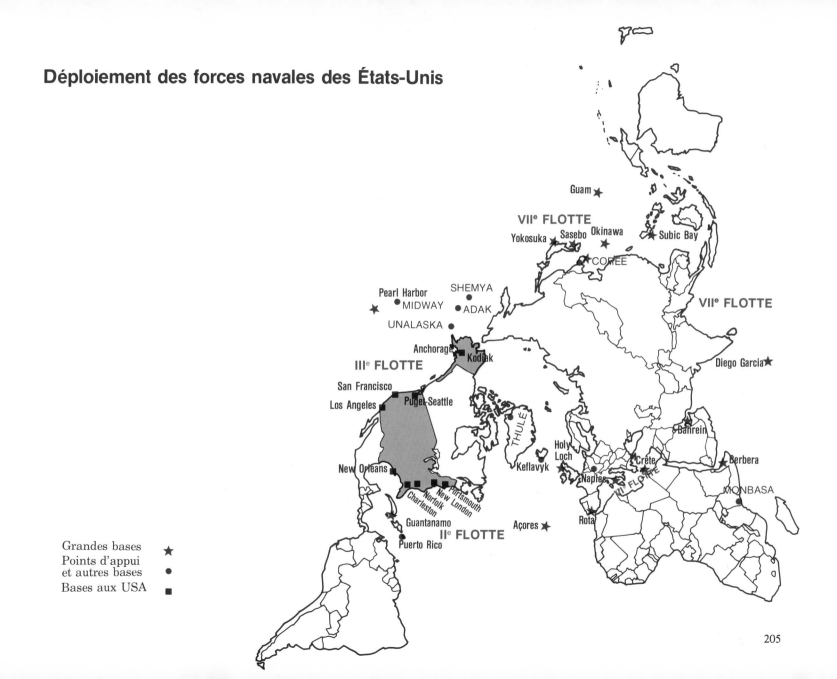

Grandes bases ★
Points d'appui
et autres bases ●
Bases aux USA ■

VIIe FLOTTE

Guam ★

Yokosuka ★ Sasebo ★ Okinawa ★ Subic Bay ★
CORÉE

VIIe FLOTTE

Pearl Harbor ●
★ MIDWAY
UNALASKA ●

SHEMYA ●
ADAK ●

Diego Garcia ★

Anchorage ■
IIIe FLOTTE
Kodiak ■

San Francisco ■
Los Angeles ■ Puget-Seattle ■

Bahrein ★

THULÉ ●

Holy
Loch ★
Keflavyk ★
Naples ●

Crête ★
VIe FLOTTE

Berbera ★

MONBASA ●

New Orleans ■
Portsmouth ■
New London ■
Norfolk ■
Charleston ■
Guantanamo ★
Puerto Rico ●

Açores ★
Rota ★

IIe FLOTTE

205

Déploiement naval soviétique dans le monde et ses points d'appui

Ce déploiement s'opère en dépit des mers saisonnièrement gelées :
— vers l'Atlantique à partir de la Mer Blanche et la presqu'île de Kola.
— vers le Pacifique à partir de la côte sibérienne (Vladivostok - Petropavlosk).

Les ports militaires de la Baltique et de la Mer Noire (mers semi-fermées) voient leur rôle décliner.

La présence navale soviétique est particulièrement importante dans l'Océan Indien.
Le Vietnam et Cuba constituent des points d'appui particulièrement sûrs.

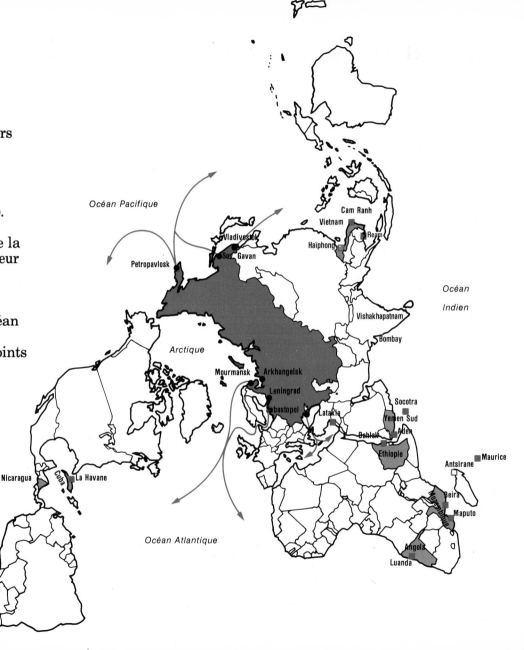

Bases ou points d'appui majeurs. ■

Autres points d'appui ☐

Ports militaires d'URSS ●

Alliés de l'URSS ▨

La mer et la puissance maritime

La mer est le moyen de communication et d'échanges le plus utilisé et le volume de ces échanges n'a cessé de croître au cours des dernières décennies. L'Occident — et le Japon — dépendent de façon étroite de la liberté de navigation.

La mer, source de richesse traditionnelle avec la pêche, est devenue, avec les progrès technologiques récents, un objet de conflit et les querelles de délimitation de souveraineté se sont multipliées. Déjà le pétrole "off shore" fournit près du tiers de la production mondiale. Mais la perspective très prochaine d'exploitation d'importantes ressources de minerais océaniques éveille des convoitises.

La convention maritime adoptée en 1982 par la plupart des pays — mais pas par les Etats-Unis, qui sont technologiquement les mieux armés pour l'exploitation des richesses sous-marines — stipule que les eaux territoriales s'étendent à 12 milles et que les Etats exercent des droit souverains (surtout économiques) jusqu'à une limite de 200 milles.

Au cours des années soixante-dix, la montée de la puissance maritime soviétique, au terme d'un effort de deux décennies, a été une des données essentielles de la modification du rapport de force Est-Ouest jusque-là quasi exclusivement limité au théâtre terrestre. A partir de 1961, la marine soviétique étend progressivement sa présence et en 1975, la mondialisation de cette présence est achevée.

La supériorité navale américaine demeure indiscutable, mais "l'US Navy doit maintenir ouverte les lignes de communications sans lesquelles les Etats-Unis ne pourraient vivre, alors que la flotte soviétique n'a pas à protéger des lignes de communications vitales, mais à couper celles de l'adversaire" (Coutau-Bégarie). Le nouvel ordre mondial se joue en grande partie dans l'espace maritime, avec ses ressources et ses points d'appui. La grande nouveauté navale c'est que les sous-marins nucléaires peuvent atteindre par leur feu n'importe quel point du globe.

Déploiement des forces navales américaines dans le monde

IIe Flotte (Atlantique)
Grandes bases : *Norfolk* - Charleston - Jaksonville - N. Orleans - Puerto Rico - Boston - New London - Brunswick (Portland)
- 72 sous-marins (dont 31 lance-missiles)
- 76 grands navires de combat
Eléments de cette flotte à Guantanamo (Cuba), Bermudes, Keflavik (Islande), Holy Loch (GB).

IIIe flotte (Est Pacifique)
Grandes bases : *Pearl Harbor* (Hawaï) - San Francisco - San Diego - Whidbey Isl. - Long Beach (Los Angeles) - Adak (Alaska)
- 35 sous-marins (dont 5 lance-missiles)
- 47 navires de combat majeurs

VIe flotte (Méditerranée)
Bases principales : Gaëte - *Naples* (Italie) - Rota (Espagne)
- 5 sous-marins
- 16 navires de combat majeurs

VIIe flotte (Ouest Pacifique) *
Grandes bases : *Yokosuka* (Japon) - Subic Bay (Philipp.) - Guam-Midway
- 8 sous-marins
- 23 navires de combat majeurs
*Un certain nombre de navires de combat sont détachés dans l'Océan Indien au large du golfe Persique (environ 20 vaisseaux de surface).

Note : Après les noms des flottes figurent les bases ou zones des bases - Les QG des flottes sont en italiques.

Déploiement des forces navales soviétiques dans le monde

Flotte du Nord
Severomorsk - Presqu'île de Kola - Mer Blanche
- 135 sous-marins (dont 45 lance-missiles)
- 82 navires de combat majeurs

Flotte de la Baltique
Baltiysk - Cronstadt - Riga - Tallin
- 22 sous-marins
- 42 navires de combat majeurs

Flotte de la Mer Noire
Sébastopol - Odessa - Poti
- 22 sous-marins
- 84 navires de combat majeurs
(Escadre soviétique opérant en Méditerranée incluse dans cette flotte)

Flotte du Pacifique
Vladivostok - Petropavlovsk - Sov. Gavan
- 80 sous-marins (dont 24 lance-missiles)
- 86 navires de combat majeurs
(Eléments de cette flotte stationnant ou opérant au Viêt-Nam — Cam Ranh, Da Nang — et dans l'Océan Indien — Socotra, Aden, Dahlak...)

Note : Après les noms des flottes figurent les bases ou zones des bases - Les QG des flottes sont en italiques.

Militaires américains à l'étranger*

Total	**469.711**
Terre	*446.043*
Mer	*23.668*

Europe	328.577	Hémisphère Ouest		16.642
Extrême-Orient et Pacifique	124.492	Mer		2.138
		Panama		9.616
Mer	21.530	Guantanamo		2.163
Japon	47.269	autres		2.725
Corée du Sud	39.317			
Philippines	15.414			
Australie	636			
autres	326			

Présence militaire soviétique et de ses alliés dans le monde (1982)*

Forte présence de techniciens ou conseillers militaires du bloc soviétique

Ethiopie	3 - 3.500	Cuba
Afghanistan	7 - 8.000	URSS
Algérie	2 - 3.000	URSS
Libye	2.000	URSS
Syrie	2.000	URSS
Yémen du Sud	1.500	URSS
Nicaragua	1.000	Cuba

Troupes du bloc soviétique à l'étranger

	pays	nombre	depuis
URSS	Afghanistan	100.000	1979
Cuba	Angola	15-20.000	1975
	Ethiopie	7-9.000	1977
Viêt-Nam	Kampuchea	180.000	1978

* Source : U.S. State Department.

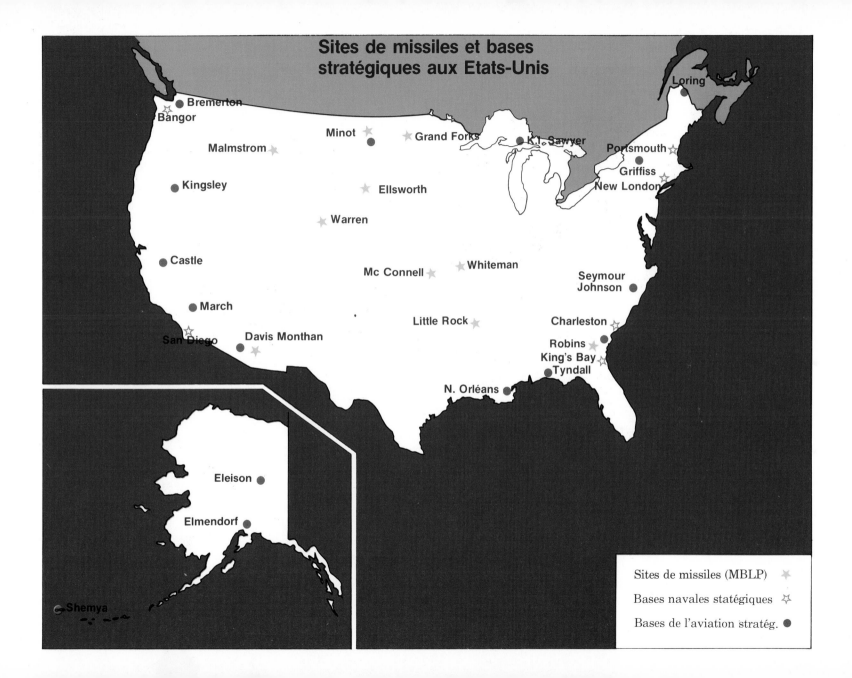

Sites de missiles et bases stratégiques aux Etats-Unis

Loring

Bremerton
Bangor

Minot   Grand Forks   K.I. Sawyer   Portsmouth

Malmstrom   Griffiss
New London

Kingsley   Ellsworth

Warren

Castle   Mc Connell   Whiteman   Seymour
Johnson

March   Charleston

San Diego   Davis Monthan   Robins
King's Bay   Tyndall

Little Rock

N. Orléans

Eleison

Elmendorf

Shemya

Sites de missiles (MBLP) ⭐

Bases navales statégiques ☆

Bases de l'aviation stratég. ●

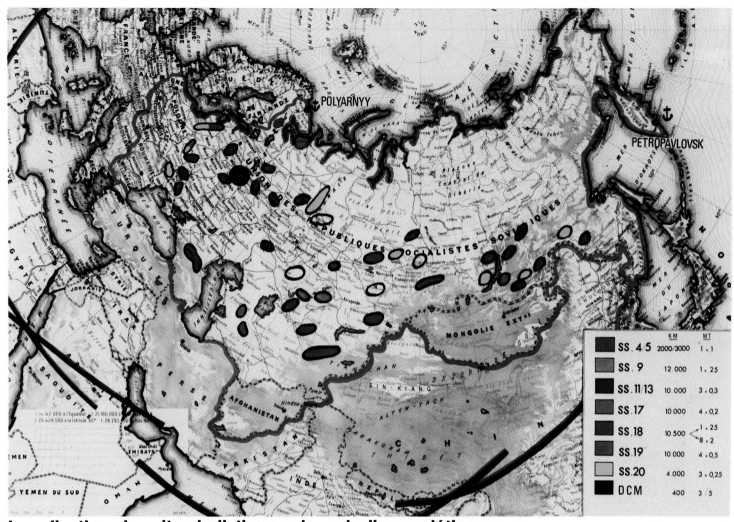

		KM	MT
■	SS.4/5	2000/3000	1.1
■	SS.9	12.000	1.25
■	SS.11/13	10.000	3 × 0.3
■	SS.17	10.000	4 × 0.2
■	SS.18	10.500	1.25 / 8 × 2
■	SS.19	10.000	4 × 0.5
■	SS.20	4.000	3 × 0.25
■	DCM	400	3/5

Localisation des sites balistiques des missiles soviétiques

Carte établie par le général P. Gallois

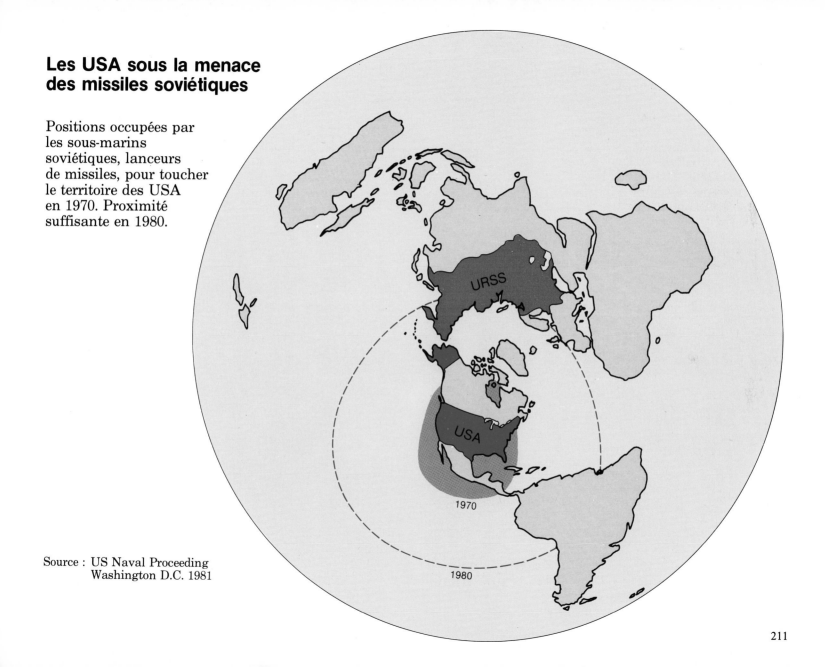

Les USA sous la menace des missiles soviétiques

Positions occupées par les sous-marins soviétiques, lanceurs de missiles, pour toucher le territoire des USA en 1970. Proximité suffisante en 1980.

Source : US Naval Proceeding
Washington D.C. 1981

URSS

USA

1970

1980

L'URSS sous la menace des missiles américains

Proximité à laquelle devaient se tenir les sous-marins US en 1970 pour toucher de leurs missiles le territoire soviétique.
Leur position en 1980 pour atteindre le même objectif (TRIDENT I).
Avant 1990, TRIDENT II permettra d'élargir encore la zone de tir.

Source : US Naval Proceeding
Washington D.C. 1981

L'espace

L'observation est, à l'heure actuelle, l'application militaire de l'espace la plus importante. Les satellites permettent de surveiller les bases de missiles adverses et de raccourcir ainsi le temps d'alerte. Les satellites munis de caméras évoluent sur une orbite variant entre 150 et 500 km d'altitude.

Conquête de l'espace
largement dominée par les Etats-Unis et l'URSS

Années	1957-1960	1961-1965	1966-1970	1971-1975	1976-1980	1981	Total
Etats-Unis	31	239	244	135	111	18	778
URSS	9	121	335	413	461	98	1.437

Tableau des lancements spatiaux réussis (1957-1981)*

* 1982 (janv.-avril) : E.U. : 8 - URSS : 29.

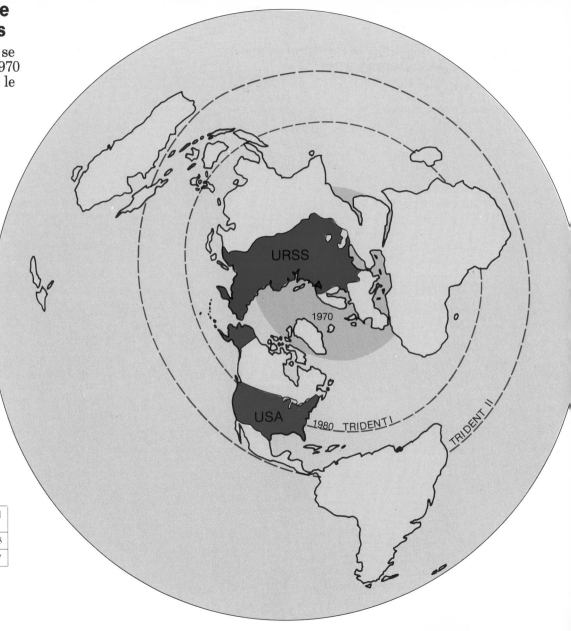

Principaux bénéficiaires de l'aide militaire américaine (1950-1980)
(en milliards de dollars)

E.S.F.

Total mondial : 28	
Israël	4
Egypte	4
Corée du Sud	2
Turquie	1
Jordanie	0,9

F.M.S.

Total mondial : 22	
Israël	12
Egypte	1,5
Corée du Sud	1,2
Turquie	1
Grèce	1
Taïwan	0,5
Iran	0,5
Espagne	0,5
Jordanie	0,4

I.M.E.T.

Total mondial : 2	
Sud Viêt-Nam	0,3
Corée du Sud	0,2
Turquie	0,1
Thaïlande	0,1

M.A.P.

Total mondial : 54	
Sud Viêt-Nam	14,8
Corée du Sud	5,3
France	4
Turquie	3,1
Taïwan	2,6
Italie	2

E.S.F. Economic support fund
F.M.S. Foreign military sales financing program
I.M.E.T. International military education and training program
M.A.P. Military assistance program.

Forces en présence sur le théâtre européen (1982)

OTAN
(Canada exclu, France comprise)
Forces américaines stationnées en Europe
- Effectifs : 0,22 million (dont 0,20 million en RFA)
- Chars : 1.000 environ
- Avions de combat : plus de 800
- VIᵉ Flotte (Méditerranée)
  Eléments de IIᵉ Flotte (Holy Loch - GB)
Forces des Etats européens (OTAN)
- Effectifs : 2,2 millions
- Chars : 16.000 environ
- Avions de combat : environ 3.700
- 260 navires majeurs de surface - 143 sous-marins

PACTE DE VARSOVIE
Forces soviétiques stationnées en Europe contrale*
- Effectifs : 0,56 million (0,38 million en RDA)
- Chars : 10.000 environ (7.000 en Tchéchos. et RDA)
- Avions de combat : environ 2.000 (900 en RDA)
- Escadre de Méditerranée (Flotte de la mer Noire)
  Flotte de la Baltique
Etats de l'Est européen (Pacte de Varsovie)
- Effectifs : 0,85 million
- Chars : 14.500 environ
- Avions de combat : 2.250 environ
- Environ 10 navires majeurs de surface - 6 sous-marins

---

* A proximité de l'Europe, il faut ajouter les forces soviétiques stationnées dans la partie occidentale de l'URSS et dans la région du Caucase :
- 69 divisions (63 divisions blindées).

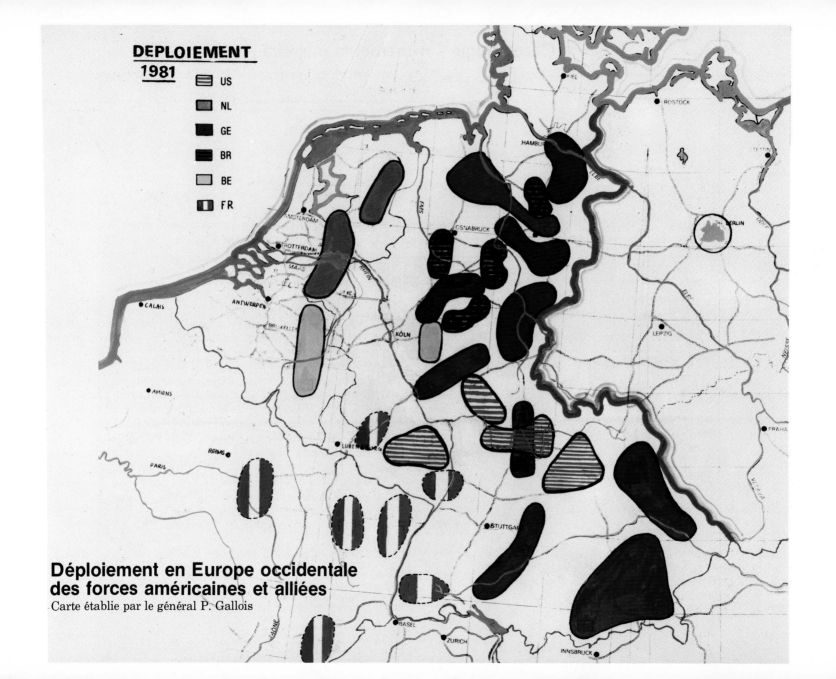

DEPLOIEMENT
1981

US
NL
GE
BR
BE
FR

**Déploiement en Europe occidentale
des forces américaines et alliées**
Carte établie par le général P. Gallois

Chronologie - Armements majeurs

ANNEES	1945	1950	1955	1960	1965	1970	1975	1980	1983
Evénements politico militaires	Israël 48	Corée 50 · OTAN 49 52	Fin Vietnam I 54 · Bandoeng 55 · Hongrie 56 · Suez 56	Kennedy 60 · Début Vietnam II 61 · Cuba 62	France sortie OTAN 66 · Guerre des 6 jours 67 · Tchéc. 68	Bangladesh 71 · Accords Paris 73 · Kippour 73	Chute Saïgon 75 · Ogaden 77	Afghanistan 79-80 · Vietnam Chine 79 · Iran-Irak 80-... · Liban 82	Falkland 82
Evénements nucléaires	Hiroshima Nagasaki 45	Bombe A URSS 49	Bombe A GB 52 · Bombe H US 52 · Bombe H URSS 53 · Bombe H GB 57	Bombe A Fr 60	Bombe A Chine 64 · Bombe H Chine 67	Bombe H Fr 68	Bombe A Inde 74		
Systèmes d'armes et vecteurs — Stratégiques USA			B 47 - B 52 (1951) (1953) · 1er s/marin nucléaire (1954)	1er satellite Explorer (1958) · 1er ICBM Minuteman (1961) · 1er SLBM Polaris (1961) · Titan 2 (1962) · Polaris A3 (MIRV) (1964)	Minuteman 2 (1966)	Débarquement sur la Lune (1969) · Minuteman 3 (1970) MIRV · Poseidon C3 (MIRV) (1971)		Navette spatiale (1981) · ACLM (1982) · Trident C4 (1980)	
Tactiques USA			Honest John (1953)	Thor Jupiter (1959-63) · Sergeant (1962) · Pershing I (1964)		FB III (1969) · Lance (1972)			Pershing 2 (1983) · GLCM (1983)
Stratégiques URSS			Spoutnik (1957) · Avions BEAR (1956) · 1er SLBM SS N4 (1955)	1er ICBM SS 7 (1961)	SS 9 - SS 11 (1965) (1966) · SS N5 (1964)		SS 17 (MIRV) (1975) · SS 19 - SS 18 (1974) (1975)		
Tactiques URSS			TU 16 (Badger) (1955) · SS 4 (1959) · Scud - Frog (1957) (1957)	SS 5 (1961)			TU 22 M (Backfire) (1974) · SS 20 (1977) · SS 21 - SS 22 - SS 23 (1978) (1979) (1980)		
Autres				Buccaneer (GB) (1962) · Mirage IV (Fr.) (1964)	Polaris A3 (GB) (1967) · 1er SLBM (Fr.) (1967) · 1er SS BS (Fr.) SS 2 (1968-70)	Pluton (Fr.) (1973)	M 20 (Fr.) (1977)	MRBM (Chine) (1980) · S 3 (Fr.) (1980)	

D'après Pierre Saint Macary. Les conflits dans le monde contemporain, FNSP, 1982.
revu et complété par Michel Tatu (1983)

215

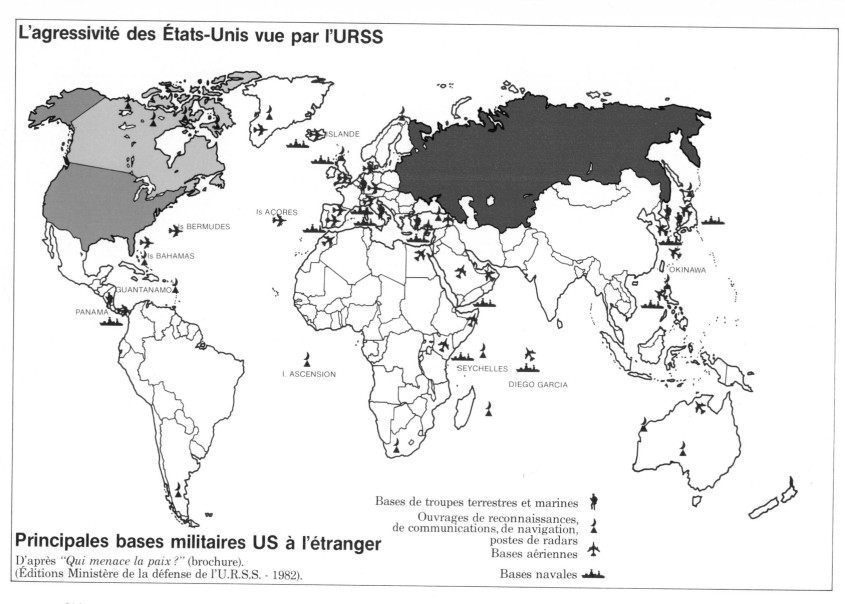

L'agressivité des États-Unis vue par l'URSS

ISLANDE

Is AÇORES

Is BERMUDES

Is BAHAMAS

GUANTANAMO

PANAMA

I. ASCENSION

SEYCHELLES

DIEGO GARCIA

OKINAWA

Bases de troupes terrestres et marines

Ouvrages de reconnaissances,
de communications, de navigation,
postes de radars

Bases aériennes

Bases navales

Principales bases militaires US à l'étranger

D'après *"Qui menace la paix ?"* (brochure).
(Éditions Ministère de la défense de l'U.R.S.S. - 1982).

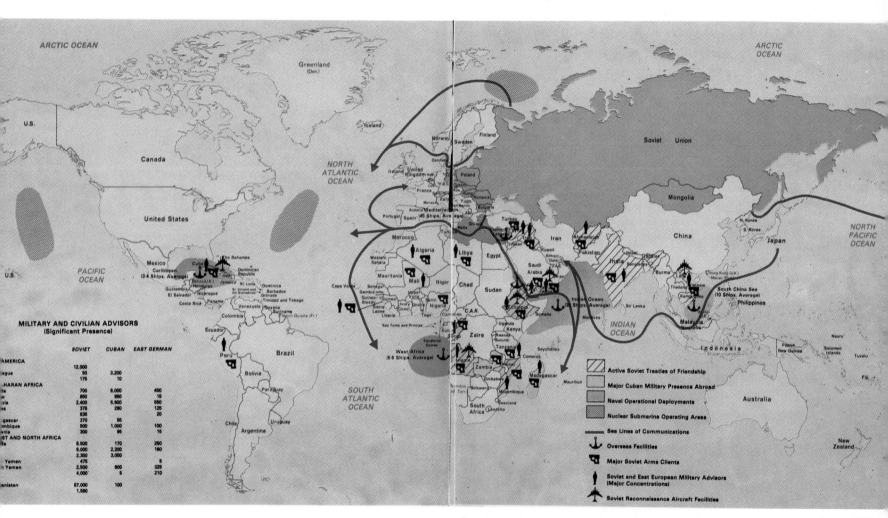

L'agressivité de l'URSS vue par les États-Unis

Source : C.W. Weinberger, *Soviet Military Power* Dep. of Defense, Washington D.C. 1982

Distances

km

	Berlin	Bombay	Buenos Aires	Le Caire	Calcutta	Caracas	Copenhague	Chicago	Darwin	Hong Kong	Honolulu	Johannesbourg	Lagos	Londres	Los Angeles	Lisbonne	Mexico	Moscou	Nairobi	New York	Paris	Pekin	Reykjavik	Rio de Janeiro	Rome	Singapour	Sydney	Tokyo
Berlin																												
Bombay	6288																											
Buenos Aires	11909	14925																										
Le Caire	2890	4355	11814																									
Calcutta	7033	1664	16524	5699																								
Caracas	8435	14522	5096	10203	15464																							
Copenhague	357	6422	12067	3206	7072	8392																						
Chicago	7084	12953	9011	9860	12839	4027	6840																					
Darwin	12946	7257	14693	11612	6047	18059	12903	15065																				
Hong Kong	8754	4317	18478	8150	2659	16360	8671	12526	4271																			
Honolulu	11764	12914	12164	14223	11343	9670	11407	6836	8640	8921																		
Johannesbourg	8870	6974	8088	6267	8459	11019	9225	13984	10639	10732	19206																	
Lagos	5198	7612	7916	3915	9216	7741	5530	9612	14222	11854	16308	4505																
Londres	928	7190	11131	3508	7961	7507	952	6356	13848	9623	11632	9071	5017															
Los Angeles	9311	14000	9852	12200	13120	5812	9003	2804	12695	11639	4117	16676	12414	8758														
Lisbonne	2311	8018	9600	3794	9075	6509	2478	6424	15114	11028	12587	8191	3799	1588	9122													
Mexico	9732	15656	7389	12372	15280	3586	9514	2726	14631	14122	6085	14585	11071	8936	2493	8676												
Moscou	1610	5031	13477	2902	5534	9938	1561	8000	11350	7144	11323	9161	6254	2498	9769	3906	10724											
Nairobi	6370	4532	10402	3536	6179	11544	6706	12883	10415	8776	17282	2927	3807	6819	15544	6461	14818	6244										
New York	6385	12541	8526	9020	12747	3430	6188	1145	16047	12950	7980	12841	8477	5572	3936	5422	3364	7510	11842									
Paris	876	7010	11051	3210	7858	7625	1026	6650	13812	9630	11968	8732	4714	342	9085	1454	9200	2486	6485	5836								
Pekin	7822	4757	19268	7544	3269	14399	7202	10603	6011	1963	8160	11710	11457	8138	10060	9668	12460	5794	9216	10988	8217							
Reykjavik	2385	8335	11437	5266	8687	6915	2103	4757	13892	9681	9787	10938	6718	1887	6936	2848	7460	3304	8683	4206	2228	7882						
Rio de Janeiro	10025	13409	1953	9896	15073	4546	10211	8547	16011	17704	13342	7113	6035	9299	10155	7734	7693	11562	8928	7777	9187	17338	9874					
Rome	1180	6175	11151	2133	7219	8363	1531	7739	13265	9284	12916	7743	4039	1431	10188	1861	10243	2376	5391	6888	1105	8126	3297	9214				
Singapour	9944	3914	15879	8267	2897	18359	9969	15078	3349	2599	10816	8660	11145	10852	14123	11886	16610	8428	7460	15339	10737	4478	11514	15712	10025			
Sydney	16096	10160	11800	14418	9138	15343	16042	14875	3150	7374	8168	11040	15519	16992	12073	18178	12696	14497	12153	15989	16962	8949	16617	13501	16324	6300		
Tokyo	8924	6742	18362	9671	5141	14164	8696	10137	5431	2874	6202	13547	13480	9562	8811	11149	11304	7485	11260	10849	9718	2099	8802	18589	9861	5321	7823	
Vancouver	7980	12267	11294	10838	11445	6701	7646	2851	12215	10246	4357	16452	11951	7582	1736	8287	3945	8203	14531	3903	7923	8516	5698	11238	8991	12829	12501	7554

L'état statistique du monde

	Superficie (milliers de km²)	Population 1980 (en millions)	Densité (hab./km²)	Estimation de population 2000 (en millions)	Population urbaine 1980 (% Total)	Espérance de vie (en années)	% adultes alphabétisés	Consommation annuelle d'énergie par habitant (en kilogrammes équivalent charbon)	Apport en calories par jour et par habitant	PNB 1980 par habitant (1977) en dollars
	1	2	3	4	5	6	7	8	9	10
AMÉRIQUE DU NORD										
Canada	9976	24	2	28	80	74	99	13200	3374	10310
États-Unis	9363	228	24	259	77	73	99	11700	3576	11360
EUROPE										
Albanie	29	2,7	93	4	37	70		1100	2730	(840)
Allemagne (R. D.)	108	17	155	17	76	73	99	7130	3641	7180
Allemagne (R. F.)	249	61	248	62	85	72	99	6260	3381	13590
Autriche	84	7,5	90	8	54	72	99	5100	3535	10230
Belgique	31	9,8	321	10	72	73	99	6500	3583	12180
Bulgarie	111	9	81	10	64	73	98	5500	3611	4150
Chypre	9	0,66	67		(43)	73	89	(1966)		3560
Danemark	43	5,1	119	5	84	75	99	5700	3418	12950
Eire	70	3,3	46	4	58	73	98	3700	3541	4880
Espagne	505	37,5	74	43	74	73		2700	3149	5400
Finlande	337	4,9	14	5	62	73	100	6000	3100	9720
France	548	54	98	58	78	74	99	4800	3434	11730
Grèce	132	9,6	72	11	62	74		2160	3400	4380
Hongrie	93	10,8	115	11	54	71	99	3800	3521	4180
Islande	103	0,23	2		(88)	76	99			11330
Italie	301	57	189	61	69	73	98	3300	3428	6480
Luxembourg	3	0,36	138		(68)	72	99	(14700)	(3410)	14510
Malte	0,3	0,36	1070			72		(1080)		3470
Norvège	324	4,1	13	4	53	75	99	11750	3175	12650
Pays-Bas	41	14,1	343	16	76	75	99	6600	3338	11470
Pologne	313	35,8	115	42	57	71	98	5750	3656	3900
Portugal	92	9,9	106	11	31	71	72	1450	3076	2370
Roumanie	238	22,2	92	25	50	71	98	4660	3444	2340

	1	2	3	4	5	6	7	8	9	10
Royaume-Uni	245	56	229	58	91	73	99	5280	3336	7920
Suède	450	8,3	18	8	87	75	99	8260	3221	13520
Suisse	41	6,5	153	7	58	75	99	5000	3485	16440
Tchécoslovaquie	128	15,3	118	17	63	71	99	6660	3430	5820
URSS	22400	265	12	312	62	70		5800	3460	4550
Yougoslavie	256	22,4	87	26	42	69	85	2420	3445	2620
ASIE										
Afghanistan	648	15,9	24	24	15	37	12	88	2695	(170)
Arabie Saoudite	2150	9	4	15	67	54	16	2000	2624	11260
Barhein	0,6	0,4	620		(80)	67	(40)	(10000)		5560
Bangla Desh	144	90	625	141	11	46	26	40	2100	130
Birmanie	677	35	48	54	27	54	70	67	2286	170
Bouthan	47	1,3	27	2	4	44			2028	80
Chine	9597	980	98	1245	13	64	66	734	2441	290
Corée du Nord	121	18,3	151	28	60	65		2775	2837	(1130)
Corée du Sud	98	38,8	393	52	55	65	93	1473	2785	1520
Émirats A.U.	84	1	11	1	72	63	56	4450		26850
Hong Kong	1	5,1	4900	6	90	74	90	1480	2883	4240
Inde	3288	680	207	994	22	52	36	194	2021	240
Indonésie	1919	148	77	216	20	53	62	225	2272	430
Iraq	435	13,1	30	23	72	56		664	2134	3020
Iran	1648	38,8	23	61	50	59	50	1141	3138	
Israël	21	3,9	178	5	89	72		3510	3141	4500
Japon	372	117	314	130	78	76	99	4050	2949	9890
Jordanie	98	3,2	31	6	56	61	70	522	2107	1420
Kampuchéa	181	6,9	38	10	(15)			2	1926	
Koweit	18	1,36	73	2	88	70	60	6160		19830
Laos	237	3,4	14	5	14	43	41	98	2082	
Liban	10	2,7	270	4	76	66		1028	2495	
Malaisie	330	14	42	21	29	64		713	2610	1620
Iles Maldives	0,3	0,15	473			47	82			260
Mongolie (Rép. Pop.)	1565	1,7	1	3	51	64		1483	2523	(780)
Népal	141	14,6	96	22	5	44	19	13	2002	140
Oman	300	0,9	4			48		(2006)		4380
Pakistan	804	83	103	134	28	50	24	210	2280	300
Philippines	300	49	163	77	36	64	75	330	2189	690
Qatar	11	0,2	18			58				26080
Singapour	0,5	2,4	4137	3	100	72		5780	3074	4430

	1	2	3	4	5	6	7	8	9	10
Sri Lanka	66	15	220	21	27	66	85	135	2126	270
Syrie	185	9	44	16	50	65	58	925	2684	1340
Taiwan	36	18	500	25	46					
Thaïlande	514	47	91	68	14	63	84	353	1929	670
Turquie	781	45	56	67	47	62	60	770	2907	1470
Vietnam	330	55	17	88	19	63	87	138	1801	?
Yémen Nord	195	7	35	11	10	42	21	58	2192	430
Yémen Sud	333	2	6	3	37	45	40	510	1945	420
AFRIQUE										
Afrique du Sud	1221	30	24	52	50	61		2900	2831	2300
Algérie	2382	19	8	34	44	56	35	645	2372	1870
Angola	1247	7,1	5	12	21	42		200	2133	470
Bénin	113	3,4	30	6	14	47	25	65	2249	310
Botswana	600	0,8	1	1,3	(12)	50	(35)			910
Burundi	28	4,1	153	7	2	42	23	17	2254	200
Cameroun	475	8,4	17	14	35	47		143	2069	670
I. Cap Vert	4	0,32	78		(20)	61		(143)		300
R. Centrafrique	623	2,3	3	4	41	44	39	46	2242	300
I. Comores	2	0,34	147			(50)		(52)		300
Congo	342	1,6	4	3	45	59		195	2284	900
Côte d'Ivoire	322	8,4	25	15	40	47	41	230	2517	1150
Djibouti	22	0,4	18			45	14	(823)		480
Égypte	1001	41	40	60	45	57	44	540	2760	580
Éthiopie	1222	31	24	54	14	40	15	20	1754	140
Gabon	268	0,55	2		(32)	45		(1830)		4400
Ghana	239	12	46	23	36	49		260	1983	420
Guinée (Conakry)	246	5,5	19	9	19	45	20	83	1943	290
Guinée-Bissau	36	0,57	15			42	28	(62)		160
Guinée Équator.	28	0,36	12			47		(105)		
Haute-Volta	274	6,1	24	10	10	39	5	26	1875	210
Kenya	583	16	26	36	14	55	50	172	2032	420
Lesotho	30	1,3	43	2	12	51	52		2245	420
Libéria	111	1,9	16	4	28	54	25	425	2404	530
Libye	1760	3	2	5	30	56	50	2250	2985	8640
Madagascar	587	8,7	14	16	18	47	50	90	2486	350
Malawi	118	6,1	48	12	10	44	25	67	2066	230
Mali	1240	7	5	13	17	43	9	28	2117	190
Maroc	447	20	42	36	40	56	28	302	2534	900

	1	2	3	4	5	6	7	8	9	10
I. Maurice	2	1	452	(1,8)	(44)	65	85	(407)		1060
Mauritanie	1031	1,5	1	3	23	43	17	196	1976	440
Mozambique	783	12	13	22	9	47	28	120	1906	230
Namibie	825	1,01	1	(1,8)				46	2139	330
Niger	1267	5,3	4	10	13	43	5	46	2139	330
Nigéria	924	85	90	169	20	49	30	80	1951	1010
Ouganda	236	13	54	24	9	54	48	39	2110	300
Ruanda	26	5,2	171	10	4	45	50	28	2264	200
Sao Tome et Principe	1	0,1	103					(173)		490
Sénégal	197	5,7	27	10	32	43	10	253	2261	450
Iles Seychelles	0,3	0,1	220		(27)	66		(583)		1770
Sierra Leone	72	3,5	46	6	22	45		84	2150	280
Somalie	638	4	6	7	30	44	60	74	2033	
Soudan	2506	19	7	34	25	46	20	133	2184	410
Swaziland	17	0,55	33	1	(8)	47	65			680
Tanzanie	945	19	20	36	12	52	66	51	2063	280
Tchad	1284	4,1	3	7	18	41	15	22	1762	120
Togo	57	2,5	43	5	20	47	18	112	2069	410
Tunisie	164	6,5	37	10	52	60	62	590	2674	1310
Zaïre	2345	29	12	51	34	47	58	100	2271	220
Zambie	753	5,8	7	11	43	49	44	832	2002	560
Zimbabwe	391	7,4	18	17	23	55	74	783	2576	630
AMÉRIQUE LATINE										
Argentine	2767	28	10	34	82	70	93	1960	3347	2390
Iles Bahamas	14	0,24	16		(58)	69	93	(7350)		3790
Belize	23	0,16	7					(598)		1080
Bolivie	1099	5,6	5	9	33	50	63	447	1974	570
Brésil	8512	119	14	177	68	63	76	1020	2562	2050
Chili	757	11	14	15	80	67		1153	2656	2150
Colombie	1139	27	23	39	70	63		914	2364	1180
Costa Rica	51	2,2	41	3	43	70	90	812	2550	1730
Cuba	115	9,8	83	12	65	73	96	1360	2720	(1410)
I. Dominique	0,5	0,08	170					(203)		620
El Salvador	21	4,5	206	8	41	63	62	338	2051	660
Équateur	284	8	28	14	45	61	81	640	2104	1270

	1	2	3	4	5	6	7	8	9	10
I. Grenade	0,8	0,1	130			69		(209)		690
Guatemala	109	7,3	61	12	39	59		(260)	2156	1080
Guyana	215	0,9	4	1,5	(46)	70		(1070)		690
Haïti	28	5	174	7	28	53	23	63	2100	270
Honduras	112	3,7	31	7	36	58	60	238	2015	560
Jamaïque	11	2,2	195	3	41	71	90	1326	2660	1040
I. La Barbade	0,4	0,25	620		(46)	71	99	(1100)		3040
Mexique	1973	70	36	115	67	65	81	1535	2654	2090
Nicaragua	130	2,6	18	5	53	56	90	446	2446	740
Panama	77	1,8	25	3	54	70		895	2341	1730
Paraguay	407	3,2	7	5	39	65	84	234	2824	1300
Pérou	1285	18	13	27	67	58	80	716	2274	930
Rép. Dominicaine	49	5,5	112	9	51	61	67	156	2094	1160
I. Sainte-Lucie	0,7	0,12	195					(392)		900
I. Saint-Vincent	0,4	0,12	300					(211)		520
Surinam	163	0,4	2			68	65	(2150)		2840
I. Trinidad et Tobago	5	1,2	240	2	(23)	72	95	4870	2694	4370
Uruguay	176	2,9	16	4	84	71	94	1220	3036	2810
Venezuela	912	15	14	24	83	67	82	2950	2435	3630
AUSTRALIE ET MONDE DU PACIFIQUE										
Australie	7687	14,5	2	17	89	74	100	6540	3428	9820
Nouvelle-Zélande	269	3,3	12	4	85	73	99	4700	3345	7090
Papouasie - Nouvelle Guinée	462	3	6	5	18	51	32	300	2268	780
I. Fidji	18	0,63	33		(37)	75	65	(466)		1850
I. Kiribati	1	0,07	71		(30)			(317)		
I. Nauru	0,02	0,008	380					(7000)		
I. Salomon	28	0,22	8		(10)			(200)		480
I. Samoa Occid.	3	0,16	56		(21)	68		(187)		
I. Tonga	0,7	0,1	142					(169)		
I. Tuvalu										
I. Vanuatu (Nlles Hébrides)	15	0,11	7		(24)			(480)		530

D'après Rapport sur le développement dans le monde 1982 (Banque mondiale)
Note : *Entre parenthèses, sources antérieures connues ou autres sources.*

REPÈRES BIBLIOGRAPHIQUES

Rapport sur le développement dans le monde, Banque Mondiale, Washington D.C., annuel.

Ramsès, *Rapport annuel de l'Institut français des relations internationales,* Paris, annuel.

World Economic Outlook, Fonds monétaire international, Washington D.C., annuel.

Perspectives économiques, O.C.D.E., Paris, annuel.

Strategic Survey, International Institute for Strategic Studies, Londres, annuel.

The Military Balance, International Institute for Strategic Studies, Londres, annuel.

Annuaire du SIPRI, Stockholm.

Publications spécialisées de la Documentation française, Paris.

Publications spécialisées du United States Department of State, Washington D.C.

Parmi les revues françaises : *Politique étrangère, Politique internationale, Commentaire, Défense nationale, Stratégique, Etudes polémologiques, Géopolitique, Hérodote* (la seule revue de géographie intégrant la dimension géopolitique).

Parmi les revues en langue anglaise : *Foreign Affairs, Foreign Policy, The Washington Quarterly.*

Achevé d'imprimer en novembre 1984
sur les presses de Maury-Imprimeur S.A.
45330 Malesherbes
pour Fayard

Dépôt légal : novembre 1984
N° d'édition : 6751
N° d'impression : H84/15394

~